イノベーション
マネジメント

―システマティックな価値創造プロセスの構築に向けて―

太田雅晴［編著］

竹岡志朗　井上祐輔　Youngjin Yoo
呉　銀澤　高柳直弥　寺井康晴　［著］

日科技連

推薦の言葉

　本書はイノベーションをマネジメントしようという難しい課題に挑戦しようとする意欲作である．

　私がコマツの経営構造改革を進める中で傾注してきたことは，経営の見える化を進め，経営の透明性と健全性を確保し，成長とコストを分離し，強みを磨き，弱みを改革することであった．変動コストと固定コストを区別したこと，間接業務，子会社数，製品数などにメスを入れて固定費を下げたこと，環境・安全・ICT をキーワードにして徹底的に競合他社との差別化を図ったこと，グローバル化がさらに進展しても時代が変わっても，社員が守ってほしいコマツの強みや信念などを「コマツウェイ」として明文化して共有しようとしたこと，などであった．特に，ICT を活用した KOMTRAX（コムトラックス：コマツ・マシン・トラッキング・システムの造語）と呼ぶ機械稼働管理システム，世界最適生産を支えるための基幹業務システムの統一化は，わが社の強みと経営成果を際立たせるうえで，効果的であった．

　このような改革を進めるうえで，役立ったのは継続して活動している TQM の考え方である．顧客第一，プロセス重視，標準化，リーダーシップ，全員参加，PDCA サイクルを廻し続けることなどの TQM の原則である．

　本書の視点も，個人的，情緒的になりがちなイノベーションという課題に対して，顧客重視を常に念頭に置きながら，プロセスという視点を保ちながら体系化・組織化して，グローバルに業務を展開する中で，トップのリーダーシップの下，多文化で多様な人々が全員参加で，そのイノベーションという難しい課題に挑戦できるようにしよう，というところに要点があるように感じられる．

　先のわが社の改革事項，それをイノベーションと呼ぶならば，私は，わが社は現場感覚を忘れずに，著者らが体系化しようとしていることに挑戦し続けているのではないかと考える．

推薦の言葉

　本書はこれからマネジメントに関わって企業の改革・改善を行っていこうとする意欲のある人々はもちろんのこと，種々の問題に悩んでいる企業トップの方々，これからの世界を担う学生諸君には，ぜひ読んでいただきたい書籍である．また，本書を契機として，真の産学連携が進み，わが国を起点とする次世代マネジメント手法を産学一丸となって提言できることを期待している．そして，日本が，わが国の企業が，世界の人々のあこがれと模範になることを望む．

2011 年 6 月 1 日

コマツ取締役会長，日本経済団体連合会副会長

坂　根　正　弘

推薦の言葉

　私は，日立電子のシステムエンジニアを皮切りに，IT関連の外資系企業数社の日本法人代表を務め，最近までグーグル日本法人に関わっておりました．私の最近の興味はスマートグリッドであり，日本は今回の東日本大震災を機に，実証実験の段階ではなくなり，一気に実用段階に進める必要が出てきました．特に，電力供給のベースロードを支えていた原子力発電が毀損してきており，需要サイドのマネジメント，いわゆる，スマートグリッドによるスマート節電の早急なる実用化が必要だと感じています．

　そのような私ですが，本書を読んで感じることは，グーグル時代を含めて，ITイノベーションで世界をサポートすることが，私の仕事であったのではないかということです．ITがイノベーションを起こせば，それによって企業などの組織，社会，個人にも新たなイノベーションが起こる，もしくはイノベーションをもたらすことができます．逆に，組織，社会，個人が抱える問題を把握し，それに対する解決手段を見つけることが，ITそのものへのイノベーションにつながります．

　そのような視点から本書を読みますと，第5章では，ITが私たちにもたらしている意義を分析したうえで，イノベーションを起こすことができるITによる新たなコミュニティを提示しており，ITに関わるホットな話題を提供しています．

　他章では，直接はITに関わる記述は出てきませんが，第2章では，イノベーションプロセスのIT支援の必要性を，第3章と第4章では，本書でいうところのイノベーションを経済的価値に結びつけるうえでの全体的最適化や組織上の問題を，ITでなんとかサポートできるのではないかとか，第6章のグローバルイノベーションの共創戦略もITでサポートできるのではないかなど，さまざまなアイデアを創起させてくれます．あえていえば，イノベーションのためのイノベーションの本といえるのかもしれません．

最後の第8章は，今，私たちが再確認・再認識しなくてはならない事項であると思います．トップのリーダーシップについての課題です．トップになったら好きなことをいってもよいということはではなく，社員，さらにいうならば国民が納得するような理念の問題に取り組んでおり，私がグーグル時代に身をもって体験したことに通じます．

　本書はまさに実務家はもとより，学生諸君，さらには一般の人々にも読んで欲しい良書です．閉塞感が語られて久しい日本も，「3.11」後という危機の中にあって，本書のような内容と対峙することで，さまざまなアイデアが生まれ，新たなビジネスを創出する国に，生まれ変わらなければならないのではないかと考えます．

　最後に，編著者のみなさまのご苦労に敬意を払うとともに，この研究を深め，益々のご発展を祈念いたします．

2011年6月1日

　　　　株式会社 村上憲郎事務所代表取締役
　　　　慶應義塾大学大学院特別招聘教授，会津大学参与
　　　　前グーグル日本法人名誉会長
　　　　元グーグル米国本社副社長兼グーグル日本法人代表取締役社長

　　　　　　　　　　　　　　　　　　　　　　　　村　上　憲　郎

まえがき

　この数年，講義のない夏，豪州メルボルン大学の研究仲間と共同研究を行うため，冬のメルボルンで過ごしている．あるとき，共同研究者であるDanny Samson教授の誘いで彼の家に食事に招かれた．出かけていくと彼の旧知の友であるというユダヤ人のコンサルティングの方がおられた．MITを出た後，世界の大学と企業を行き来しながら仕事をしていて，現在，イノベーションの評価支援システムの構築を請け負っているという．彼の誘いもあって市内にある彼の事務所に出かけ，見せてもらうことになった．
　そこで見た意思決定支援システムは，正に，われわれが研究成果として生み出したイノベーションプロセスモデルに類似したモデルをベースに，イノベーションのアイデアの選別から，投資評価，その進行管理を行おうというものであった．聞くと，欧米の企業からそのようなシステムの引き合いが多く，説明を受けたシステムも豪州のある企業のためにアレンジ中のものであった．われわれの研究中のことが，既にシステム化の段階に入っていることに驚きを感じるとともに，欧米ではイノベーションをITの支援を受けながら，合理的かつ効率的に行うことが一般化しつつあり，それはイノベーションが明らかにグローバルな競争段階に入ったことを実感せざるを得なかった．
　その驚きは，30年前，学生時代にインターンシップでドイツの大学に滞在したときの驚きを思い起こさせた．研究室で見たものは，一本のアームが10mもあるような大型のロボット，気液二層流の技術を応用した海水淡水化の大型プラント，細部にこだわったクリーンルームの開発などである．これらを将来どうするのかと聞くと，ロボットは航空会社の飛行機の清掃用に，海水淡水化プラントは砂漠の産油国に，クリーンルームは自国の半導体産業に役立つだろうという．つまり彼らの研究は，既に世界を市場として行っていたのである．大学ではそのような実験設備をつくる専門職人の方が多数おられ，研究をサポートしている．独創的なアイデアを市場化するための国家体制ができあ

がっていたのである．当時のわが国の大学では考えられなかった光景であった．

　最近，日本企業のマネジメント層の方々とおつきあいすることが増えてきた．多くの方々が，グローバル戦略に迷い，製品開発の体制に迷い，韓国・中国の台頭に頭を抱えているが，そのような課題に対して有効な方針を雄弁に語られる方はあまり多くはない．一方，大学では，産学連携が思うように進まないことに悩み，ビジネススクールなどの社会人教育も社会の中でうまく機能していないことに悩み，理系では予算や人員の縮小に悩み，理系志向の学生の減少に悩み，育てた卒業生の待遇の低さに戸惑っている．

　そのような中で，強く感じたことは，イノベーションマネジメントのための方法論を指向する書籍出版の必要性である．わが国の社会科学系の研究・書籍は，その方法論の提示にまでは踏み切れていない．歴史や事例の正確な分析に焦点がある．確かに，それもわれわれを刺激し，興味深い知識を供与してくれるという点から有用である．一方，理系分野では，細分化された固有技術研究の深化に対する指向は強いが，鳥瞰的分野，つまり管理科学のような分野の研究は現在，弱まっている．したがって，わが国でのイノベーションマネジメントのための方法論研究は，盛んになりつつあるとはいえ，まだ水面下にある．そのような中，この分野で書籍を出すことは，時期尚早，方法論なんて簡単に出せない，などの批判があることは承知のうえで，なんとかしなければならないとの意気込みが先に立ち，書籍の出版を出版社に持ちかけたのである．

　本書の編集，執筆に関わりながら，わが国は，イノベーションの活性化に向けてどのような道があるのかを考えてみた．日本が突然大きく変わることはできない．突然変わった歴史もない．そのような中では，われわれにできることは，われわれが培ってきたことを認識・確認したうえで，それを活用しながらイノベーションを推進していく以外にないように感じるのである．

　例えば，日本には，戦後復興，高度経済成長の時代に培ってきたマネジメント手法がある．代表的なものが，TQMである．しかし寂しいことに，今や日本よりも，新興国がそれを拠り所に発展しようとしている．一方で，一例を挙げればコマツのような企業は，TQMを土台にして数々のイノベーションを生

み出し，世界を席巻している．TQMを推進するには，強いリーダーシップが必要であり，それが少し弱まっていることの現れなのかもしれない．先の実務界のグローバル戦略や製品開発の体制への迷いは，それが一因となっているとも感じられる．

　もう一点，日本を現在の発展に導いた一つの要因は，国内市場での切磋琢磨の歴史であった．ただ，一昔前と現在の違いは，もはや日本の中での切磋琢磨ではない．市場や社会環境が明らかに異なるからである．韓国，中国，台湾，さらにはインド，タイ，ベトナム，インドネシアの企業との切磋琢磨である．その中では，決して日本企業は優位を主張するべきではなく，初心に戻り真摯に新たな切磋琢磨に臨むべきではなかろうか．切磋琢磨とは，共創，つまり共に発展・創造することである．どこの国の国家，企業も，国民もそれを望んでいる．われわれの研究も，もはや日本だけではできない．この書籍も，共創でつくり上げた．具体的には，米国・韓国を熟知するYoungin Yoo氏，台湾・中国・韓国を熟知する呉銀澤氏，グローバル先進企業であるヤマハ発動機で種々の問題に直面してこられた寺井康晴氏に参画していただいた．

　本書の主眼は，上記の2点を念頭におきながら，「経済的価値を迅速かつ合理的に達成するイノベーションのための方法論」への指向である．浮世絵作家として誰もが知る歌川広重は，東海道五十三次を書くとき，毎回，「売れなかったらストップする」という意識の中で仕事をしたといわれる．イノベーションは，プロダクトイノベーションであっても，プロセスイノベーションであっても，売ること，つまりは消費者，顧客の信頼を獲得し，市場を開拓するために行わなくてはならない．編著者一同，そのような視点を保ったはずである．

　本章の構成を次に示す．

　第1章では，本書におけるイノベーションの捉え方，イノベーションマネジメントを考えるうえでの検討事項，基礎的な学習事項に加え，プロダクト及びプロセスイノベーションを進めるうえでの一つのフレームワーク，さらにはわが国固有ともいえるマネジメント手法であるTQMとイノベーションの関係も検討する．

第2章では，イノベーティブな組織となるため組織能力（イノベーションケイパビリティ）の基本概念とその醸成の仕方，イノベーションをシステマティックに遂行するための基礎事項であるイノベーションプロセスについて検討する．

　第3章では，イノベーションを経済的価値に結びつけるには，製品開発から商品の流通までを一括して捉える，つまり包括的イノベーションプロセスのマネジメントが要点となるが，社会科学技術方法論を援用した本書独特の可視化の方法を述べる．

　第4章では，よいアイデアが出たとしても，それをイノベーションプロセスとして展開し，成功裡とするには，組織構成員からの支持と協力を取りつける必要があり，本書ではこれをイノベーションの正統化と呼び，そのための理論と方法論を検討する．

　第5章では，イノベーションは多文化で多様なコミュニティ内もしくはコミュニティ間の活動によって生まれやすいとされるが，それらコミュニティを形成するイノベーションネットワークについて検討するとともに，そこでのデジタル情報技術の役割を考える．

　第6章では，企業経営のグローバル化に伴い，イノベーションもグローバル環境下で行うことが想定されるが，そのための戦略は業態，経営環境によって異なるうえ，提携による共創戦略が有効である場合も多く，それらを含めてグローバルイノベーション戦略とその展開方法について検討する．

　第7章では，プロダクトイノベーションを推進する場合，知的財産の問題に向き合わなくてはならない場面が多いが，そのための戦略形成に必要となる知的財産制度の歴史的経緯に関わる知識，オープンイノベーションとの関わり，知財戦略に関わる懸念材料などについて検討する．

　第8章では，企業においてさまざまなイノベーションが創起され，そのうえに多大な努力を積み上げられ，そのイノベーションは有効なものとなるが，その際，組織の考え方や行動の軸となる経営理念はどのような役割を演ずるのか，現代企業におけるイノベーション遂行のための経営理念とは何かを，本書

まえがき　xi

の締めくくりとして検討する．

　本書は，許された時間の範囲内でイノベーションマネジメントについてまとめたものであり，不足する事項，問題点も多いと思われるが，読者とともに考えていける土台にできればと考えている．

　本書の読者としては，マネジメントにこれから本格的に関わっていこうという実務家の方々，経営革新・改善に関わっておられる実務家の方々，ビジネススクール学生，経営系・工学系の大学院生，経営学部・商学部・工学部学生を想定している．また企業での導入研修，さらには実務界で活躍されている方々にも広く読んでいただけたら幸いである．読み方，利用の仕方として，通読していただくことが好ましいが，読者の方々が必要に応じて適選していただいても理解できるように構成している．

謝辞

　本書の出版に際して，大阪市立大学大学院経営学研究科・出版助成事業の支援を得ました．また本書は，科学研究費補助金（日本学術振興会）：課題番号（基盤(B)19330086；平成19～21年度），（基盤(B)22330118；平成22～24年度）の助成の下に行ったイノベーションに関わる各種研究の成果を基にしています．さらに，大阪市立大学重点研究「経営のイノベーティブ・サステナビリティの研究（平成20～23年度）」，アジア研究教育拠点事業（日本学術振興会）「東アジアにおけるモノづくりと環境のマネジメント」（平成20～25年度，名古屋大学）で行った研究活動の成果も含みます．以上の財政面でのサポートがあったからこそ，研究の継続とこの執筆にこぎ着けました．

　㈱日科技連出版社には，執筆の機会を与えていただき，まずは厚く御礼申し上げます．また本書の執筆に至るには多くの国内外の共同研究者，ご支援いただいている実務家の方々，そして大学院生たちとの共同研究の成果なくしては考えられなかったことであり，この場を借りて謝意を表すしだいです．

　特に，2004年のメルボルン大学滞在以来，イノベーション研究の先鞭を

付けていただき，現在では旧知の友のような存在である．メルボルン大学商経学部教授 Danny Samson 氏，同准教授の Damian Power 氏，同常勤講師 Prakash J. Singh 氏，また編著者が属する製造業の国際共同研究グループである GMRG（Global Manufacturing Research Group）で常に叱咤激励をいただいている米国ノースカロライナ大学特別教授 Clay Whybark 氏及びアリゾナ州立大学研究教授 Jack Wacker 氏，同グループに属する各国を代表する製造業研究者の方々，日頃より意見交換をしていただいているソウル大学経営大学院教授・JoongHo Ahn 氏，関西大学名誉教授・藤田彰久氏，広島工業大学教授・久保田洋志氏，名古屋大学大学院教授・高桑宗右ヱ門氏，本研究をさまざまな面からご支援いただいている大阪市市立大学大学院経営学研究科の先生方，また，イノベーションの調査研究を共同で行ってくれた後期博士課程学生・豊田美智子氏，前期博士課程修了・岡野謙一氏，三輪可奈子氏(現，Endeavour College, AU)，間　陽介氏(現，富士通㈱)及び後期博士課程修了(現，大阪市立大学 GCOE 拠点・都市研究プラザ特別研究員)崔　宇博士，そして，本書の執筆に際して種々のサポートをしていただいた前期博士課程大学院生・高木修一君には，感謝以外の言葉もありません．

そして大学院時代より研究方法論，研究姿勢で多大なご指導をいただいた生産システム工学の世界的大家で京都大学名誉教授・人見勝人先生，大学院修士時代にご指導いただき設計論という分野への窓口を開いていただいた大阪大学名誉教授・赤木新介先生には，言葉ではいい尽くせないほどのご支援をいただいてまいりましたこと，この場を借りて厚く御礼申し上げます．

最後に，執筆が遅れがちな私どもを支援し，校閲の労をお取りいただいた㈱日科技連出版社出版部部長・戸羽節文氏，編集グループ田中延志氏にはこの場を借りて厚く御礼申し上げます．

2011 年初夏　島熊山の丘陵を窓外にして

大阪市立大学大学院経営学研究科

教授　太　田　雅　晴

目次

推薦の言葉　　坂根正弘　…iii
推薦の言葉　　村上憲郎　…v
まえがき　　…vii

第1章　イノベーションとは　…1
1.1　現代の経営環境とイノベーション　2
1.2　イノベーションの捉え方　6
1.3　イノベーション学習のための基礎事項　7
1.4　プロダクトとプロセスのイノベーションへの戦略　14
1.5　固有のマネジメント手法とイノベーション　26
演習問題　29

第2章　イノベーション遂行のための組織能力と
　　　　　イノベーションプロセス　…33
2.1　概要　34
2.2　イノベーション遂行のための組織能力　34
2.3　イノベーションプロセス　43
演習問題　52

第3章　包括的イノベーションプロセスの可視化　…55
3.1　イノベーションを可視化する必要性　56
3.2　ネットワークによるイノベーションプロセスの可視化　57
3.3　イノベーションプロセスの可視化例　65
3.4　まとめ——可視化の利点——　80
演習問題　82

第4章 イノベーション活動への支持と協力 ……………… 85
4.1 イノベーション活動への支持と協力　86
4.2 イノベーションプロセスにおけるコンフリクト　87
4.3 実用的正統性，道徳的正統性，認知的正統性　95
4.4 イノベーション活動の正統化　100
4.5 まとめ　110
演習問題　112

第5章 イノベーションを誘導するコミュニティ ………… 115
5.1 イノベーションネットワークの社会的側面と技術的側面　116
5.2 イノベーションネットワーク　118
5.3 イノベーションネットワークの4タイプ　124
5.4 まとめ　132
演習問題　133

第6章 グローバルイノベーション戦略 …………………… 135
6.1 グローバルイノベーションの意義　136
6.2 グローバルイノベーション戦略　143
6.3 グローバルイノベーション戦略の実行　147
6.4 国際共創戦略　151
6.5 持続的なグローバルイノベーションの実現と課題　157
演習問題　159

第7章 イノベーションのための知財戦略 ………………… 163
7.1 イノベーションと知的財産　164
7.2 経済政策としての知的財産制度　168
7.3 知的財産権の価値の増大と国際的保護の強化　171
7.4 経営戦略の中での知的財産権　177

7.5 オープンイノベーションと知的財産権　*182*
7.6 イノベーションに立ちはだかる知的財産権の課題　*185*
演習問題　*188*

第8章　イノベーションと経営理念 ……………………… *191*
8.1 イノベーションにおける経営理念の役割　*192*
8.2 近年の経営理念の例　*194*
8.3 日本の製造業の創業者と経営理念　*199*
8.4 これからの経営の方向性と理念　*207*
8.5 製造業における新たなイノベーション　*210*
8.6 まとめ　*215*
演習問題　*217*

索引………………………………………………………………… *221*

コラム1	経験を共有するメンバーの動員による集中的な世界戦略車開発事例	*125*
コラム2	開かれたコミュニティでのOSの開発事例	*126*
コラム3	異なる知識の源泉を持つコミュニティの連携による製品開発事例	*128*
コラム4	2つの独立した組織の連携による製品開発事例	*130*
コラム5	韓国三星(サムスン)グループの地域専門家制度の事例	*148*
コラム6	日台企業の共創による中国市場の開拓の事例	*151*
コラム7	ゴアテックス社のグローバルパートナーシップ構築事例	*156*
コラム8	技術開発に重点をおく中国企業の特許戦略動向	*181*
コラム9	経営理念の定義と役割	*198*
コラム10	戦略転換…どの領域でイノベーションを実現するか	*205*
コラム11	企業存続のために経営トップの入れ替えを指南している石田梅岩	*206*

第1章

イノベーションとは

学習目標

イノベーションマネジメントの基礎事項を学習する.

1. 本書におけるイノベーションの捉え方,イノベーションマネジメントを考察するうえでの検討事項を把握する.
2. 代表的なイノベーションの種類,S字カーブ,イノベーションの評価尺度などの基礎的な事項を学ぶ.
3. プロダクトイノベーションを考えるうえでの基礎事項及びそのための一つのフレームワークであるデマンドチェーンマトリックスについて学ぶ.
4. プロセスイノベーションを進めるうえでの一つのフレームワークであるプロダクションマーケティングマトリックスについて学ぶ.
5. わが国固有ともいえるマネジメント手法であるTQMとイノベーションの関係を検討する.

1.1 現代の経営環境とイノベーション

1.1.1 システマティックイノベーションへの要請

あなたの企業・組織では，次の事柄についてどのように検討されているのであろうか．一度，チェックしてみていただきたい．

- ☐ 自社のコアもしくは競争優位となる技術やオペレーションを認識しているか
- ☐ 顧客ニーズを迅速かつ的確に関係部署へ環流するしくみができあがっているか
- ☐ 全員参加でイノベーションを推進しているか
- ☐ 多様な人々，多様なアイデアを受け入れる文化・風土があるか
- ☐ 積極的に他の業界・組織とのコラボレーションを行っているか
- ☐ イノベーションを単なるアイデア創出として捉えるのではなく，市場化までを含む包括的イノベーションプロセスとして捉えているか
- ☐ 包括的イノベーションプロセスをマネジメントできる組織能力はあるか
- ☐ イノベーションを継続的に起こしていく組織の体制(教育システム，創造性マネジメント，文化・風土の醸成，報償制度，経営資源の最適配分)が整っているか
- ☐ イノベーションが重要な経営指針として明示されているか
- ☐ 従業員が個別に，自由に，積極的に，そして迷うことなくイノベーションを推進できる経営理念，指針が設定されているか
- ☐ イノベーションを推進する際に発生する組織内部の衝突をマネジメントできる体制が整っているか
- ☐ 組織の内外から創起されたアイデアを的確に評価し，絞り込み，市場化まで支援できる組織体制が整っているか
- ☐ 独自のグローバル戦略，グローバルオペレーションを展開しているか
- ☐ ITによるイノベーション活動活性化への模索を行っているか

以上は，われわれがこの数年間をかけて，国内外の組織にアンケート調査，聞き取り調査を行った結果，イノベーティブといわれる企業について見て取れ

る特徴である．項目の順番は，前から実現が容易であり，さらには必須事項であると考える項目を示している．

　現代のように，経営環境が，地理的にも，経済的にも，技術的にも，多様かつ時々刻々に変化する時代にあっては，それら環境の変化に迅速に対応していくことが製造業は元より，あらゆる産業に求められる．もはや継続的に同じ製品やサービスを同じ方法で企画，設計，生産，販売している状況を良しとするのではなく，常に新しくて有効な方法を模索し続けなくてはならない．別のいい方をすれば，イノベーションを継続的に創起させなくてはならない時代，それこそがマネジメントの中心課題である時代に入ったといえる．

　このようにイノベーションが重要視される時代にあって，イノベーションのマネジメント，つまりイノベーションマネジメントの具体的方策が今まで十分に提言されてきたかといえば，明らかに不十分といわざるをえない．イノベーションに関わる書籍，報道，そして研究は，ケーススタディとそこから得られる示唆の提示が主であったといってよい．たしかに，それもわかりやすく，刺激的であり，有効であることは間違いない．しかし，イノベーションを他社に先駆けて迅速に，合理的に，そして効率的に創起させ，確実に利益を得て，サステナブルな経営を行おうとするのであれば，組織だった合理的な体制の構築が望まれる．

　イノベーションを組織的，体系的，継続的に行う，つまりシステマティックイノベーションが近年，注目されている．イノベーションの創出過程をシステムとして捉え，そのための科学的方法論，別のいい方をすればオペレーションズマネジメントの手法を提供しようとするのが本書の目的である．そのためには，イノベーションをプロセスとして見ること，それを実行する組織能力を把握し醸成すること，そしてそれらをマネジメントする方法論の提示が肝要である．

　それらに関わる研究は近年，徐々に盛んになりつつあるが，今もって緒についたばかりである．本書ではそれらの最新の考え方を検討し，学習の端緒となることを目指す．したがって，本書の視点は，少し独断的になるのかもしれな

いが，一つの試みとして参考にしていただければ幸いである．

1.1.2 イノベーションの推進方策の検討の要点

　イノベーションをシステマティックに推進する方策もしくは方法を検討するには，まずわれわれのおかれている現在の経営環境を認識し，その認識のうえで，どのような視点からそれらを検討するべきなのかを明確にしておく必要がある．

　まず，地球環境の保全は今やわれわれ人類にとって最大の課題であり，それを考慮しないイノベーションはもはや容認されないともいってよい．それを推進するには，社内の発明・発見だけの問題ではなく，自国や他国の法律整備や制度改革，自国と他国との生活や文化の違い，国民・社員の意識改革，有望な技術の相互利用など，多様な問題と向き合わなくてはならない．

　一方，もはや主な市場は先進国から新興工業国に移りつつあり，その市場に合わせたものづくり，サービスの提供が必要である．イノベーションマネジメントも自国だけでなく，関係諸国の強み，市場のニーズを捉えてグローバルに行うことが課題となる．製造・販売のグローバル化は進展したが，開発のグローバル化は今後の大きな課題である．その課題を検討するに際して，多様で複雑な個別市場でのニーズの把握，自社単独で開発できるのかどうかの検討，生産・販売体制の確立，などが焦点となる．

　他方，近年のパソコン，携帯電話，さらにはスマートフォンなどの広範な普及，つまりデジタル情報技術の進展は，本書の対象としているイノベーションの遂行においても大きな変化が期待されている．イノベーションが創起されるコミュニケーション空間の拡大そして多様化である．つまりデジタル情報技術の進展は，グローバルで多様なコミュニティ，そしてそこでのコミュニケーションを容易に実現できるという特徴をもっている．その特徴をうまく活用すれば，多様なイノベーションを迅速に創起できる可能性を高めることができるのである．

　イノベーションが企業，組織，国家の重要な戦略になれば，それをいかに確

実に利益に結びつけていくかが重要な課題となる．それに関わる重要な要因として，知財の問題がある．イノベーションが創起される空間が拡大し，多様になる中で，この問題は，個人，企業，組織，国家の境界と向き合わなくてはならないことに通ずる．イノベーションを創起する側の立場に立つのであれば，それによって自らの利益を確実に得たいと考えるのは当然である．その点からすればこの問題は，イノベーション遂行するうえでの前提として捉えることができる．知財に関して欧米は長い歴史があり，国家の重要な戦略であった．そこには自国民のイノベーションへの動機づけを確保しようという狙いがあり，重要なものとして捉えられてきた．これに対してわが国は，知財に対する教育も戦略も十分とはいえないように感じられる．

　最後に，イノベーションに向けて個々の従業員がどのような方向に迷うことなく力を出せばよいのか，という意識付けに関わる課題である．発想は個人の問題であるが，それを具現化し，経済的もしくは社会的価値の創出に至るまでに，それを実現してくれる組織がどのような考え方の下にサポートしてくれるかである．また，どのような分野に対して個人の発想のエネルギーを出せばよいかという課題も，それを実現する組織の戦略に依存することが多い．これを簡潔にいうのであれば，理念の問題である．

　戦後，わが国が苦境にあった時代には，独自の理念を持ったリーダーが現れ，その理念の下で，世界を席巻するイノベーションが創起されたことは誰しも納得するであろう．現代はそれが少し弱く，多くの人が何をすればよいかに迷っている状況にあるといってもよい．それも時代であるといってしまえば，それまでであるが，今こそ，理念というものについて再考する必要がある．

　以上の検討事項を踏まえながら，できる限り方法論もしくは方法論を発想するためのフレームワークの叙述を念頭におきながら，イノベーションの有りようについて本書で述べる．

1.2 イノベーションの捉え方

　イノベーションという言葉は不思議な言葉である．多くの人に多用されているが，同義で用いられているわけではない．また，それが成し遂げられれば，夢の世界が展開される，全ての問題が解決される，というような錯覚を抱く言葉でもある．したがって，まずは本書におけるイノベーションの意味づけ，もしくは捉え方について述べておく必要がある．

　イノベーションの定義としてどの書籍でも必ずといってよいほどに登場するのが，シュンペータ(Schumpeter, 1926)の定義である．イノベーション研究の始祖として著名なシュンペータは，「生産とは利用できる種々の物や力の結合を意味し，生産物や生産方法や生産手段などの生産諸要素が非連続的に新結合することがイノベーションである」[1]とした．そして，その新結合には次の5つの種類があると論じている．

①　まだ消費者に知られていない新しい商品や商品の新しい品質の開発．
②　未知の生産方法の開発．
③　従来参入していなかった市場の開拓．
④　原料ないし半製品の新しい供給源の獲得．
⑤　新しい組織の実現．

　このようにイノベーションは，幅広い活動である．いい換えれば，狭義の技術革新にとどまるものではなく，広く革新を意味するものである．企業活動で具体的に考えると，新しい製品やサービスの創出，既存の製品やサービスを生産するための新しい製造技術や，それを顧客に届け，保守や修理，サポートを提供する新しい技術やしくみ，さらにはそれらを実現するための組織・企業間システム，ビジネスのシステム，制度の革新などを含めることになる[2]．

　シュンペータ以来，多くの研究者がイノベーションの研究に挑戦をしているが，イノベーションの定義については，今もって収束していない．企業や社会に新しいことを創造していく動機づけを与えるという視点から，「Newがあればイノベーション」と考えてよいではないかとの立場をとる実務家や研究者が

いる．反対に，「今までにない，劇的に社会に変革していくようなことこそがイノベーションである」とする実務家や研究者もいる．

　本書の視点として，経済的価値の新たな創造とその過程に力点をおきたいと考える．この視点から，本書ではイノベーションを「経済的価値を創出する新たな活動」と捉える．それは単に新しい発明だからイノベーションであるとか，何かが変化すればイノベーションというわけではなく，イノベーションはあくまでも経済的成果の実現を目指すものであるとの立場である．

　この立場からすれば，技術革新だけでなく，経営環境に対処する現代企業の活動の多くがイノベーションでなくてはならないともいえる．したがって，イノベーションを幅広く検討することが求められる．その検討に際して，先述の通りイノベーションの創出過程に焦点を当て，それをシステムとして見ることに力点をおく．別のいい方をすれば，イノベーション創出のプロセスに力点をおくということである．

1.3　イノベーション学習のための基礎事項

　本節では，イノベーションを理解するうえでの基礎事項を学習する．

　まずは，イノベーションの分類である．これを知ることで，イノベーションへの理解を深めるとともに，どのようなイノベーションを目指すのかなど，イノベーションをマネジメントするうえでの指針の検討に役立てることができる．ただし，それを明確に分ける指標があるわけではないことに注意しておく必要がある．

　また，よく知られた概念として，S字カーブがある．S字カーブはさまざまな分野で用いられるが，本書ではイノベーションへの適用の一例を示す．

　最後に，イノベーションの評価尺度に関わる問題である．われわれがイノベーティブな企業とそうでない企業を分けることは，研究遂行上で重要な視点である．実業の立場からは，イノベーションが重要といわれる時代にあって，何を事業評価の拠り所にしたらよいかという課題に通じる．

他にも多様な基礎事項はあると考えられるが,基本的に理解して欲しい事項について本節では記述する.

1.3.1 革新的イノベーションと漸進的イノベーション

イノベーションをそれによってもたらされる結果から分類したものが,革新的イノベーション(radical innovation),漸進的イノベーション(incremental innovation)である.この中間は準革新的イノベーション(semi-radical innovation)と呼ばれる(Davila, et al, 2006;邦訳, pp.73-92)[1].

革新的イノベーションは,技術やビジネスモデルに劇的な変化を起こすイノベーションである.一般に,革新的イノベーションは市場での競争環境を根本から変えてしまうものである.視点を変えれば,革新的イノベーションを生んだ企業は市場において競争優位を得られる可能性が高いともいえる.

漸進的イノベーションは,既存の製品やサービス,ビジネスモデルに小さな改善を加えるイノベーションである.比較的容易で効果も得やすいことから,多くの企業はイノベーション関連投資の多くを漸進的イノベーションに当てている.このイノベーションは,市場シェアや収益性を長期間維持するために必要である.いい換えれば,企業が安定的に存続するために必要なイノベーションである.ただし,漸進的イノベーションだけに囚われ続けると,競争力を失った製品やサービスに経営資源が回り,新しく高い価値を生み出すプロジェクトに経営資源が回らなくなる.実際には,漸進的イノベーションに囚われている企業の方が多い.したがって,漸進的イノベーションは,組織の主要な活動になりがちで,潜在的価値の高いイノベーションを否定し,企業の創造性を限定してしまう側面がある.

これらのイノベーションについて,どちらか1つのイノベーションのみを行えばよいということではない.経営資源と活動の点からバランスのよいイノ

---

[1] 翻訳書(スカイライトコンサルティング訳,2006)では,ラディカル,インクリメンタル,セミラディカルとカタカナ表記しているが,本書ではわかりやすさを考慮して,革新的,漸進的,準革新的と訳す.

ベーションのポートフォリオをつくることが重要である．

　革新的イノベーションと漸進的イノベーションの両方が，組織の存続，発展のために必要であることは，Tushman らによっても指摘されている．彼らは革新的イノベーションと漸進的イノベーションという性質のまったく異なるイノベーションをマネジメントする組織を「両刀使いのできる組織」(ambidextrous organizations) と呼んでいる (Tushman=O'Reilly, 1997；邦訳 pp.190-217)[2]．

　革新的イノベーションだけを追求して，それを具現化できるのか，それを市場化するためのコストに見合った収益を獲得できるのか，という問いに対しては疑問に感じざるをえない．漸進的イノベーションを追求することで，その限界を感じ，そこから革新的イノベーションの必要性を認識し，革新的イノベーションに至るアイデアを得るという道程もあり，むしろこちらの方が一般的であるかもしれない．したがって，「両刀使いのできる組織」という考え方は，イノベーションを考えるうえで至極一般的な考え方であるともいえる．

1.3.2　持続的イノベーションと破壊的イノベーション

　優れた企業がどうして競争優位を失うのか，という問題意識から HDD (Hard Disk Drive) 産業を分析したのが Christensen(2000；邦訳，2001，pp.27-58) である．彼はイノベーションを，持続的イノベーション (sustaining innovation) と破壊的イノベーション (disruptive innovation) とに分類し，競争優位を失う原因を説明した．

　Christensen によると，イノベーションは「持続的技術 (sustaining technology)」に基づく持続的イノベーションと，「破壊的技術 (disruptive technology)」に基づく破壊的イノベーションとに分けることができるとしている．持続的イノベーションは，既存の価値指標上で製品の性能を高めるもの

---

[2]　Tashman らは，radical, semi-radical, incremental ではなく，incremental, architectual, discontinuos で分けている．

である．これに対し，破壊的イノベーションは，従来の価値指標とは異なる基準を顧客に与えるイノベーションである．

　HDD 産業において，持続的イノベーションとは，HDD の記憶領域の増加が挙げられる．一方で，破壊的イノベーションは，HDD の小型化である．当初，HDD の大きさの変更は，記憶領域や価格面から，従来のメインフレーム向け HDD 市場では受け入れられなかった．しかし，ミニコン，パソコンが主流になるにつれ，顧客の関心は HDD の大きさにシフトし，また記憶領域や価格も改善されたため，HDD 市場では小型の HDD が主流となった．

　Christensen が事例として挙げた HDD についていえば，破壊的イノベーションは，既存の価値基準では，それ以前の製品よりも性能的に劣ってしまう．しかし，従来とは異なる価値基準（HDD の大きさ）を顧客に示すことから，少数の新しい顧客に受け入れられる．破壊的イノベーションは初期においてニッチ市場（ミニコン・パソコン向け HDD 市場）に受け入れられただけであり，既存企業にとって参入するには経済性に乏しい市場であった．

　持続的イノベーションを続けているうちに，市場が求める性能以上に製品の性能が良くなり，既存製品が顧客にとって過剰性能になることがある．一方で，当初は破壊的イノベーションによってもたらされたニッチ市場でしか通じない価値基準が，市場規模の変化により支配的地位を占めることがある．そうなったとき，破壊的イノベーションに対応しなかった，あるいはできなかった既存企業は顧客を失う．いい換えれば市場における競争優位を失うのである．

　既存企業にとって，重要な顧客（主流派の顧客）の意見を聞き，収益性や成長率を高めるような行動をとることは優れた経営であるといわれる．しかし，その優れた経営を行うが故に破壊的イノベーションに対応できず，競争優位を失ってしまうことを Christensen は「イノベータのジレンマ（Innovator's dilemma）」と呼んだ．

1.3.3　プロダクトイノベーションとプロセスイノベーション

　イノベーションが事業活動のどの部分で起こったのかに注目してイノベーシ

ョンを分類すると，プロダクトイノベーション（product innovation）とプロセスイノベーション（process innovation）の2つに分けることができる．

プロダクトイノベーションとは，製品・サービスなど，顧客の手に届くものが新しくなることである．一方，プロセスイノベーションとは，製品やサービスがつくられる，あるいは手に届く過程が新しくなることである（Tidd et al, 2001, 邦訳 pp.6-8）．

この分類から，イノベーションの発生過程，発生頻度について研究したのがAbernathyとUtterback（Utterback, 1994, 邦訳, pp.105-129）である．

Utterbackによれば，プロダクトイノベーションとプロセスイノベーションを区別することで，イノベーションの発生の時期と度合いを区別，認識することができるとしている．新しい種類の製品が市場に導入され始めたばかりの時期は，どのような製品が世間一般に採用されるかわからないため，プロダクトイノベーションが数多く起こる．つまり，多種多様な製品が市場に出るのである．そのうち，企業の試行錯誤や市場での製品理解などが進み，ドミナントデザインという主流派の製品が決定する．これによって，支配的な製品の技術や構成が決定する．技術や構成が決定すると，製品に大きな変更が加えにくくなる．したがって，その後は，ドミナントデザインを基にしたプロセスイノベーションの頻度が多くなる．時期に応じてイノベーションの頻度が変化することを上記のように指摘したのが，Abernathy=Utterbackモデル（Abernathy=Utterback, 1978）である．

プロダクトイノベーションとプロセスイノベーションについては，1.4節において詳述する．特に，プロセスイノベーションは，製品の製造工程の改善・革新だけではなく，製品を顧客に届けるまでの，物流や販売のプロセスの改善・革新まで指すのが一般的である．情報技術の発達や物流システムの進化によって，その重要性はクローズアップされている．

1.3.4 S字カーブ

S字カーブはさまざまな分野で利用されているが，イノベーションマネジメ

ントの分野では，図 1.1 に示すように，横軸に時間，縦軸に市場での技術や製品の受容率をとり，技術や製品の普及過程を示すフレームワークとして応用されている．つまり，新規の技術によって開発された新製品が市場に投入されると，その初期段階では受容する顧客は少ない．しかし，ある時点になるとその製品は市場に認められ，急激な成長期を迎える．その製品には，新たな技術革新・改善が施され，製品の変更も進み，その成長は持続する．そして，同種の製品の市場での受容も飽和状態に達する．また製品の改良も限界に達し，その性能の向上も不可能になる．この状況を描いたグラフの形がS字カーブになるというものである．

これは，マーケティングにおける製品ライフサイクルモデルがマーケティングミックスの指針を与えるのと同様に，イノベーションをマネジメントするうえでのさまざまな指針を与えるものとして注目されてきた．その一例を示せば次のようになる．

- 新技術や新製品は容易に市場で受け入れられない．
- 製品は一端普及すれば爆発的な普及につながるが，それを維持するには新技術の投入による製品の改良が必要となる．
- 成熟した技術をさらに改良するには限界があり，また莫大な投資を伴

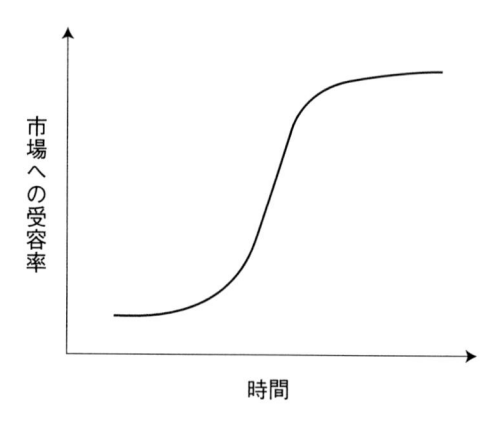

図 1.1 S字カーブの応用例

う．
- 製品を改良しても，市場は既に飽和状態であり，製品改良のための技術投資を回収できる見込みはない．
- 新たな新技術とそれを基にした新製品が期待される．

1.3.5 イノベーションの評価尺度

　先述したように，研究者がイノベーティブな企業とそうでない企業を分けることは，イノベーション研究にとって重要な視点である．実業の立場からは，イノベーションが重要といわれる時代にあって，何を事業評価の拠り所にしたらよいかという課題に通じる．つまり，評価尺度は経営戦略もしくはその展開方針につながる．

　イノベーションの評価尺度に関する議論も，イノベーションの定義と同様に今もって収束をみない．しかし，イノベーションは国家戦略とも捉えられていることから，公的機関が評価尺度の指針を提示している．OECDから提示されているOslo Manual(web [1])である．その指針の下に各種調査を行うことで，国家間，産業間の比較ができるとされている．その指針に記載されている内容，また複数の研究論文(例えば，Alegre et al, 2006)の中で議論されている内容から，評価尺度の設定の要件を挙げれば次のようになる．

- イノベーションは複数年にわたることから，その成果をみには経過調査が必要となる．
- イノベーションの評価尺度は，経済的評価尺度(売上や利益など)とイノベーション活動(改善・革新活動)の中間に位置する．
- 評価尺度の具体例として，新製品やパテントの数，改善・革新件数などがある．
- イノベーション評価尺度の設定には，それが経済的評価尺度と正の相関関係にあることを確認する必要がある．
- イノベーションの評価は，その有効性(efficacy)と効率性(efficiency)から測定される．ここで，有効性とは，イノベーションの成功の程度であ

り，効率性とは成功を獲得するために費やした努力(時間と費用)である．
- 客観的評価(数値評価)と主観的評価(行動観察・報告の結果評価)の2つの側面から評価されるべきである．

どのような評価尺度を採用するかは，業界，製品のライフサイクルの段階，市場の状況，社会環境などによって異なると考える．例えば，地球環境問題に対する関心が強い顧客の多い市場では，経済的成果に結びつく環境対応のプロダクトイノベーション及びプロセスイノベーションに対する評価尺度が採用されることになる．

1.4　プロダクトとプロセスのイノベーションへの戦略

1.4.1　プロダクトイノベーション
(1)　企画・設計プロセス

プロダクトイノベーションを理解し，そのマネジメントを考えるうえで，製品の企画・設計プロセスを把握することは重要であり，それは一般的に次の手順からなる．

1) 製品企画：種々のアイデア，技術，市場のニーズを基に，製品のコンセプト，仕様，性能，品質，原価目標などを決める．
2) 製品設計：製品企画で提示された要件を満たすよう製品の具体的な機能，形状，材質，品質などを明らかにし，製造が可能なように図示する．
3) 工程設計：製品を設計通り生産するため，複数の製造設備や作業員による加工作業もしくはマテリアルハンドリングの手順を決定する．
4) 作業設計：作業員が加工作業もしくはマテリアルハンドリングを行う場合，効率的かつ疲労のないよう作業の詳細を決定する．

本項では，主に製品の詳細が決まる製品企画，製品設計に焦点を当てる．工程設計と作業設計は，製品企画と製品設計に影響し，それらを検討する場合に考慮するべきことである．しかし，主に製品の製造プロセスを決める手続きで

あることから，次項のプロセスイノベーションの項において触れる．

(2) 製品企画と製品設計

製品企画には，研究室主導型(技術主導型)と顧客ニーズ主導型がある．前者は研究開発部門や外部の研究機関のもたらした新技術やアイデアを基にした製品企画であり，後者は製品を使う立場の顧客の改善要求やニーズ分析の結果を基にしたものである．前者による製品企画は，新技術やアイデアが顧客ニーズに必ずしも結びつかないなどのリスクを伴うことから，一般には後者に重点がおかれ，種々の取り組みがなされている(Koppelmann, 1978; 田内, 1991, pp.251-380)．

アイデアが創出されたなら，製造が可能となるように製品設計がなされる．その製品設計には，機能設計，生産設計，意匠設計があり，次の役割を担う(人見，1991)．

① 機能設計：製品が目的の機能を果たすことを保証する形状と素材を決定する．一般的に設計といった場合，これを意味することが多い．
② 生産設計：生産を経済的に行うための設計であり，例えば，部品点数の削減などがこれに対応する(例えば，Boothroyd=Dewhurst, 1994)．
③ 意匠設計：インダストリアルデザインとも呼ばれ，購買意欲をそそるような形状，色，質感を与えることや，使用する場合の疲労軽減，安全の確保を目指した人間工学に基づく設計である．

これら製品設計を含め，製品開発には膨大な時間と労力を必要とする．例えば，自動車の場合，企画から生産開始に至るまでには3〜6年が必要であり，さらに基礎技術の開発まで含めれば膨大な時間がかかる．また製品設計，工程設計，作業設計というように順次進行するものではなく，実際は，設計，試作，生産準備，原価計算などが並行して行われる．近年，多様な製品の設計を限られた人員の中で迅速に行うことが求められており，マルチプロジェクト戦略などの設計組織戦略の重要性が指摘されている(延岡，1996)．

以上のように経営資源を大量に消費する製品企画・設計プロセスは，ある製

品系列に限って見れば，それは常に行われるわけでなく，経営環境に応じて発動される．具体的には，財務上の目標（利益，売上げ目標）への対応，売上高確保，競争上のポジショニング，現製品が衰退期に入った場合，科学技術の進歩，新しい発明の登場，政府の新たな規制，原材料の高騰もしくは不足，人口統計学的要因とライフスタイルの変化，顧客の要望，供給業者の発案，などである．

また，このような経営環境を受け身に捉えた発動ではなく，積極的に製品を開発して新市場を創造しようというアクティブ戦略からも製品企画・設計プロセス，つまりはプロダクトイノベーションが起こる．

1.4.2 アイデア創出技法

新製品の企画・設計において，アイデアの創出が課題となることは周知の事実であり，イノベーションを狭義に捉えた場合，それだけを指す場合もある．イノベーションを合理的かつ効率的に進めようとする場合，アイデア創出も体系的かつ組織的に行うことが求められる．その方法論が古くから研究され，代表的方法を整理すれば，**表1.1**となる．個々の方法論にはそれぞれ特徴があり，状況に合わせて利用する必要がある[3]．

一例を挙げるのであれば，初期のアイデア創出には，ブレーンストーミング法を用い，そこで得られた多様なアイデアを元に実現性があるアイデアに絞り込む，もしくは集約されたアイデアを得るためには，KJ法を用いるなどが考えられる．

1.4.3 デマンドチェーンマトリックス

新製品の企画，開発において，そのシーズとなる新技術の開発に努めることは当然のことであるが，先述したように多くの製品はニーズ主導で企画・設計される．ニーズ情報を用いてアイデアを創出する技法については先述したが，

---

[3] 個別の方法論の詳細は，関係書籍を参照されたい．最も知られたKJ（川喜田二郎）法は，川喜田二郎（1967）『発想法－創造性開発のために』中公新書，である．

1.4 プロダクトとプロセスのイノベーションへの戦略

表 1.1 アイデア創出技法

分類	具体的方法論名
自由連想技法	ブレーンストーミング法，ブレーンライティング法，CBS（Clinical Brain Storming）法，欠点列挙法，希望点列挙法
強制連想技法	チェックリスト法，機能系統図法，属性列挙法，カタログ法，形態分析法
類比発想技法	ゴードン法，シネティックス法，NM 法
逆連想技法	水平思考法
収束技法	KJ 法，親和図法，特性要因図法，マトリックス図法，カード PERT 法
分析アプローチ法	入出法
統合技法	ZK 法，ワークデザイン法，ハイブリッジ法

そのニーズ情報そのものをいち早く収集し，それらを新製品のアイデアを創出する企業内もしくはサプライチェーン内の各企業の適切な部署，関係者にいち早く伝達することは重要な課題である．経済全体の活性化の視点からは，関連する企業がこれら情報を迅速に受信できるパブリックもしくはプライベートな情報連鎖のしくみをいかに作るかが課題となる．われわれは，これを DCM (Demand Chain Management) として捉え，そのオペレーション戦略を検討するために，**図 1.2** に示すような DC マトリックス (Demand Chain matrix) を提案してきた[4]．

横軸には，製造業の主要機能である，クライアントマネジメント，企画・設計，製造，流通・物流の４つの機能を配置し，縦軸にはニーズ情報を伝達する５つのメディアを配置している．横軸の主要機能は一企業の中にある場合もあれば，社会分業されて個々の機能が異なる主体で運営される場合もある．別主体で運営される場合は，主体間の関係は，サプライチェーンの中に位置づけられる個別主体であることが一般的である．また，製品が複数の部品や資材で構成されるようなもので，異なる企業で企画・設計・製造される業態などでは，

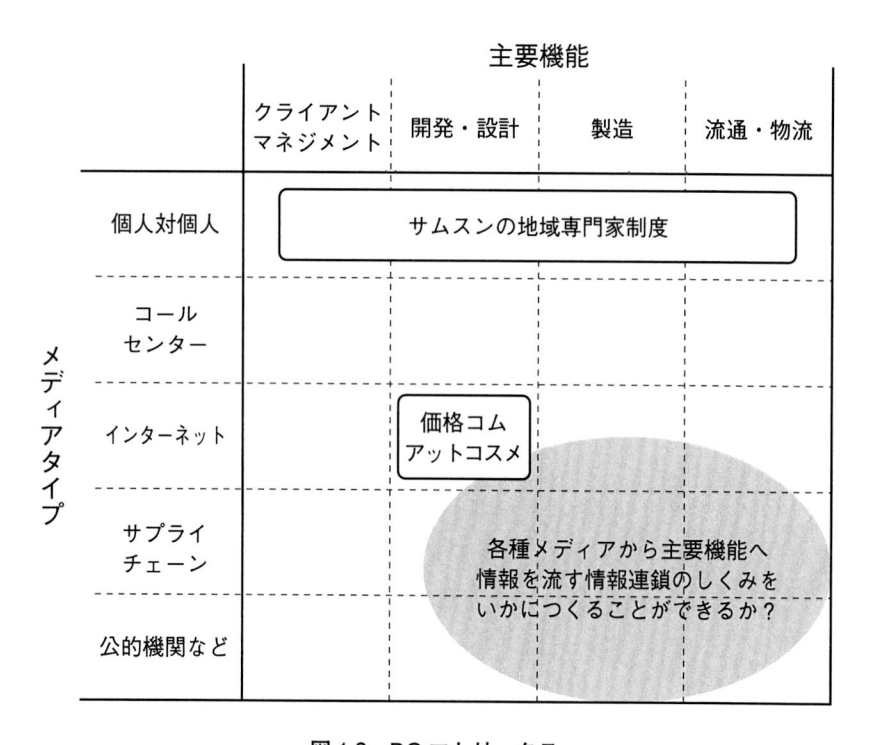

図1.2 DCマトリックス

	主要機能			
メディアタイプ	クライアントマネジメント	開発・設計	製造	流通・物流
個人対個人	サムスンの地域専門家制度			
コールセンター				
インターネット		価格コム アットコスメ		
サプライチェーン			各種メディアから主要機能へ情報を流す情報連鎖のしくみをいかにつくることができるか？	
公的機関など				

ニーズ情報は親企業を介して流れるのではなく，顧客から直接関連企業に流れることで，独自の部品，資材の開発ができる．それによって，親企業から指示がある以前に，個性に富んだ部品・資材を企画・設計して提供することが可能となり，それによる最終製品の開発リードタイムの短縮化も可能である．

　ニーズ情報を伝達するメディアは種々あるが，ここでは顧客の直接の要望，潜在的要望をどこまで正確かつ迅速に伝達するかの視点で分類している．顧客との直接のコミュニケーション(個人対個人)で得た情報は，個別ニーズに関する正確性，リアルタイム性は高いが，公的機関などの調査結果として集約された統計情報などは分析期間も長く集約化されていることから，特定のマーケ

ットセグメントや特定の顧客の要望をそこから読み取ることは容易ではない．コールセンター，インターネット，サプライチェーンを介しての情報は，その中間に位置する．

このマトリックスを用いて検討することは，縦軸の各種メディアを介して流れてきた情報を横軸の主要機能に環流させる情報連鎖のしくみをどのように作るのかである．そのしくみは，社内に作る場合もあれば，独立した主体が構築して運営する場合も考えられる．

近年注目されているサムスングループの地域専門家制度（第6章コラム5参照）は社内に構築されている例であるが，世界市場での多様なニーズを各国に派遣された従業員が的確に把握して，その情報をグループ内の関係部署に環流させる情報連鎖のしくみとして注目されている．それは図1.2のような位置づけに対するしくみと考えられる．また独立した主体が構築した例として，アットコスメ，価格コムなど多様なしくみが試みられている．そこで得られた消費者のニーズ情報を売ることで事業が設立していることを考えれば，現代社会においてそのようなしくみがいかに重要かを物語っている．

以上のようにニーズ情報の迅速な環流のしくみを検討するのがDCMであり，このDCマトリックスはそれを考えるうえでのフレームワークとなる．またDCMの進展によって，プロダクトイノベーションは加速化できる．つまり，われわれの生活を営むための道具としての製品を迅速，的確，無駄なく開発・供給し，われわれが直面する種々の環境の変化に迅速に対処することができる．

1.4.4 プロセスイノベーションの概要

製造業及びその周辺産業の物の流れに関わるプロセスは，製造プロセスと生産・販売プロセス（もしくは流通プロセス）からなる．本項では，それらのイノベーションを検討するが，その対象となるプロセスは，製品の特性，顧客の製品取得の方法と量によって大きく異なる．具体的にどのような要因によって規定されるのかを，以下の生産形態に関する分類[5]を基に考える．

〈Ⅰ．製品構成による分類〉
① 組立生産：自動車，機械製品，電気製品のように，複数の部品が組み合わされて最終的に1つの製品になる形態である．
② プロセス生産：化学製品のように，製造プロセスを経るうちに，その構造や形態が変化して最終製品となる形態である．
③ 分解生産：石炭・石油製品に代表されるように，1つの素材もしくは原料が製造プロセスを経るうちに複数の製品となっていく形態である．

〈Ⅱ．製品仕様の確実性による分類〉
① 注文生産：顧客の発注に基づいて生産が開始されるか，新規に製品が設計され，生産が行われる形態で，受注生産とも呼ばれる．
② 見込生産：顧客の嗜好，要望を予測し，それに基づいて製品設計を行い，あらかじめ生産し，在庫しておく形態である．

〈Ⅲ．生産数量に基づく分類〉[4]
① 個別生産：多くの顧客からの多様で少量の個別注文に対処する生産形態で，個々の注文毎に個別の製造ラインを編成するには不経済であることから，既設の製造設備を個々の製品の製造プロセスに従って巡ることとなり，ジョブショップ生産形態とも呼ばれる．
② 間欠生産：生産能力以下の需要量であるとき，ある一定量をまとめて，そのための製造ラインを編成して生産する形態で，バッチ生産，ロット生産とも呼ばれる．
③ 連続生産：需要量がたいへん多い製品で，その製品を効率的に生産するための製造ラインを編成し，休みなく生産する形態である．

製造プロセスと生産・販売プロセスが上述の分類のどの形態となるかは，ま

---

[4] この分類について，Schmenner(1990)などはより詳細に，①ジョブショップ生産，②バッチフロー生産，③人的ペースライン生産，④機械ペースライン生産，⑤バッチ／連続混合生産，⑥連続生産の6つに分類することに示している．また近年，生産量に対して柔軟に対応できるセル生産方式(竹内，2006)が注目されている．

ずどのような製品を製造するかによってⅠの製品構成による生産形態が特定される．次に需要量や顧客との関係によりⅡの①受注生産か②見込生産のどちらを行うかが特定され，その特定を基にしてⅢの生産数量に基づく生産形態を決めることとなる．

　プロセスの視点で捉えるなら，製造する製品によって製造プロセスの概要が規定され，次に製品の顧客への供給関係によって生産・販売プロセスの概要が規定され，製品供給量によって，製造および生産・販売プロセスの詳細が設定されることとなる．したがって，製造業のプロセスイノベーションを考える場合，このような製造だけでなく販売に至るまでの包括的な視点を常に持つことが重要である．

　以下，まず製造プロセスに焦点を当て，そのプロセスイノベーション戦略の指針を述べる．次に，より包括的な視点，つまり製造と販売の統合を指向したプロセスイノベーション戦略について検討する．

1.4.5　製造プロセスのイノベーション

　前節のⅢの生産数量の分類に基づく製造プロセスの形態を変化させない場合，そのイノベーションは個々の作業の改善や改革である．つまり1.4.1項で述べた工程設計や作業設計がその対象となり，多くの事例やノウハウ書が刊行されている．しかし，現代の経営環境は周知の通り非常に流動的であり，それは製造プロセスにも多大な影響を及ぼす．つまり，生産数量の観点からの生産形態と，製品仕様の確実性の観点に基づく製造プロセスは，時々刻々と変化する可能性があり，その変化に合わせて的確に製造プロセスの変更をしなくてはならない．本項では，その戦略的指針を述べる．

　その戦略的指針を検討するうえで有用となる，生産数量と製品仕様の確実性との関連性を示す図1.3のようなマトリックス(プロダクトプロセスマトリックス：以降，PPマトリックス)と呼ばれ，Hayes=Wheelwright(1979)が提言している．横軸は，顧客と製品との関係を表しており，右に行くほど製品の市場での浸透度合いが高い．一般に，右方にある製品ほど見込生産形態がと

22　第1章　イノベーションとは

製品と顧客の関係　　生産形態	少量生産・販売 低標準化品 一品一種　A	中少量生産・販売 多様な製品　B	比較的大量 生産・販売 数種の主要製品　C	大量生産・販売 標準化製品 日用品　D
個別生産形態 ジョブショップ 生産形態　a	a A			a D
断続型ライン 生産形態 バッチ生産形態　b		b B		
連続型ライン 生産形態 アランブリライン 生産形態　c			c C	
連続型生産形態　d	d A			d D

図 1.3　Hayes-Wheelwright の PP マトリックス
（出典）　Hayes=Wheelwright, 1979, 邦訳, pp.37-44.

られ，左方にある製品ほど注文生産形態がとられる．縦軸には，数量に基づく生産形態（製造プロセス）の分類がとられ，上に行くほどジョブショップ生産形態に，下に行くほど連続生産形態に近くなる．一般的な製造業は，対角線上のaA，bB，cC，dDに位置するとされる．例えば，印刷業のように顧客によって注文内容が異なる企業ではaA段階となるし，自動車や家庭用電化製品のように見込生産によって大量生産を行っている企業では，一般にcC段階となる．dD段階は，石油精製業や化学工業などのように規格品を大量生産する企業である．

　以上のように，企業は，生産している製品の顧客との関係を基に対角線に対応する生産形態を一般的に採用しているが，このマトリックスは，次の事柄を示唆している．

① 顧客と製品の関係が変化したとき，製造プロセスを一般的にどのような形態に変化させるべきかを対角線に対応させて考察できる．対角線上を右下または左上に移動するのが最も典型的であるといえる．

② 企業は生産している製品と顧客との関係，市場での浸透度合，採用している製造プロセスによってマトリックス上での位置づけが決まる．逆にいえば，その企業に有利になるようにマトリックスの位置づけに関する目標を設定して，その位置づけに向けて製品の市場での浸透度合いと製造プロセスを変更していくこと，つまり製造プロセスのイノベーション戦略の一端を提示してくれるマトリックスでもある．

　ここで，このマトリックス上で，日本の製造業が過去にとってきた製造プロセスのイノベーション戦略を考えてみる．一般的な日本の企業は確かに対角線上の製造プロセスをとってきたが，ベストプラクティスとされる企業は，その対角線上から逸れる戦略をあえてとり，市場での比較優位を獲得したといってよい．それは市場もしくは顧客に製造プロセスを最適合させるという企業の強い意志の結実なのかもしれない．

　例えば，顧客の嗜好多様化に対応するために品種数が増えても，生産形態を変えないであえて連続型ライン生産形態をとることでコスト削減を指向したり，バッチ生産で対応できる中小量生産に対して，徹底して在庫を減らすためにJIT生産，セル生産，一個流しなどといわれる方式を追求してきたことなどである．

　確かに対角線上の製造プロセスは，生産コストを削減するという点では妥当なのかもしれないが，需要が必ずしも一定ではなく，その変動に合わせて生産するには，どのような場合であっても個別生産に近い形式が優位である．しかし，その際にコストが上昇したり品質が低下したりしては比較優位とはならない．そのためには製造現場のたゆまざる改善・改革によって連続生産に近づけることが要請され，それをわが国企業は現場の創造性と勤勉さで挑戦してきたのである(太田，2009, pp.10-13)．

1.4.6 製販統合に向けたプロセスイノベーション戦略

　製販統合，サプライチェーンマネジメント（以降，SCM）などの概念が一般的な経営用語となっていることから見てとれるように，生産と販売，つまり製造プロセスと流通プロセスを高度に統合化することが求められる時代になった．そのような中では，製造プロセスのイノベーションだけでは不十分であり，流通プロセス，つまり市場もしくは顧客への供給方式や販売方法，受発注の方式，在庫管理の方式なども一緒に検討する必要がある．これはビジネスプロセスのイノベーションとも呼ぶことができる．さらには資材・部品の調達方式，つまり調達プロセスなども検討する必要がある．

　このイノベーションの指針を検討するうえで，前項で述べたPPマトリックスでは不十分であり，本項ではそれを拡張したプロダクションマーケティングマトリックス（以降，PMマトリックス）を紹介する（太田，2009, pp.224-226）．

　PMマトリックスは，縦軸にPPマトリックスと同じ製造形態を，横軸に顧客への供給形態を配置させた図1.4のようなマトリックスである．顧客に製品が渡るまでのプロセスは，一般に企画，設計，生産，販売などの要素プロセスの連鎖からなる．完全受注型，つまり製品の企画から販売までを個別顧客のために行う場合，全ての要素プロセスは顧客とのやり取りとともに進行する．したがって，この場合の各要素プロセスの有りようを受注型と呼ぶ．

　一方，最寄り品などの製品では，企画も，設計も，生産も，販売も見込みで行われる．販売が見込みであるとは，どれくらい売れるか正確にはわからないが，それを見越して店頭に商品を並べることを指す．その要素プロセスが見込み型で行われるとき，その要素プロセスを見込み型と呼ぶものとする．各要素プロセスの有りようにおいて，（全てが受注型），（企画・設計が見込み型，生産・販売が受注型），（企画・設計・生産が見込み型，販売だけが受注型），（全てが見込み型）の4タイプに分類される．したがって，PMマトリックスは，製造だけではなく，流通・マーケティングを含め，製販統合を指向したプロセスイノベーション戦略を考えるうえで有用となる[5]．

　このPMマトリックスに関わる業務プロセス全てを一社で担うことは一部

1.4 プロダクトとプロセスのイノベーションへの戦略　25

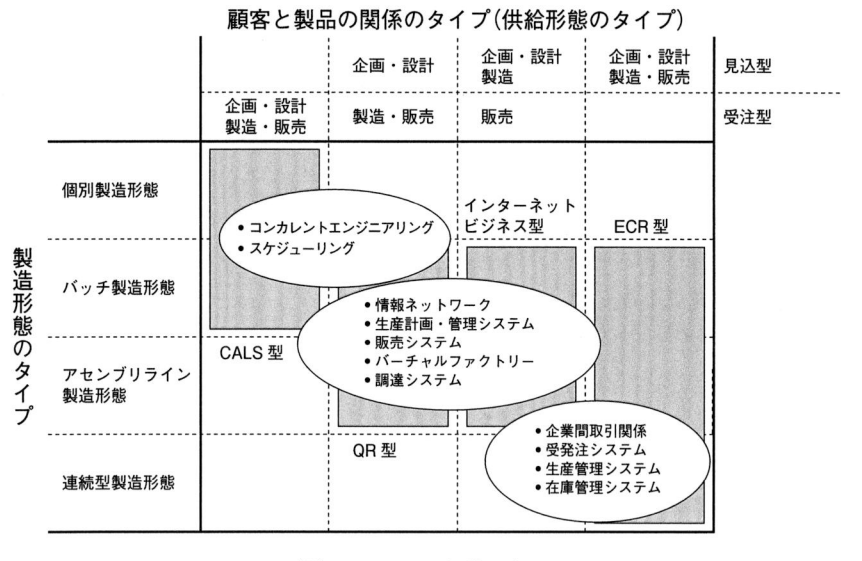

顧客と製品の関係のタイプ（供給形態のタイプ）

製造形態のタイプ \ 供給形態	企画・設計 製造・販売	企画・設計 製造	企画・設計	（見込型）
	製造・販売	販売		（受注型）
個別製造形態	●コンカレントエンジニアリング ●スケジューリング	インターネットビジネス型	ECR型	
バッチ製造形態	CALS型	●情報ネットワーク ●生産計画・管理システム ●販売システム ●バーチャルファクトリー ●調達システム		
アセンブリライン製造形態		QR型		
連続型製造形態			●企業間取引関係 ●受発注システム ●生産管理システム ●在庫管理システム	

図 1.4　PM マトリックス

の業界を除いてまれであり，また市場での販売機会を増やすという点からも複数の企業に渡ることは十分に考えられる．この点から，PM マトリックスは SCM を議論するうえで重要な示唆，フレームワークを与えるといっても過言ではない．図中の楕円内の課題は，個々の製造プロセスと流通プロセスのリンクを具現化する際の SCM の課題を示している．つまり，SCM の実現はプロ

---

[5]　顧客の嗜好が多様化した中で，製造だけでなく流通の合理化・効率化が大きな課題となる．情報システムや情報ネットワークの進展がそれを支援するならば，製造業及びその関連産業において，製造プロセスと流通プロセスの的確な組み合わせとそれを実現するオペレーションを構成することは重要な課題である．その戦略には複数のコンセプトがあり，流通側から提案された QR(Quick Response)，ECR(Efficient Consumer Response)，CRM(Customer Relationship Management)，製造の側から提案された BTO(Build To Order)，CALS(Computer Aided Acquisition and Logistics Support)などがある．それらは図中の網掛け枠に対応するオペレーション戦略を誘導するコンセプトとして捉えることができる．

セスイノベーションを実現することであると捉えることができる.

1.5　固有のマネジメント手法とイノベーション

　わが国が培ってきた代表的なマネジメント手法として，TQM（総合的品質管理；Total Quality Management）が挙げられる．品質管理は，当初，製造現場の品質管理が中心的課題であった．しかし，製品の品質を高めるには製造だけでなく，設計，販売，企画，さらには経営全般の質を高めることが必要であるとの考え方の下，方法論が体系化されTQMと呼ばれるようになった．わが国はそれを推進するために，㈶日本科学技術連盟によってデミング賞が創設された．デミング賞が創設されて以来，わが国を代表する企業の多くがそれを受賞し，わが国の製造業の発展に寄与した．

　一方，欧米でもデミング賞を参考にして，アメリカではマルコムボルドリッジ国家品質賞，欧州ではヨーロッパ品質賞が設立された．近年，新興国企業でも，TQMを実施して製品・サービスの品質を高める動きが活性化しており，インド，台湾，タイ，韓国などの著名な企業がデミング賞に挑戦するようになった．わが国では，製品・サービスの品質の向上が経営の中核的課題であるとの認識が広まるとともに，さまざまな業態へのTQMの適用が試みられるようになった．デミング賞を受賞した企業は，TQMを基本とし，さらにそれを発展させた独自のフレームワークを構築し，推進しようとする企業も現れている．このような経緯から，TQMはわが国が培ってきた，いわばわが国固有のマネジメント手法であるといえる．

　TQMの基本的な考え方は，17の原則からなる．それは大きく1)目的に関する原則，2)手段に関する原則，3)組織の運営に関する原則，に類別され，図1.5のように位置づけられる．TQMを実施しようとする組織は，個々の原則に沿う独自の方法論をその経営環境に合わせて模索し，経営成果が得られるように体系化することとなる．業態，規模，地域，国によってそれは異なるが，体系化，組織化しないと経営的な効果は薄い．

1.5 固有のマネジメント手法とイノベーション

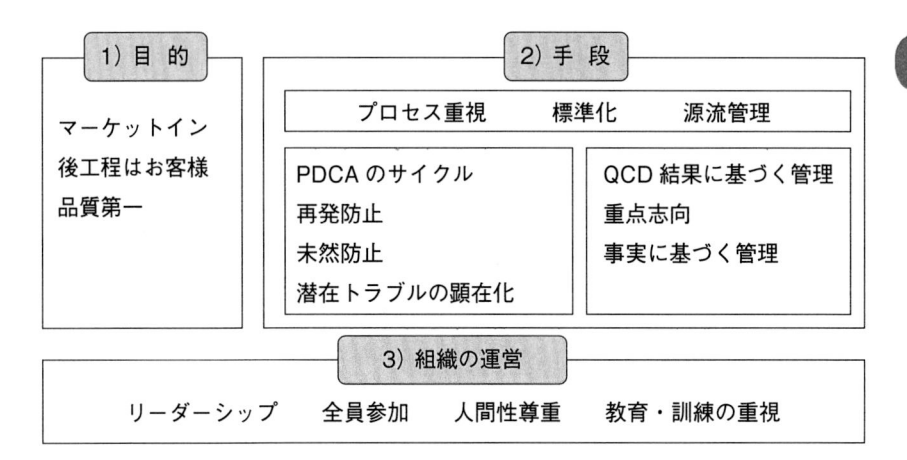

```
1) 目 的
マーケットイン
後工程はお客様
品質第一
```

```
2) 手 段
  プロセス重視   標準化   源流管理
PDCA のサイクル       QCD 結果に基づく管理
再発防止             重点志向
未然防止             事実に基づく管理
潜在トラブルの顕在化
```

```
3) 組織の運営
リーダーシップ   全員参加   人間性尊重   教育・訓練の重視
```

図 1.5 TQM の代表的な原則とその位置づけ
(出典) 中條・山田編(2008)『TQM の基本』,日科技連出版社,p.9.

　本書の視点から検討すべきことは,この TQM はイノベーションの推進に貢献するものであるかどうかである.新製品・サービス開発,製造業務,物流・調達業務,販売業務は代表的業務であり,それはプロダクトイノベーション,プロセスイノベーションを推進するうえでの対象業務である.TQM の推進には,全従業員の教育・訓練が必須であり,それを前提に全員参加で各種活動が実施される.つまり,経営のトップから現場で作業する人々まで,経営理念,経営戦略,業務の運営方針,各種方法論,顧客ニーズ情報などが共有されたうえで,個別業務が推進されることとなる.その一貫性は,TQM を推進する組織内でイノベーションを迅速かつ効率的に進めるうえで大変有効であり,これ以上のものはないといってよい.第5章において,イノベーションを誘導するコミュニティについて述べており,そこでも TQM は引用されるが,「中央集中的で知識が同質的なコミュニティ」において TQM は十分に機能するとしている.

　ここでわれわれが検討すべき事項は,経営環境のグローバル化,デジタル化の進展が進む中で,独創的で魅力的な製品・サービスを生み出すイノベーショ

ンが創起されるコミュニティもしくはネットワークは,「中央集中的で知識が同質的なコミュニティ」ではないという点である.独創的なイノベーションが創起される環境として注目されるのは,第5章で提示される「分散的かつ異質なイノベーションネットワーク」であったり,第6章の「国際共創戦略」である.幸いなことにTQM推進の必要性に関する認識は,新興国でも拡大しつつあるし,欧米でも再評価されつつある.この点からすれば,例えば多国籍にわたる企業間で共創関係を樹立してイノベーションを推進しようとする場合,文化・風土,言葉,各種制度,経済環境の違いがあるとしても,共創関係にある企業がTQMという共通のマネジメントシステムを有している場合は,イノベーションを合理的かつ効率的に推進できる可能性があるといえる.

また,国籍,言葉が異なる多様な従業員を抱える企業は一般的に権限も分散的であり,そこでのイノベーションは,「分散的かつ異質なイノベーションネットワーク」の下で推進しなくてはならないが,TQMというフレームワークを共通してもっているのであれば,イノベーションは合理的かつ効率的に推進できると考える.ただ,そのような体制下でイノベーションを推進するうえでのTQMのあり方については,今後さらに煮詰めていく必要がある.それはわが国の企業,翻っていえばわが国の今後の課題である.

演習問題

1. 本書のイノベーションの捉え方に基づき，イノベーションが成功したと考えられる身近な事項をできるだけ多く挙げよ．
2. 身の回りの製品を複数挙げて，それらの開発が研究室主導型で行われたのか，顧客ニーズ主導型で行われたのかを考えよ．また前者であるならば，どのような技術が核になったのか，後者であるならば，どのようなニーズが基になったのかを考えよ．
3. 上記の2.で挙げた製品の企画・設計プロセスは，どのような目的を持って発動されたものかを考えよ．
4. 図1.2のマトリックス内のサービスを実現する会社や機能として現在どのようなものが存在するかを挙げよ．また，自身でそのようなサービスを実現する機能を考えよ．
5. 身近な製品を挙げて，それらがどのような製造形態で生産されたものかを，図1.3を用いて判断せよ．さらにそれをより効率的に生産するためには，どのような戦略が考えられるかを検討せよ．
6. 身近な商品を複数挙げて，それらが1.4.6項のどの形態により，読者に提供されているかを考えよ．また，その妥当性についても検討せよ．
7. 近年，デザインのよい衣服を安く提供する業者が増えてきているが，それが実現できるようになったのは，どのようなしくみをプロセスイノベーションとして構築したのかを，図1.4を用いて検討せよ．

引用文献

1) 岸川善光編著(2004)『イノベーション要論』同文舘出版, p.3.
2) 一橋大学イノベーション研究センター(2001)『イノベーションマネジメント入門』日本経済新聞社, p.3.
3) Tidd, J., J. Bessant, and K. Pavitt(2001). *MANAGING INNOVATION: Integrating Technological, Market and Organizational Change*, John Wiley & Sons, Ltd.(後藤晃・鈴木潤監訳(2004)『イノベーションの経営学―技術・市場・組織の統合的マネジメント―』NTT出版株式会社, p.49).

4) 太田雅晴(2009)『生産情報システム,第2版』日科技連出版社,p.226.
5) 人見勝人(1991)『入門編生産システム工学』共立出版,pp.32-33.

参考文献

邦文

太田雅晴(2009)『生産情報システム,第2版』日科技連出版社.
田内幸一監修(1991)『ゼミナール・マーケティング・理論と実際』ティビーエス・ブリタニカ,pp.251-380.
武内登(2006)『セル生産』日本能率協会マネジメントセンター.
中條武志,山田秀編著(2008)『TQMの基本』日科技連出版社.
延岡健太郎(1996)『マルチプロジェクト戦略』有斐閣.
人見勝人(1991)『入門編生産システム工学』共立出版.

英文

Abernathy, W. J., and J. M. Utterback(1978). "Patterns of Industrial Innovation," *Technology Review*, June/July, pp.40-47.
Alegre, J., R. Lapiedra, and R. Chiva(2006). "A measurement Scale for Product Innovation Performance," *European Journal of Innovation Management*, Vol.9, No.4, pp.333-346.
Boothroyd, G., and P. Dewhurst(1994). *Product Design for Manufacturing and Assembly*, Marcel(日経メカニカル編集部訳(1998)『改訂版,生産コスト削減のための製品設計』日経BP社).
Davila, T., M. J. Epstein, and R. Shelton(2006). *Making Innovation Work: How to Manage It, Measure It, and Profit from It*, Wharton School Pub.(スカイライトコンサルティング訳(2006)『イノベーション・マネジメント:成功を持続させる組織の構築』英治出版).
Christensen, C. M.(2000). *The innovator's dilemma : when new technologies cause great firms to fail*, Harvard Business School Pr.(玉田俊平太監修, 伊豆原弓訳(2001)『イノベーションのジレンマ:増補改訂版』翔泳社).
Hayes, R. H., and S. C. Wheelwright(1979). "Link manufacturing process and product life cycles," *Harvard Business Review*, Jan-Feb 1979, pp.133-140(森千司穂訳(1979)「製造工程と製品ライフサイクルを連結せよ」『DHB』May-June 1979, pp.37-44).
Koppelmann, U.(1978). *Grundlagen des Produktmarketing: zum qualitativen Informationsbedarf von Produktmanagern*, Verlag W. Kohlhammer GmbH(岩下正弘監訳(1984)『製品化の理論

と実際』東洋経済新報社).

Tidd, J., J. Bessant, and K. Pavitt(2001). *MANAGING INNOVATION: Integrating Technological, Market and Organizational Change*, John Wiley & Sons, Ltd.(後藤晃・鈴木潤監訳(2004)『イノベーションの経営学―技術・市場・組織の統合的マネジメント―』NTT出版株式会社).

Schmenner, R. W.(1990). *Production/Operations Management: Concepts and Situations*, Macmillan Pub., pp.242-250.

Schumpeter, J. A.(1926). *Theorie Der Wirtschaftlichen Entwicklung, 2, Virtue of the auhorization of Elizabeth Schumpeter*(塩野谷祐一訳(1977)『経済発展の理論(上・下)』岩波書店).

Tushman, M. L., and C. O'Reilly Ⅲ(1997). *Winning through innovation : a practical guide to leading organizational change and renewal*, 1997(斎藤彰悟監訳, 平野和子訳(1997)『競争優位のイノベーション―組織変革と再生への実践ガイド―』, ダイヤモンド社).

Utterback, J. M.(1994). *Mastering the dynamics of innovation*, Harvard Business School Pr. (大津正和, 小川 進監訳(1998)『イノベーション・ダイナミクス―事例から学ぶ技術戦略―』有斐閣).

Web

[1] http://www.oecd.org/document/33/0,3343,en_2649_34273_35595607_1_1_1_37417,00.html(最終確認日 2011 年 5 月 25 日)

第2章

イノベーション遂行のための組織能力とイノベーションプロセス

学習目標

イノベーティブな組織となるため組織能力(イノベーションケイパビリティ)と,イノベーションをシステマティックに遂行するうえでの要点となるイノベーションプロセスについて学習する.

1. イノベーションケイパビリティとは何か,イノベーションケイパビリティを構成する要素,そのためのマネジメント項目を学ぶ.
2. 製造業,非製造業,大・中小企業のイノベーションケイパビリティの醸成方策を検討する.
3. イノベーションプロセスとは何か,知っておくべき既存の代表的モデルを学習する.
4. 創造のイノベーションプロセスモデルを提言するとともに,その妥当性を検討する.
5. 包括的イノベーションプロセスを検討することの必要性を認識する.

2.1 概　　要

　イノベーションの合理化，効率化，迅速化を達成するには，イノベーションの具体的な方法論に少しでも踏み込む必要がある．前章では，イノベーションを考察するうえでの基礎事項と，プロダクトイノベーション及びプロセスイノベーションを進めるうえでの1つのフレームワークについて述べた．それら基礎事項及びフレームワークを用いて，イノベーションの遂行指針を提示できたとしても，その実現には組織活動を伴うことからイノベーションの遂行は容易なことではない．

　その鍵となるのが，イノベーションケイパビリティ(Innovation Capability：以降，IC)と呼ばれる概念である．イノベーション遂行のための組織能力とでも訳されるが，その訳にまだ定説はなく，カタカナ語がそのまま用いられている．2.2節ではそのICの1つの捉え方，その捉え方に基づいてわが国企業を調査した結果，それに基づいたICの醸成指針を述べる．

　一方，イノベーションをシステマティックに遂行するために，イノベーションをプロセスと見て，それを計画・管理することが肝要である．そのためには，イノベーションのプロセス，本書ではこれをイノベーションプロセスと呼ぶが，各組織においてはその有りようを検討するうえでの指針が必要となる．近年，イノベーションプロセスに関わる研究が活発に行われるようになってきた．2.3節において，現行で提示されている代表的なイノベーションプロセスを紹介するとともに，著者らが考えるイノベーションプロセスについて述べる．

2.2 イノベーション遂行のための組織能力

2.2.1 イノベーションケイパビリティとは

　経営組織体にイノベーションをもたらす組織能力の1つとして，近年注目されているのがダイナミックケイパビリティ(dynamic capability)である(例えば，遠山，2007)．ダイナミックケイパビリティとは，組織の環境が変化した

としても，その環境に対応できるケイパビリティ（組織能力）を保有し続ける，あるいはケイパビリティを状況変化に合わせて変革させる能力と定義され，注目されるようになった．

このダイナミックケイパビリティを，図 2.1 に示すような企業のイノベーションの創起プロセスに焦点を当て，再構成したものが IC であり，「企業やステークホルダーの利益のために，継続的に知識やアイデアを新製品・プロセス・システムに転換する能力」と定義される（Lawson=Samson, 2001）．

この図に即すれば，ニューストリームイノベーション，つまり新規事業の創造に際して IC は知識を供給する．また IC は，メインストリームアクティビティ，つまり中核となる業務もしくは定常業務に移行されうる潜在的なイノベーションを見い出し，発展させる役割を果たす．さらに IC はメインストリームの効率性とニューストリームの創造性を結びつけるものである．

IC を構成する要素は，表 2.1 に示す 7 つからなるとされる[1]．また，各要素に対応するマネジメント事項を表 2.1 の右列に示す．

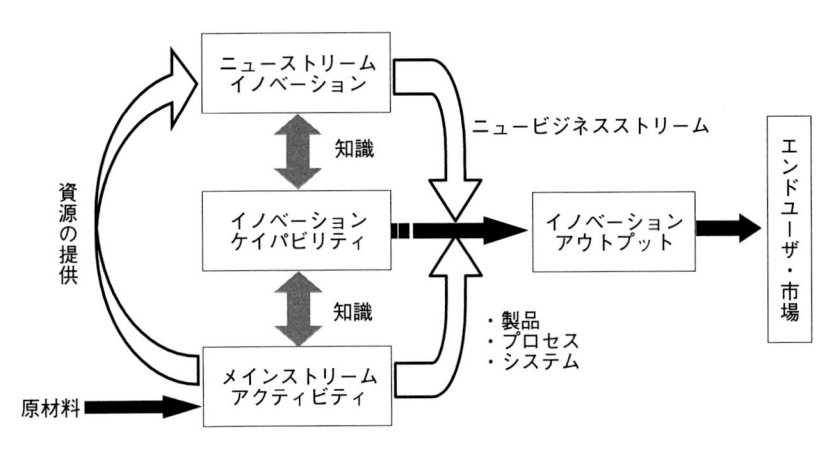

図 2.1 イノベーション統合モデル

（出典） Lawson=Samson, 2001 から転載，筆者翻訳．

表2.1 IC を構成する要素とその内容

IC 要素名	個々の要素を指示するマネジメント事項
経営理念，経営戦略 (Vision and Strategy)	イノベーションに向けての共通するビジョンの明快な表現と経営戦略の方向性の表明
経営資源活用 (Harnessing the competence base)	経営資源のマネジメント，投資源の発見とその活用，卓越した人材の配置，e ビジネスの導入
組織知能 (Organizational Intelligence)	顧客や競合相手についての学習，顧客ニーズの発見や問題点把握の奨励
創造性マネジメント (Creativity and Idea management)	継続的改善活動，新製品開発のアイデアの蓄積，新ビジネス創造のための革新的アイデアの創出，アイデアからの新ビジネス創造
組織構造・人事システム (Organizational structure & Systems)	部門間障壁を壊し浸透性のある組織構造，報酬システム，ストレッチ目標[2]の設定
文化・風土 (Culture and Climate)	リスクテイキングが可能な許容性，従業員への権限委譲，従業員のイノベーション創発のための時間・資金・設備環境の充実，機能横断的・階層横断的な情報交換及び情報共有
技術経営 (Management of Technology)	コア技術とイノベーションもしくは事業戦略の融合，効果的な技術予測

---

[1] 参考として示せば，Tidd ら(2001；邦訳，2004，p.371)は，次を IC の要素として挙げている．ビジョンの共有，リーダーシップ，イノベーションへの意欲，適切な組織構造，鍵となる個人，効果的なチームワーク，個人の能力の継続と拡充，豊富なコミュニケーション，イノベーションへの幅広い参画，顧客指向，創造性ある社風，学習する組織．

[2] 通常の仕事のやり方で行えば達成できるような目標ではなく，達成するには努力を要する高めに設定された目標をいう．

2.2.2 イノベーションのための組織体制の醸成

　IC を構成する 7 要素のそれぞれを実現する具体的マネジメント事項は，その企業の置かれている経営環境によって異なる．

　したがって，IC を高めるため，別のいい方をすれば，イノベーションのための組織体制の醸成に向けて，わが国企業が何を行えば良いかを一概に述べるわけにはいかない．掲げられているマネジメント事項全てを施行できることが理想であるが，各企業の歴史的経緯，各種資源制約，経営環境から容易ではない．

　そこで，わが国企業の中でもイノベーションに注力している企業について，IC 要素間の因果関係がわかるのであれば，それは IC 醸成の指針となる．例えば，わが社のような企業規模や産業では，どのような順序で IC 要素を醸成していけばよいのか，何が成功に至る上でのキーとなる IC 要素なのか，経営資源が限定される中小企業などではまずは何に注力すればイノベーションを継続的に創起できる組織体制を構築できるのか，などである．

　以下では，国内企業全般を対象に 2006 年に筆者らが行った調査(太田，2007；太田，2009，pp.52-63)の結果，特に IC 要素間の因果関係分析結果を基に，IC 醸成の指針について述べる．調査の概要，統計指標などは章末付録を参照されたい．

　なお，図 2.2 〜 2.5 の見方は，次の通りである．

- ☐：IC 要素
- ➡：因果関係を表す．終点は出発点の IC 要素から影響を受けていることを示す．
- 矢印上の数値：標準偏回帰係数．数値が大きいほど，強い影響力を表している．
- 矢印太さ：図中に示すように標準偏回帰係数の大きさで区別した．
- その他：☐右上の数値は重相関係数の平方で，入る矢印の出発点から受ける影響を表す．

(1) 製造業のイノベーションケイパビリティ

図2.2は，調査結果から製造企業全般に関わるIC要素の因果関係を分析したものである．これから次のことがいえる．

① 「経営資源活用」が製造業の経営においては重要な位置づけをなす．
② 製造業においては，「技術経営」が，その他のケイパビリティを高める上で重要な意味をもつ．
③ 「経営資源活用」や「組織知能」の活性化が，「技術経営」のケイパビリティを高め，それは「組織構造・人事システム」，さらに「創造性マネジメント」に関わるケイパビリティを高める．
④ 「経営理念・戦略」や「文化・風土」は，その他のケイパビリティが達成された後に有効に機能する．

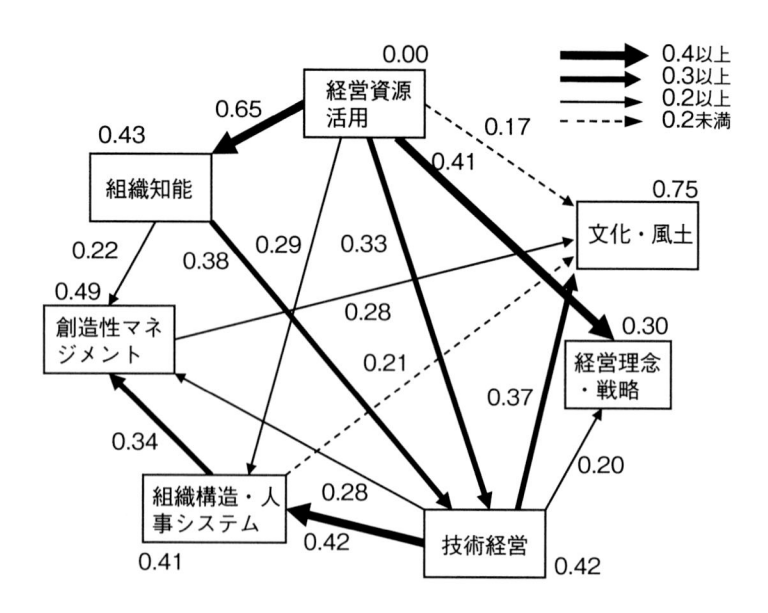

図2.2 製造業全般のIC要素間の因果関係

(2) 非製造業のイノベーションケイパビリティ

図 2.3 は，非製造業全般についての要素間の因果関係を分析した結果である．これから次のことが読み取れる．

① 「組織知能」の充実度が，他のケイパビリティの充実度に影響する度合いが製造業に比べて大きくなる．
② 「経営資源の活用」の充実度が，「文化・風土」の充実度に影響する度合いが大きくなる．
③ 「創造性マネジメント」の充実度は，「組織構造・人事システム」，「組織知能」の充実度から影響を受け，それは「文化・風土」の形成に影響する．

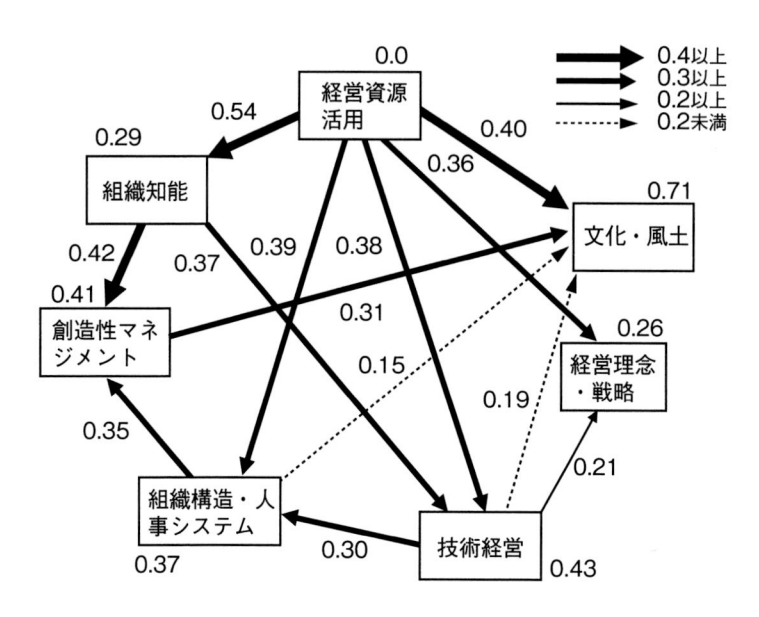

図 2.3　非製造業全般の IC 要素間の因果関係

(3) イノベーションケイパビリティの企業規模間差異

図 2.4 は大企業について，図 2.5 は中小企業についての IC 要素間の因果関係を業種を限定せずに分析した結果である．大企業の場合，「組織構造・人事システム」の影響が大きく，中小企業の場合，「経営資源活用」の醸成次第で，その他の要素の充実度合いが決められるといってもよいほどにその影響は大きい．

下記では大企業(従業員 1,000 人以上)，中小企業(300 人未満)の分析結果から読み取れることについて整理する．実際の分析では，中堅企業(300 人以上 1000 人未満)の分析も行っている．詳細は，拙稿(太田，2007)を参照していただきたいが，その結果は大枠として大企業に類似していた．

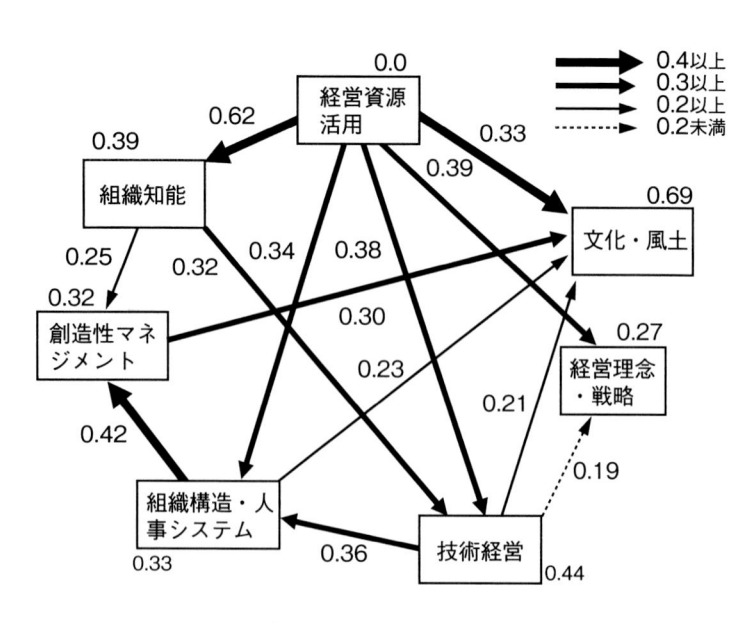

図 2.4 大企業(1,000 人以上)の IC 要素間の因果関係

2.2 イノベーション遂行のための組織能力

〈大企業について〉

① 「組織構造・人事システム」の充実度が，「創造性マネジメント」，「文化・風土」充実度に影響する度合いが強く，大企業ではシステム，しくみ，制度などの重要性が大きいことがわかる．

② 「創造性マネジメント」は，「技術経営」の充実度から直接は影響されなくなり，あくまでも「組織構造・人事システム」の充実度を介して醸成されることとなる．

③ 「文化・風土」の形成が，「経営資源の活用」，「創造性マネジメント」，「組織構造・人事システム」の充実度にリンクすることとなり，企業規模が大きくなればなるほどに，「文化・風土」の形成はシステム，しくみ，制度の醸成如何によることとなる．

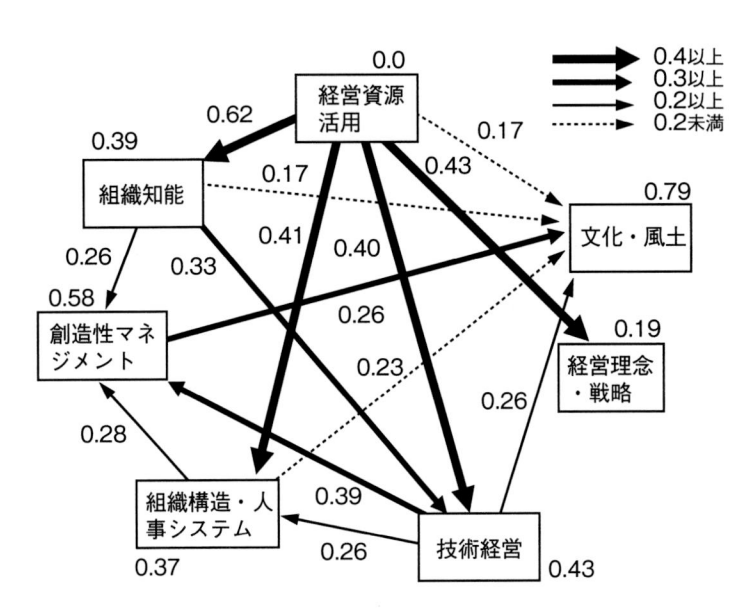

図 2.5 中小企業（300 人未満）の IC 要素間の因果関係

〈中小企業について〉
① 「経営資源の活用」の充実度の影響が非常に大きく，それは「組織知能」，「組織構造・人事システム」，「技術経営」，「経営理念・戦略」のケイパビリティ形成に影響する．
② 「文化・風土」の充実度に対する各ケイパビリティから影響が，大企業に比べて少なくなっていることは，それがシステム，しくみなどから形成されるのではなく，例えば，経営トップの人間性から影響されるものであることを示すことなのかもしれない．

(4) 個別企業における IC の醸成

以上の IC 要素間の因果関係を分析した結果が，IC の醸成の検討に有効であるとするならば，イノベーション推進の組織体制整備の道筋をある程度計画できることになる．詳細には，個々の企業のおかれている経営環境に即して，イノベーションに向けての体制づくりは行われなければならない．

まずは，個々の企業において，どの IC の要素が，どの程度醸成されているか，どの要素の醸成が不十分であるかを把握する必要がある．そして，図 2.2 ～ 2.5 をベンチマークとしながら，十分な IC の醸成方策を個々の企業の経営環境に合わせて策定することが求められる．

試みとして醸成方策の一例を挙げるとすれば，次のようになるであろう．ここでは，製造業全般の図 2.2 を使って考える．

① まずは「経営資源活用」が十分であるかである．そのマネジメント項目は，経営資源のマネジメント，投資源の発見とその活用，卓越した人材の配置，e ビジネスの導入など，であるから，それらの充実度を検証する．不十分であるならばそれらを強化しなくてはならない．
② 一方，製造業においては，「技術経営」が重要な IC 要素となる．そのマネジメント項目は，「経営資源活用」が十分であると判断されるのであれば，コア技術とイノベーションもしくはビジネス戦略の融合，効果的な技術予測などであるから，それらの充実度を検証する．不十分で

あるならばそれらを強化しなければならない．
③ 「経営資源活用」，「技術経営」の充実度が上がれば，それと関係性が強い「組織知能」，「組織構造・人事システム」，「創造性マネジメント」に関わるマネジメント項目は比較的遂行しやすくなり，結果としてそれらIC要素の充実度は上がる．
④ 「経営資源活用」，「技術経営」，「組織知能」，「組織構造・人事システム」，「創造性マネジメント」の充実度が上がれば，それに呼応して，イノベーション遂行のための「文化・風土」は醸成され，また「経営理念・戦略」は組織全般で機能するようになる．

本節では，イノベーション推進の基礎となるIC及びその醸成方法のフレームワーク構築への指針を示した．しかし，ケイパビリティを醸成しただけでは，イノベーションの創起，経済的価値の獲得には至らない．その獲得のためにはイノベーションプロセスを設定し，それを管理しなくてはならない．次節では，そのイノベーションプロセスについて説明する．

2.3 イノベーションプロセス

イノベーションの合理化，効率化，迅速化を達成するためには，イノベーションのための組織能力の醸成が必要であることを前節では学習した．次に行うべきことは，組織内及び組織外にわたるイノベーションのプロセス（以降，IP）を把握してそれを管理することである．

IPを同定することは，その柔軟性，創発性，意外性を削ぐとの議論がある．しかし，イノベーションには莫大な投資が伴うことから，投資効果の最適化を図る意味からも，大枠としてのIPを同定して，それらを管理する必要がある．Tiddらは，IPをマネージすることが可能なのか，との問いに対して，「イノベーションを成功させるための簡単なレシピなど存在しない．…（中略）…たとえIPが不確実でランダムなものであるとしても，根底にある成功のパターンを見つけることは可能である」[1]としている．

本節では，IP の捉え方を検討するとともに，代表的な IP のモデルを学習する．

2.3.1 創造のイノベーションプロセスと普及のイノベーションプロセス

本書では，IP を「イノベーション活動における組織活動の段階の流れ」と定義し，大きくは創造のイノベーションプロセスと普及のイノベーションプロセスからなるとしている．

創造のイノベーションプロセス（以下，創造の IP）とは，企業内部で行われる研究開発（プロダクトイノベーション）や，製造プロセスやビジネスプロセスの改善・革新（プロセスイノベーション）などのイノベーションに焦点を当てたものを指す．

普及のイノベーションプロセス（普及の IP）とは，企業外部に焦点を当てたものであり，製品やサービスを市場に広く普及させ，経済的価値を獲得するまでのプロセスに焦点を当てたものである．

普及の IP に焦点を当てた研究は，それほど多くはないが，Rogers(2003) や三藤 (2007) らにより議論されている．Rogers(1962, 2003) はイノベーションを，「採用する個人や他の構成要素が新しいと知覚するアイデア，習慣あるいはものである」と定義した．そのうえで，IP は，①必要性あるいは問題発見，②調査研究，③開発，④商業化，⑤普及と採用，⑥イノベーションのもたらす効果，へと続く一連のプロセスであるとし，これをイノベーション決定プロセスと呼んでいる．通常，これを線形モデルまたはテクノロジープッシュモデルと呼ぶ．しかし，プロセスの一方向性に関してはさまざまな反論がある．往きつ戻りつ，さらには並行して行われるのが一般的ではないのかという指摘である．

社会でイノベーションもしくは新製品がどのように普及していくかを認識しておくことは重要である．しかし，本書では IP を同定し，そのコントロールの可能性を模索することを主眼としている．したがって，本章では組織内の IP，つまり創造の IP に執筆の焦点を絞る．ただし，創造の IP と普及の IP は

2.3.2 創造の IP

創造の IP に関する研究は，近年活発になってきた(例えば，Carvalho, et al, 2011)．その理由は，IP の把握が，システマティックイノベーションのため，さらにイノベーション推進の方法論開発のための第一歩であると考えられているからである．それら研究の中で常に焦点が当てられているのが，Tidd らと Davila らの IP モデルである．

まず，Tidd ら(2001)は，イノベーション活動を，プロセスマネジメントの視点から考察し，図 2.6 のように企業内部の IP を 5 段階(①シグナルの処理，②戦略立案，③リソースの調達，④実行，⑤学習と再イノベーション)に分け，その流れをイノベーションマネジメントのプロセス基盤に存在するルーティンであるとした．

一方，イノベーションは，多数のアイデアから少数のアイデアへ絞り込んでいく 1 つの流れとして捉えることができ，その過程は漏斗のようなものとの視点から，IP を考察したのが Davila ら(2006)である．彼らが主張する IP は，プロセスの入り口には無数のアイデアがあふれ，これらのアイデアは，アイデアの漏斗を通過するうちに，段階的に評価，選別されて，最終的に選ばれたものだけが資源を受け取り，実行段階に進み，その中でも知的財産となったアイデアが価値創造段階に移るというものである(図 2.7)．

筆者らはこれら 2 つのモデルを統合し，両者を補完する IP モデルを提案してきた(Ota=Hazama, 2008)．つまり，双方の IP モデルにおいて考慮されていない段階を，お互いに補完しあうことによって，イノベーションの成功を導く実行性のある IP モデルとすることができる．さらに，実効性のある IP モデルを考えようとすれば，IP の進行を裏打ちする要因が必要であり，その要因としてわれわれはイノベーションケイパビリティを導入し，それらを反映させた図 2.8 を筆者らの創造の IP モデルとして提案してきた．

今までに複数の IP モデルが提案されているが，それは提言者の知見から得

図2.6 Tiddらのイノベーションプロセスモデル

段階 → **活動**

シグナルの処理
- 技術や市場、規制その他のシグナルを得るために周辺の環境をスキャンする
- シグナルを収集し、背景のノイズから分離する
- 将来をスキャンする
- 意思決定のために有効な情報とシグナルを加工する

戦略立案
- 分析、選択、計画立案を行う
- とりうる行動という観点からシグナルを評価する
- 全体的な事業戦略とリンクさせる
- コアとなる知識ベースの優位性とリンクさせる
- 他の選択肢の費用と便益を評価する
- 優先順位を決定する
- 同意を得てリソースを確保する
- 計画を決定する

リソースの調達
- 戦略的決定を実現に移すためのソリューションを調達する
- 研究開発活動によって、社内で発明を行う
- 既存の研究開発成果を利用する
- 外部との研究開発契約を通じて技術を獲得する
- ライセンスもしくは購入契約によって技術を獲得する
- 技術移転を行う

実行
- 技術が成熟に至るまで開発を行う
- 技術開発と適切な市場開発の並行開発を行う、製品開発の場合は外部の市場を意味するが、プロセス開発の場合は内部ユーザーに対する市場である。どちらにせよ（変化の）マネジメントが必要とされる
- 市場投入と引渡しを行う
- アフター・セールスのサポートを行う

学習と再イノベーション [イノベーションの経路]

（出典）Tidd et al (2001) "Management Innovation"：後藤・鈴木監訳 (2004)［イノベーションの経営学］NTT出版、p.57.

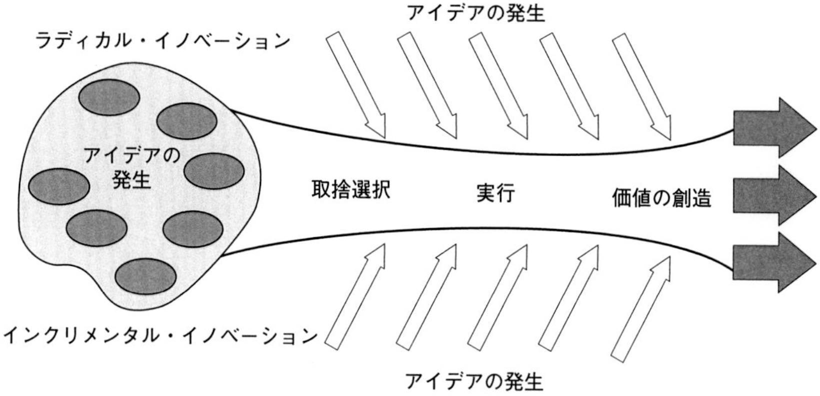
アイデアの発生
ラディカル・イノベーション
アイデアの
発生
取捨選択
実行
価値の創造
インクリメンタル・イノベーション
アイデアの発生

図 2.7　Davila らの IP モデル

（出典）　Davila et al (2006) "Making Innovation Work"；スカイライトコンサルティング訳(2007)『イノベーションマネジメント』，英治出版，p.187.

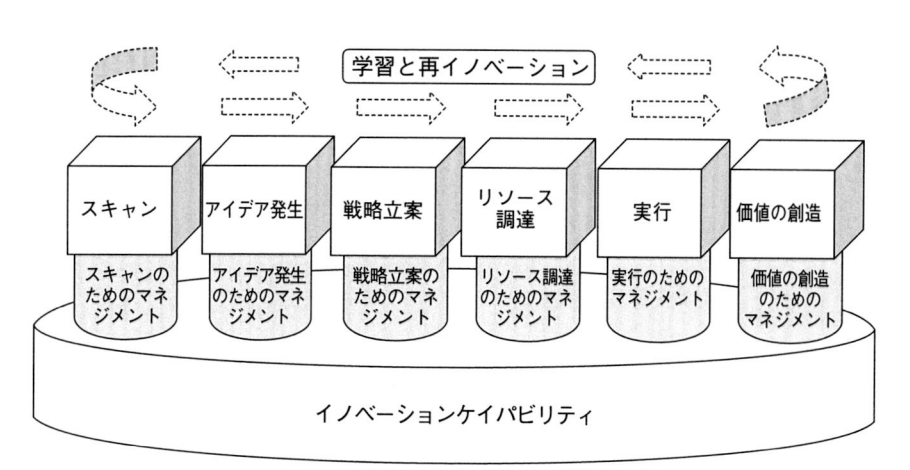

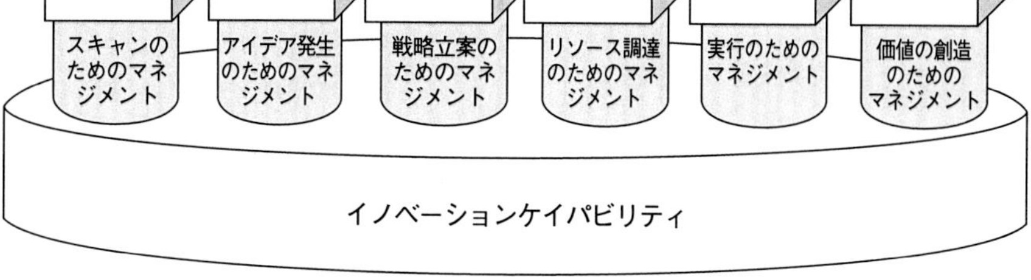
学習と再イノベーション
スキャン
アイデア発生
戦略立案
リソース調達
実行
価値の創造
スキャンのためのマネジメント
アイデア発生のためのマネジメント
戦略立案のためのマネジメント
リソース調達のためのマネジメント
実行のためのマネジメント
価値の創造のためのマネジメント
イノベーションケイパビリティ

図 2.8　筆者らの提言する創造の IP モデル

たものであり，それが実証されたことはない．もしそれを実証でき，そのモデルの特徴を掴むことができるのであれば，IPの理解，さらにはシステマティックイノベーションに向けての具体的方法論の提言が現実味を帯びることになる．

われわれは，提言した図2.8のIPモデルの妥当性を検証するために，実証分析を行ってきた．2006年度に国内企業に対して大規模なイノベーションに関わる調査を行った(太田，2007)が，その結果を用いて図2.8に示すIPモデルの妥当性を検証したものを図2.9に示す．

図2.9は，「過去3年間に売上が伸びた企業(サンプル数137社)は，図2.8のIPモデル上の各段階の連続性が保持されている」とする結果を示すものである．売上が伸びなかった企業に対する分析では，その連続性は統計的に優位にはならなかった．また伸びた企業であっても，任意の連続する対の段階の関係性を検証してみると，その因果関係は統計的に優位とはならなかった．したがって，段階全ての連続性が保持されてはじめて分析結果が統計的に優位となるのである．

この結果から，図2.8のIPモデルに示す各段階，つまり「スキャン」，「アイデア発生」，「戦略立案」，「リソース調達」，「実行」，「価値の創造」を連続的かつ確実に遂行することが，経営成果につながることがわかる．いずれかの段階が不十分だと経済的成果は得られない，つまりイノベーションは失敗する可能性が高いということがいえる．

したがって，イノベーションに成功する，もしくはイノベーティブな企業になりたいと望むのであれば，多様なアイデアを，市場や技術のスキャンによって得て，それを絞り込みながら，戦略立案，リソースの調達，製品化，それを市場に流通させるためのマーケティング・販売方策の作成を粛々と迅速に行うことが肝要である．

2.3.3 包括的イノベーションプロセス

イノベーションが成功したといえるのは，新製品を開発し，それを市場で普

2.3 イノベーションプロセス　49

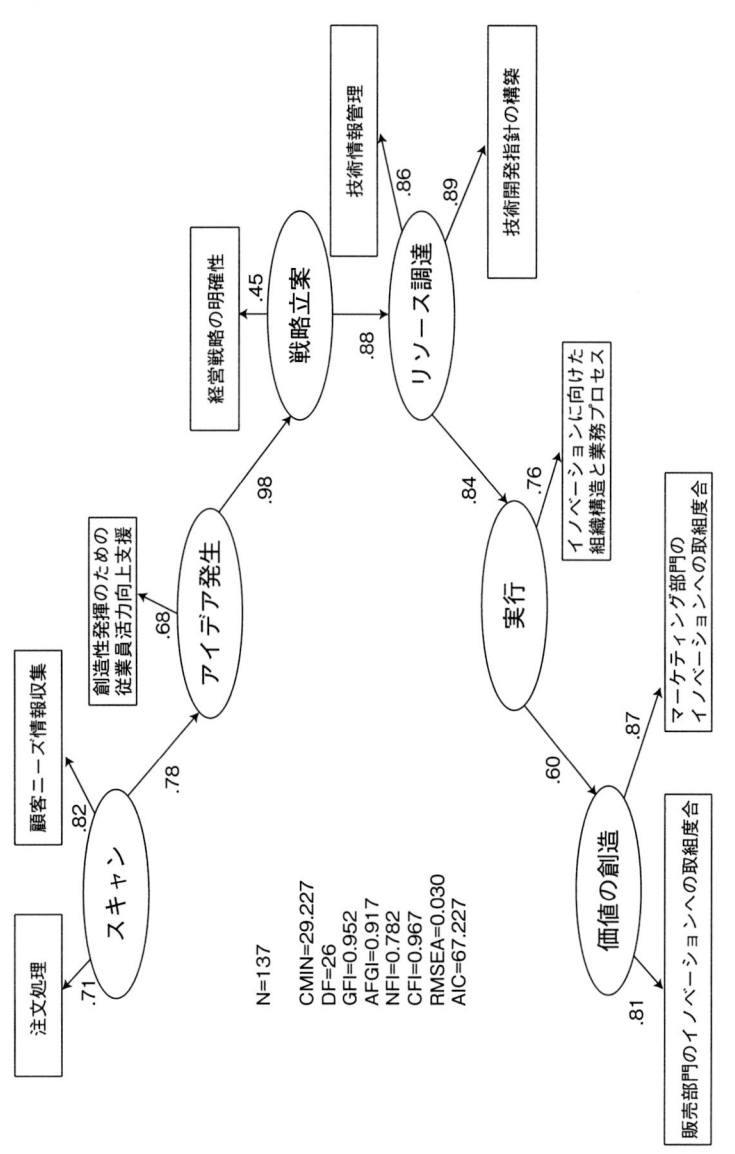

図 2.9 売上高上昇企業の IP の段階間の因果関係

及させ，結果として経済的価値を獲得できてからである．したがって，真にイノベーションを成功させる方策を提言しようとするならば，創造のIPから普及のIPまでを一貫したプロセスとして見て，包括的にIPを管理する必要がある．本書では，これを包括的イノベーションプロセス(以降，包括的IP)と呼ぶ．

　包括的IPに関する議論としては，Porter(1991)のフィット(fit)戦略があげられる．彼は，フィット戦略という言葉で，イノベーションが経済的価値を得るにはアイデアの創出から製品が消費者に渡るまでの一連の活動の最適化が重要であることを指摘している．つまり，顧客ニーズの把握，技術シーズの適用可能性，設定する機能，製品の意匠，製造技術，流通チャネル，価格設定，マーケティング手法，経済環境などの多様な視点を，イノベーションの成功のためには検討する必要があり，さらにそれらを最適化することの必要性を指摘するものである．

　一方，科学技術社会論の視点からなされたイノベーションに関する研究として，アクター・ネットワーク理論(以降，ANT)の応用によるものがある．先人の研究では，その成否を問わず，事業化，つまり，技術の発明や商品の開発，またそれらによる新たな市場の誕生までのプロセスが対象とされている(竹岡・太田, 2009参照)．筆者らは，事業化から商品の普及，そして市場の維持のまでのIPを，ANTを用いて，「翻訳による経済的価値の実現に向けた，絶えざるネットワークの変容プロセス」として描くことが可能だと考えた．RogersにしてもPorterにしても，イノベーションに成功するには具体的にどのような包括的IPが有用なのか，さらには包括的IPの構築戦略などは提示されておらず，極めて概念的なレベルに止まっており，そこから一歩出ることが重要だと考えてのことである．

　この視点から，包括的IPに関わる課題を明らかにするために，日本におけるパソコン周辺機器のイノベーションに成功した包括的IPの事例分析研究(Takeokaら, 2009)，さらにはANTのイノベーション研究の適用可能性について検討してきた(竹岡・太田, 2009)．その成果及び本章で提示してきたこと

を含め，実効性のあるイノベーションプロセスを検討する時代に入ったといえる．この詳細については，次章において詳しく検討する．

演習問題

1. 読者が所属する企業，学校などの組織において，既に整備されているイノベーションケイパビリティの要素，今後，醸成させなくてはならない要素を，表2.1，図2.2～2.5を基に検討せよ．
2. 非製造業の場合，どのようにイノベーションケイパビリティの要素を醸成させていけば，全社的なイノベーションケイパビリティが高まるのかを検討せよ．
3. 学生であるならば身近な製品・サービス，実務家であるならば自社の製品・サービスで，市場の獲得に成功していると考えられるものについて，イノベーションが成功するまでの道程を，図2.8を参考にしながら書き出せ．
4. 本章のまとめとして，イノベーティブな企業になるには，何を，どのような順番で，どのようにすればよいかを整理せよ．

引用文献

1) Tidd, J., J. Bessant, and K. Pavitt(2001). *MANAGING INNOVATION: Integrating Technological, Market and Organizational Change*, John Wiley & Sons, Ltd.(後藤晃・鈴木潤監訳(2004)『イノベーションの経営学―技術・市場・組織の統合的マネジメント―』NTT出版，p.57)．

参考文献

邦文

太田雅晴編著(2007)『イノベーションマネジメントに関する調査報告書(OCU，GSB リサーチシリーズ No.9)』大阪市立大学大学院経営学研究科．

太田雅晴(2009)「中小企業の経営実態とその再生指針―イノベーション創出のための組織能力の視点から―」(富澤修身編著(2009)『大阪新生へのビジネス・イノベーション』ミネルヴァ書房，pp.46-66)．

遠山曉編著(2007)『組織能力形成のダイナミックス― Dynamic Capability(日本情報経営学会叢書)』中央経済社．

竹岡志朗,太田雅晴(2009)「イノベーション研究におけるアクターネットワーク理論の適用可能性」,日本情報経営学会誌,30巻1号,pp.52-63.

三藤利雄(2007)『イノベーションプロセスの動力学』芙蓉書房出版.

英文

Carvalho, L.C., M. A. Vasconcellos, and L. C. Serio(2011). "Innovation Process: an evaluation of scientific production from 2000 to 2009," *Proceeding of 22nd Annual Conference of the Production and Operations Management Society*, April 29- May 2, 2011, Reno, Nevada, U.S.A., on CD-ROM.

Davila, T., M. J. Epstein, and R. Shelton(2006). *Making Innovation Work: How to Manage It, Measure It, and Profit from It*, Wharton School Pub.(スカイライトコンサルティング訳(2007)『イノベーションマネジメント』英治出版).

Lawson, B., and D. Samson(2001). "Developing innovation capability in organizations : a dynamic capabilities approach," *International Journal of Innovation Management*, Vol. 5, No. 3, pp. 377-400.

Rogers, E. (1962). *Diffusion of Innovations*, NY Free Press.

Rogers, E. (2003). *Diffusion of Innovations (5th)*, NY Free Press.

Takeoka, S., N. Takayanagi, Y. Hazama, and M. Ota(2009). "Case Analysis to study the comprehensive innovation process with Actor Network Theory," *APCIM 2009*, pp.103-119.

Tidd, J., J. Bessant, and K. Pavitt(2001). *MANAGING INNOVATION: Integrating Technological, Market and Organizational Change*, John Wiley & Sons, Ltd.(後藤晃・鈴木潤監訳(2004)『イノベーションの経営学―技術・市場・組織の統合的マネジメント―』NTT出版).

Ota, M., and Y. Hazama(2008). "Innovation Process Model and its verification with Japanese enterprises survey," *Proceedings of 16th internatioal Anual EurOMA Conference*, on CD-ROM.

Porter, M. (1991). "Toward a dynamic theory of strategy," *Strategic Management Journal*, 12 (Wint. Special), pp.95-117.

付録:イノベーションマネジメントの調査概要

本章で用いたデータは,次の調査によって得たものである.
- 調査名:イノベーションマネジメントに関する調査

- 質問項目：IC の達成度を調べる 101 項目
- 回答形式：7 点リッカート
- 実施期間：平成 18 年 1 月中旬～ 4 月中旬(配布及び回収期間)
- 調査方法：郵送によるアンケート調査
- 配布数：6,992 社(製造業 4,226 社．非製造業 2,766 社)．(上場企業 3,361 社．未上場企業 3,631 社)(四季報「上場企業」及び「未上場企業」より．農林水産業及び金融業を除いた企業から財務状況が公開されている企業を抽出)
- 回答数：417 社　有効回答率：6.0％

回答企業の属性の概要は，表 2.2 の通りである．

このデータを用いて多様な分析を行っているが，2.2.2 項で示したのは，IC 要素間の因果関係分析結果である．分析方法として，まず 7 つの IC 要素に属する質問項目(マネジメント事項)に対して要素ごとに主成分分析をかけて，要素を主に構成する質問項目を選び出し，その項目を用いて共分散構造分析を行った．利用した統計ソフトウェアは SPSSv11.0 及び AMOSv16.0 である．

本来ならば，イノベーション成功の評価尺度の一つである売上高成長率が上昇した企業だけで共分散構造分析を行うべきであるが，どの回答企業もイノベーション活動には意欲的であると答えていることから，回答企業はイノベーションに注力している，と判断できるとして全回答企業を分析対象とした．

図 2.2 ～ 2.5 にその結果を示したが，各パス図の統計的評価値は表 2.3 の通りである．

表 2.2　回答企業の属性

区分		度数	構成比
業種 (3 区分)	製造業	237	56.8%
	非製造業	142	34.1%
	情報通信業	38	9.1%
	計	417	100.0%
従業員規模 (3 区分)	300 人未満	115	27.6%
	300 人以上 1000 人未満	166	39.8%
	1000 人以上	136	32.6%
	計	417	100.0%
売上高成長傾向 (2 区分)	3 年前より下降または変化なし	125	30.0%
	3 年前より上昇	292	70.0%
	計	417	100.0%

表 2.3　各パス図の統計的評価値

評価値	図 2.2	図 2.3	図 2.4	図 2.5
p 値	0.430	0.122	0.232	0.038
CMIN	14.469	12.705	10.500	14.866
DF	7	8	8	7
CMIN/DF	2.067	1.588	1.313	2.124
GFI	0.983	0.975	0.978	0.967
AGFI	0.931	0.912	0.922	0.866
AIC	56.469	52.705	50.500	56.856
RMSEA	0.057	0.065	0.048	0.099
CFI	0.992	0.990	0.944	0.983

第3章

包括的イノベーションプロセスの可視化

学習目標

　本章では，イノベーションプロセスをネットワークという形で可視化する方法を学習する．

1. イノベーションプロセスは技術開発や商品開発だけではなく，商品の普及までを含んだプロセスであることを理解する．
2. イノベーションプロセスには，開発を行う企業だけではなく，競争関係にある企業や販売店，ユーザも重要な役割を果たしていることを理解する．
3. イノベーションプロセスをネットワークとして理解する3つの方法，1)ネットワーク外部性，2)ビジネスネットワーク，3)アクター・ネットワークについて学ぶ．
4. 事例を通じて，イノベーションプロセスをネットワークとして描く方法を学ぶ．

3.1 イノベーションを可視化する必要性

企業が莫大な投資を行って商品を開発することができたとしても,それが必ず収益に結びつくわけではない(Teece, 1986).ゆえに,イノベーションへの関心は商品開発という社内における創造のプロセスから,社外への普及のプロセスを含んだ全体のプロセスへと広がる.このような全体のプロセスを本書では,包括的イノベーションプロセス(竹岡・太田, 2009)と呼んでいる.その関心の中心はプロセスの計画・管理と収益化にある.

イノベーションプロセスには,企業(ライバル企業や自社と協業関係にある企業)や,さまざまな商品や部品とそれを規定する規格や制度,さらには関係する消費者や開発者,販売員などが密接に関係している.これだけ多くの関係主体があるということ自体がイノベーションプロセスを複雑にし,全体像をつかみにくく,その計画・管理を困難なものにしている.

本章では,ネットワークの概念を使用してイノベーションプロセスを可視化し,その全体像を把握する方法を検討する.

ネットワークという言葉は,例えば,企業間ネットワークのように協業関係にあるものの集合体を指すものや,インターネットのようにPCをノードとしたハードウェアの集合とそれによって実現されている世界などを指して使用されている.このように一般にネットワークで表現されているものは,企業やハードウェアのように同類の集合体といったものが多い.しかし,本章で扱うネットワークでは,これらに加えて,人や商品,さらに制度なども同一のネットワークを構成するノードとして扱う.

通常は全く異なる次元で扱われていたモノ[1]や人を同列に並べ,1つのネットワークとして描くということは,従来の分析では見えにくかったものを

---

[1] 本章では「物」ではなく「モノ」という表記を使用する.これは物の物理的性質だけではなく,社会的性質を「モノ」という表記を使用することで同時に表現するという意図に由来する(物の社会性については大塚(2006)を参照).この「モノ」という表記には企業や自社製品,他社製品,そして規格や制度なども含む.

可視化し，これまでとは異なったイノベーションプロセスの分析を可能にする．しかし，企業や商品，人をノードとして，それらの間に線を引くだけでイノベーションプロセスを分析，管理することが可能になるわけではない．なぜなら，それだけでは，企業自身や商品，そしてその他の関係主体がネットワークの中でどのような役割を果たし，機能を持ち，意味を持っているのかを明確にすることができないからである．つまり，このような役割や機能，意味は企業や商品単独で持つのではなく，ネットワークの中での他者との関係の中で生まれるからである．そこで，これらを明確にするために，次の3つのネットワーク概念を導入する．

① ネットワーク外部性(Katz=Shapiro, 1985)：商品の普及と，その結果として生まれる商品の効用や価値の増加を考える概念．
② ビジネスネットワーク(Iansiti=Levien, 2004)：自社がどのような企業群の中でどのように協業するのかを考える視点を提供してくれる概念．
③ アクター・ネットワーク(Callon, 1986 ; Latour,1987)：開発から市場への投入，そして市場の維持というプロセスの中で，どのような目的を持った人やモノがネットワークに参加し，どのように機能や能力，そして人やモノの意味を変化させようとしているのかを考える際の視点を提供してくれる概念．

これら3つの概念を総合して使用することでイノベーションプロセスを可視化し，分析を進め，企業や商品の役割を明確にし，戦略を立案することが可能となる．これら3つの概念を3.2節で検討した後に，3.3節ではイノベーションの収益化に成功したある企業の事例から，実際にイノベーションプロセスを可視化する．

3.2　ネットワークによるイノベーションプロセスの可視化

ネットワークという概念を使用した議論は多い．本章のように対象を把握するためのアナロジーとして使用するもの(比喩的用法)の他に，ネットワーク分

析と呼ばれる手法(分析的用法)を使用するものがある(Mitchell, 1969). 本章で使用するネットワークの概念は前者の比喩的用法である. 主眼はどのようなプロセスで企業や商品がネットワークを形成し, イノベーションを起こしていくのかという点にある. つまり, ネットワーク化の過程とそのネットワークが持つ機能に主眼がおかれる.

3.2.1 ネットワーク外部性

　例えば, 電話機のネットワークは, 少数の電話機がネットワークを構築している場合よりも, 無数の電話機がネットワークを構築している場合の方が, そのネットワークが生み出す効用は高い. このように, ある商品やサービスを利用する人が増えれば増えるほど, その商品の属性や機能, 性能に関係なく商品が利用者に与える効用が高まることを, ネットワーク外部性と呼ぶ. ネットワーク外部性では, 機能的, 意味的につながる商品の集合をネットワークと定義する. ネットワーク外部性は, 直接的なネットワーク効果と間接的なネットワーク効果に分けることができる.

　直接的なネットワーク効果とは, 先の電話の例のように, 単純にネットワークに参加するノードが増えれば増えるほど, つまりネットワークの規模が大きくなるほどにそのネットワークが生み出す効用が高まる状態を指している.

　一方, 間接的なネットワーク効果とは, その商品の利用者が増えれば増えるほど, それに関連するモノやサービスの供給者が増加し, それによって商品の効用が高まることをいう. 例えば, パソコンやゲーム機は, その使用者が増えれば増えるほど, その機種に供給されるソフトウェアも増加し, 結果として, その機種の与える効用は高まる.

　このように直接的, 間接的ネットワーク効果によって効用が高まった機種は, 他の機種への移行を妨げることになる. なぜなら, 他の機種への移行は, 新たな商品のネットワークの構築を求め, 新たな投資を必要とするからである. このような新たな投資を, スイッチングコスト(Barney, 2002)と呼ぶ.

　スイッチングコストとは, 利用者が商品を利用するために何らかの投資をし

ており，なおかつ他の商品を利用する際には，その投資が役に立たない状態の際に生じるコストを指す．ゆえに，一度ある商品に投資をした利用者は，他に代替品があったとしても，その代替品に移行する際に新たな投資が必要となり，代替品への移行をためらうことになる．

　ネットワーク外部性は，1) 企業が開発する商品が利用者のどのような商品とネットワークを構築する可能性があるのか，2) 商品は利用者のどのような効用を高めるのか，3) 自社や他社が既に市場に出している商品の効用を高めるためにはどのような商品を開発すればよいのか，を考えるときに役立つ概念である．これによって，自身が開発しようとしている商品が，産業や企業群の中だけではなく，利用者のもとで連携する商品群の中でどのような位置にあるのかを明確にすることができる．

3.2.2　ビジネスネットワーク

　企業は単独で活動しているわけではない．そこには共同する企業や競争相手となる企業がある．例えば PC 産業であれば，マイクロソフトが主にソフトウェアのプラットフォームを，インテルがハードウェアのプラットフォームをつくり出し，そのプラットフォームを利用することで他の企業が事業を行っている．Iansiti らは，共通するプラットフォームを利用するさまざまな企業と，それを開発して提供した企業の集合を「ビジネスネットワーク」と呼び，「ビジネスネットワーク」に参加する企業が採りうる戦略をキーストーン戦略，支配的戦略，そしてニッチ戦略の3つに分類している (Iansiti=Levien, 2004)．

　例えば，マイクロソフトやインテルは，彼らが開発したものを独占的に利用するのではなく，プラットフォームという形で他の企業にも利用可能な状態としている．周辺機器やソフトウェアを開発する他の企業はそれらを利用することで商品開発を行うことができる．キーストーン戦略とは，他社にプラットフォームを提供することが可能な企業が採りうる戦略である．プラットフォームは無償で提供されることが多く，それが直接収益に結びつくわけではない．しかし，それを利用する企業が増えれば増えるほど，プラットフォームが強固

なものとなり，プラットフォーム提供者の競争力は高まる．いい換えれば，他者に資源を供給することで自身を強化するという戦略である．このような戦略を採る背景には，競争は企業間ではなく，企業の集合体であるビジネスネットワーク間で行われており，そのような状況の中で生き残るためには，自社だけではなく，さまざまな企業からなる「ビジネスネットワーク」としての競争力が必要だという前提がある．

次に，支配的戦略とは，プラットフォームを提供するという意味ではキーストーン戦略と同様であるが，それを利用する企業の事業を支配下におき，そこで生み出された利益を吸い上げるような方法で収益を上げる戦略を指している[2]．

最後に，ニッチ戦略とは，自社ではプラットフォームは開発せず，他社が開発したプラットフォームを利用して，商品開発をする企業が採る戦略である．ニッチ戦略を採る企業は，自社独自の技術や能力の開発に集中することが可能となる．

これら3つの戦略の中で，最も収益を上げることができるのはキーストーン戦略である．しかし，どのような企業でもキーストーン戦略が採れるわけではない．なぜなら，キーストーン戦略を採る企業は，自身が商品開発を行うと同時に，その他の企業にイノベーションのためのプラットフォームを提供しなければならず，その開発には莫大な投資が必要となるからである．しかし，一度，強固なプラットフォームを構築できれば，それは「ビジネスネットワーク」の競争力を強固なものとし，「ビジネスネットワーク」に参加する企業のイノベーションを持続可能なものとすることができる．

「ビジネスネットワーク」という概念を用いれば，自社がどのようなネットワークの中におり，そこにはどのような企業が存在し，それらの企業とどのように共同するのか，また，どのような企業や業界がライバルとなるのかを明確にすることができる．これらを明確にすることで組織は事業の方向性を立てる

---

[2] Iansitiらは，アップルコンピューターがこのような戦略を採っていたとしている．

ことができる．

3.2.3 アクター・ネットワークと「必須の通過点」

　ネットワーク外部性においては，機能的につながる商品の集合がネットワークとされ，「ビジネスネットワーク」においては，共通するプラットフォームを利用する企業の集合がネットワークとされていた．アクター・ネットワークと「必須の通過点(obligatory passage point)」(Callon, 1986；Latour, 1987；Takeoka et al., 2009a, b)では，イノベーションに関わる全てのモノ，つまり利用者や企業，そして商品や制度の集合がネットワークとして扱われる．アクター・ネットワークの中では，利用者や企業，商品などネットワークに参加するモノ全てをアクターという単一の言葉で表現する[3]．

　アクター・ネットワークにおいては，「翻訳(translation)」という概念を使ってアクターがつながっていく過程を表現する．「翻訳」とは，そこにつながりが生まれることで，つながったモノ同士，あるいはその集合体であるネットワークの興味や意味，役割，そして能力が変化する作用を意味している．

　例えば，パソコンに表計算ソフトなどをインストールする，つまりパソコンと表計算ソフトがネットワークを構築すれば，それは仕事をする装置になるかもしれないが，ゲームソフトをインストールすれば余暇を楽しむ装置になるか

---

[3]　アクター・ネットワーク理論においては行為に参加する全ての人やモノをアクターと呼んでいる．例えば，A地点からB地点への車を使っての移動は，車を運転する人だけによって達成される行為ではない．この行為には車やカーナビゲーション，道路，道路標識，道路交通法や，他の車などさまざまな人やモノが参加している．このような行為に参加する人やモノをアクターと呼ぶのである．アクターは興味や関心，意図を持ち，またそれを実現する能力や可能性を持っている．これらを総合してアクターのエージェンシーと呼ぶ．また，アクターは，それ自体さまざまなアクターからなる異種混交の集合体(hybrid collectives)である．
　本章では紙幅の都合上，これ以上アクターについて詳細に述べることはできないが，さらに学習を進める場合は，アクターのエージェンシーや委任，異種混交の集合体，ブラックボックス化などの概念を中心に学習して欲しい(詳細はLatour(1999)やCallon(2004)を参照)．

もしれない．つまり同じパソコンであったとしても，それにどのようなものがインストールされるのか，つまりどのようなソフトウェアによってパソコンが「翻訳」されるのかによってパソコンの意味や役割が変化するのである（図3.1）．

「翻訳」によってアクターの意味や役割が変化するということは，ネットワーク内でのアクター間の関係性も変化することを意味する．つまり何がネットワークの中で重要とされるのかが変化するのである．アクター・ネットワーク理論において，ネットワークの中でネットワーク化の要点となるアクターを「必須の通過点」(Callon, 1986 ; Latour, 1987 ; Takeoka et al, 2009a, b) と呼んでいる．

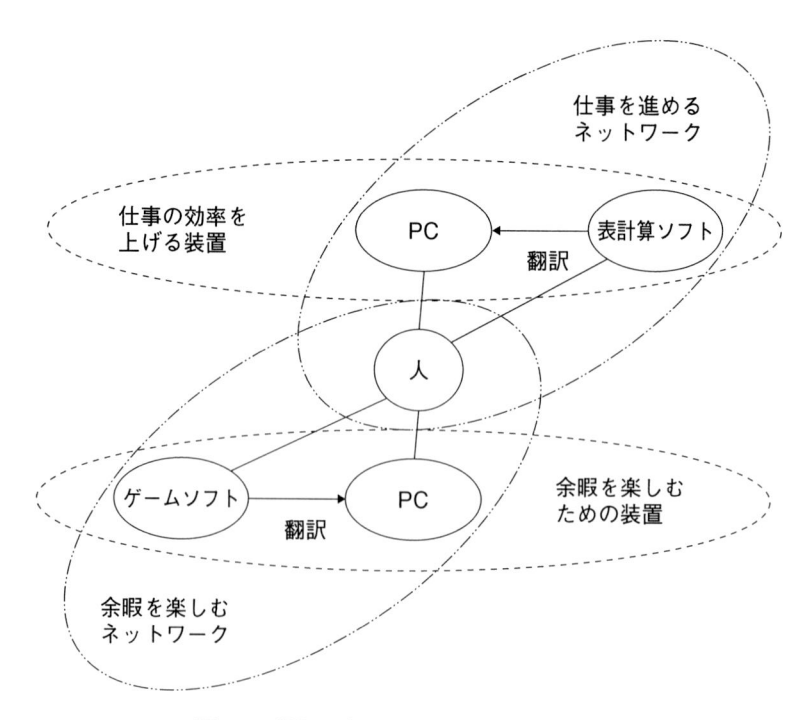

図3.1 翻訳の違いによる意味や役割の違い

3.2 ネットワークによるイノベーションプロセスの可視化

「必須の通過点」とは，さまざまな人や企業，そしてモノ，つまりアクターが自身の問題や関心を解決あるいは満足させようとする際に，必ずネットワークの中に取り込まなければならないアクターを指す（図 3.2）．

自身や自社の商品を「必須の通過点」となるように他のアクターを「翻訳」することができれば，自身に有利なようにネットワークを構築することが可能となる．ここで重要となるのが，自身や自社商品の意味や役割，能力を他者や他社の求めるものに変化させること，つまり自身や自社商品の「翻訳」である．

例えば，パソコンの利用者の多くはマイクロソフトの Windows の操作に慣れており，買い換えたとしても Windows が搭載されたパソコンを購入する．これはパソコンの利用者の多くにとって，Wndows が「必須の通過点」になっているということである．それは結果として多くのパソコンユーザにとってマイクロソフトが「必須の通過点」となることを意味している．これはマイクロソフトが利用者にとって使いやすいインターフェースを普及させることで，また多くの用途に向けたソフトウェアを開発し，供給することで利用者を

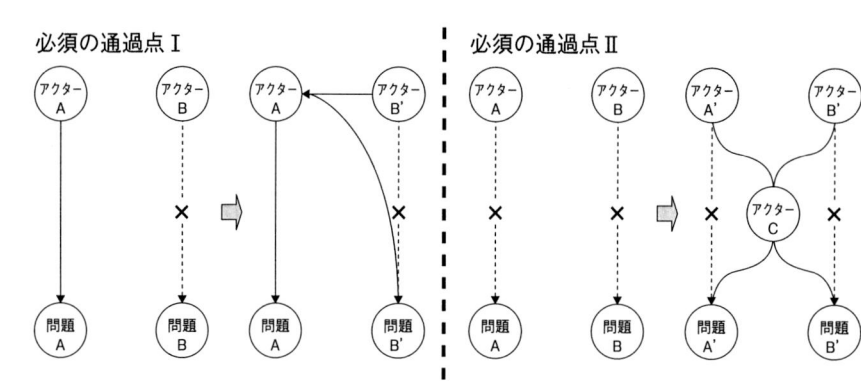

必須の通過点 I

アクターAは自分の問題を自分で解決できるがアクターBはできない．そこでアクターBは問題Bをアクターaを利用することで解決できる問題B'に変化させる．このようなとき，アクターAがアクターBにとって問題を解決するための必須の通過点となる．

必須の通過点 II

アクターA, Bはともに自力では問題を解決できない．しかしアクターCを新たにネットワーク上に導入し，問題A，Bを問題A'，B'に翻訳することで，問題を解決できるようになる．このようなとき，アクターCはアクターA，Bにとっての必須の通過点となる．

図 3.2 必須の通過点

変化させた，つまり「翻訳」したことによる．利用者はWindowsを使用することで能力の拡張を実現しているが，一方でWindowsなしではそれが困難となるように「翻訳」されているのである．

また，そのようなWindowsは，先述した間接的なネットワーク効果によって，ソフトウェアや周辺機器の開発者にとっても「必須の通過点」となる．なぜならより多い売上を実現するためには，Windowsで使用できるソフトウェアや周辺機器を開発することが必要となるからである．

3.2.4 イノベーションプロセスとネットワーク

「ネットワーク外部性」では商品のネットワークが持つ，あるいは与えている効用を見るために，商品がノードとして扱われている．「ビジネスネットワーク」では企業がネットワークの中でどのような立場，役割でイノベーションを創出するのかを見るために，企業がノードとして扱われている．「アクター・ネットワーク」ではイノベーションを起こすネットワークが発展する過程を見るために，ネットワークに参加する全ての人やモノをノードとして扱っている．このように3つの概念は，それぞれノードとして扱うものが異なっている．

この相違は，分析の目的によって，ネットワークの切り取られ方，焦点をあてられるノードが異なっているため生じるのであるが，いずれの視点も必要であり，イノベーションを可視化するには適宜3つの概念を使い分けていく必要がある．

次節では，PC周辺機器メーカ甲社の商品aの開発から販売，そして経済的成果を得るまでのイノベーションプロセスを見ていく[4]．甲社の事例を通して，本章で学んだイノベーションプロセスの可視化の方法を例示する．

---

[4] 本文中では全ての固有名詞を記号に置き換えてある．これは情報提供者の匿名性を守るためのものである．

3.3 イノベーションプロセスの可視化例

3.3.1 事例に関わる製品とその経営環境

　本節で見ていく商品 a は PC 周辺機器と呼ばれるもので，商品 a を開発した甲社は PC 周辺機器市場で最大手である．

　商品 a は，制度変更によって新たな規格が生まれ，そこに新たなビジネスチャンスが登場し，収益化に成功した商品である．商品 a が出る以前にも，同じ用途の商品は存在した．しかし，国の政策によって法律が改正され，それに適合する新たな規格に従った商品が必要となった．新しい規格に合わせて甲社が市場に投入したのが商品 a である．本書の視点から見れば，新たな規格の登場によって，甲社はビジネスチャンスを見出し，その規格に合わせて商品 a を企画・開発した．そして，その販売を通して大きな経済的利益を得ることができた．つまりイノベーションを実現できたのである．本節ではそのイノベーションプロセスの可視化を試みる．

　具体的なイノベーションプロセスを見る前に，甲社が商品 a を開発するに至った経緯は次の通りである．

　甲社は，改正前規格でつくられた同種の商品も市場に提供していた．しかし，ライバル乙社に，売上やシェアの面で遅れをとっていた．そこで甲社が採ったのは価格戦略である．このようなエレクトロニクス商品の場合，構成部品は基本的に社外から購入する．このような構成部品は同時期に複数の企業で開発される．つまり，甲社や乙社は，それほど変わらない時期に同程度の機能と性能を持った構成部品を入手できる．そこで甲社は，乙社よりも1割弱程度安価に価格設定した商品を市場に投入した．ところが，低価格に設定しても，乙社をシェアで上回ることはできなかった．その理由は，旧制度下でのこの商品が，高度に趣味性を持ったものであったためである．乙社は多くのユーザから使い心地などの意見を収集し続けてきた．これが甲社と乙社の違いを生み出していた．

　しかし，ハードウェアの面では，両社の商品に大差はなかった．そこで甲社

は，使い心地の改良を行うため，乙社の商品を徹底的に調べ，さまざまな改良を行ったソフトウェアを開発した．しかし，シェアに大きな変化はなかった．甲社のA氏はこの点に関して次のように述べている．

「以前に乙社の商品を買ったユーザは，価格が少し高い程度であれば，次に買い換える際にもソフトウェアの使用に慣れた商品を選ぶ．また，新規ユーザも商品のブランド力から乙社の商品を選ぶ」．

その後，この商品を取り巻く制度の変更が行われ，甲社はこれから見ていく商品 a を開発したが，乙社は制度変更に合わせた商品の開発に消極的な姿勢を採った．なぜなら，新制度下で開発される商品は，これまでの商品と比べて性能が低かったからである．乙社は，新製品を市場に出すのであれば旧制度下の商品と同程度か，それ以上のパフォーマンスを発揮できる必要があると考えていたのである．

制度変更当初のこのような市場認識は，乙社だけのものではなかった．甲社でも，商品 a の開発の優先順位は低かった．ファームウェア及びミドルウェアを開発したのは入社二年目の若手社員である．また，ソフトウェアの開発も，旧制度下の商品のソフトウェア開発経験者ではあるが，若手の社員が一人で行っていた．つまり，甲社も乙社も，新制度に適合した商品の開発の優先順位は低かったのである．

しかし，そのような中で甲社が開発し市場に投入した新制度下の商品 a は，以前と異なる用途で使用されることになり，その市場がこれまでの商品とは比較にならないほど大きくなったのである．

3.3.2 商品を取り巻く制度変化，技術動向，商品戦略

制度の変更は新たな規格の策定を必要とし，X型，Y型という2つの規格が新たにつくられた．これらの規格を策定したのは，Y型の規格を使った商品を提供している業界の企業などである．Y型の商品は規格の制約が強く，また，甲社のような他業界がY型の商品を開発する際のガイドラインはつくられていなかった．さらに，Y型の商品をつくるにあたって不可欠な構成部

品が他業界には支給されないといった状況にもあった．一方，商品 a が採用した X 型は，それを採用して開発される商品の想定対象範囲が広かったこともあり，規格の制約もゆるく，ガイドラインもつくられていた．そのため，甲社のような他業界から参入する企業は X 型の規格を採用することになった．

本事例で扱っている商品群に関わる制度の変更は世界中で行われていた．このとき，甲社が商品 a に使用した構成部品は，韓国からの売り込みがあったものである．当時韓国は，商品 a に関わる構成部品の開発において日本に先行していたため，甲社にコンタクトを取ってきたのである．IT 産業，特にエレクトロニクス系商品では，リテールメーカは専業メーカの開発したものを購入し，それをローカライズ，さらには他社と差異化することで開発を進めていく．商品 a は，このような制度変化と技術動向の中で生まれてきた．

このように，甲社は要素技術の開発などは行わず，構成部品の多くを外部調達している．このような業界の商品戦略は，外部の技術動向に多くを依存する．つまり，商品ロードマップや商品ラインナップ，価格戦略などは外部の技術動向に合わせて立てられるのである．

新開発の要素技術や新しい構成部品などは，専門性が高い．甲社のような企業でも，全社員がこれらを全て把握することは困難である．そのため，商品戦略に重要な技術動向の把握は，ハードウェアのエンジニアが担う．エンジニアは収集した情報を「どのような商品が開発できるのか」，「何をすることが可能となるのか」にいい換え，新商品開発の判断の段階へと受け渡すのである．

可視化の例示 I

ここでは異なる「ビジネスネットワーク」に参加している X 型を採用するグループと Y 型を採用するグループが，「ビジネスネットワーク」間の競争を行っている．いい換えれば，甲社のイノベーションに向けた活動は，先に見た乙社との競争であると同時に，Y 型を採用するグループとの間の競争でもある．

甲社が新たな商品を開発し，それによって収益化に成功する，つまりイノベーションを起こすにはアクター・ネットワークの中で「必須の通過点」を押

さえる必要がある．開発を始める段階では，アクター・ネットワークを構築しようとするどのアクターにも「必須の通過点」となりうる可能性がある．

図3.3では3社の構成部品開発メーカが描かれているが，これらの企業は，自身の開発した部品を「必須の通過点」として他社をネットワークに取り込む可能性を模索している．また甲社は，3社の中のどの企業から必要となる構成部品を買い，どのような商品を開発するのかという意思決定を通じて，新たなアクター・ネットワークを構築し，その中で自社が「必須の通過点」となりうる可能性を模索している．

図3.3では，甲社は構成部品メーカAから構成部品を購入する意思決定をしたが，構成部品メーカB，Cからも購入可能なため，構成部品メーカAとは実線で，B，Cとは破線で結んでいる．網掛け部分は甲社が構成しようとしているアクター・ネットワークを表している．制度改正前規格ではライバル企業

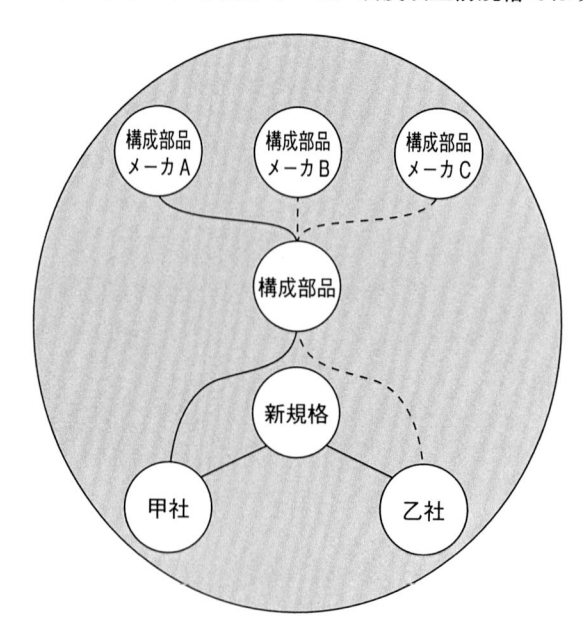

図3.3 イノベーションプロセスⅠ：新商品開発の端緒となるネットワーク

であった乙社であるが，改正後規格では製品を開発していないため，新規格とは実線で，構成部品とは破線で結びつけている．

イノベーションプロセスのこの段階のネットワークを「新商品開発の端緒となるネットワーク」と筆者らは呼んでいる．この段階では，商品開発に入るきっかけをつくる構成部品メーカや構成部品などのアクターが登場する．

3.3.3 商品仕様決定

商品の詳細な仕様の決定は，構成部品についてエンジニアが収集・整理した情報を基に，ターゲットユーザと彼／彼女らの使用方法を想定することから始まる．その中では，旧制度の中で蓄積された商品に関するノウハウや情報も商品仕様の決定に役立てられる．そして，ある程度の仕様が決定した時点でミドルウェアやファームウェア，そしてアプリケーションの開発が同時に進むことになる．

しかし，開発は線形的に一気に進んだわけではない．当時，このＸ型の商品は，さまざまな分野からの参入があり，甲社とは異なる業界からの進出もあった．それらの業界の商品は，ある環境下では想定通りの動作をしないということが問題となっていた．動作の確認は，甲社内での開発の際や，韓国からの売り込みの際には，理想的な環境下で行われる．しかし，ユーザの環境は，それぞれに異なっているため，実際に利用した際には必ずしも想定通り動作するとは限らない．また，そのようなユーザ環境の違いは，返品率や市場の立ち上げに影響を及ぼすこともある．そこで甲社は，実際に商品 α を投入する直前に，外部装置を付属品としてつけることを決定した．この外部装置によってユーザの使用環境に関する問題は解決し，発売初期にかなりの市場シェアの獲得に成功した．

このようにハードウェアの開発が進むと同時に，ファームウェアやミドルウェアなどの開発も進んでいる．先述のように，このような商品の開発は，基本的に外部調達した構成部品を使用する．しかし，商品は単純なこれらの組み合わせでできるわけではない．海外のメーカが開発した部品の場合にはローカ

ライズが必要である．構成部品の調達後，日本の規格に合わせて，ファームウェアとミドルウェアをつくり直すのである．また，このような商品の基本的な性能は構成部品に依存する．しかし，アプリケーションのユーザインターフェースや機能などの差異化を図ることで他社との差別化は可能である．

続いて，甲社がアプリケーションに付加した機能についてである．商品 a が市場に出る以前に，同じ PC 周辺機器産業に属する丙社が同種の商品を市場に投入していた．しかし，丙社の商品は市場をつくり出すには至らなかった．その理由の一つに甲社がアプリケーションに付加した機能を丙社が付加していなかった点があげられる．この機能は，旧制度下の商品では必ず付属するものであった．しかし，丙社は，旧制度下では同種の商品をつくっていなかったため，そのような市場のニーズを把握できていなかった．

可視化の例示 II

ユーザとその使用環境を想定しながら商品 a の開発は進んだ．ここでは，ユーザや使用環境，そして商品 a を 1 つのアクター・ネットワークとしたとき，そのネットワークを強固なものとするためには，商品 a をどのような商品にすればよいかを構想している．このネットワークが強固なものとなれば，つまりユーザの利便性が高く多頻度で使用されるものとなれば，そこにユーザにとってのスイッチングコストが発生する．それはユーザにとって，商品 a を通して甲社が「必須の通過点」となることを意味し，結果として商品 a の販売の増加につながるのである．

甲社は開発の過程で，外部装置として付属部品をつけることを決定した．これは甲社がユーザやその使用環境，そして他業界の商品を 1 つのアクター・ネットワークとして「翻訳」したことによって可能となった．図 3.4 では，この付属部品が商品 a とともに他業界の商品とも結ばれている．ここで他業界の商品と結ばれるのは，この他業界の商品が想定通りの動作をしないという情報も，商品 a にとっては重要な意味を構成するアクターといえるからである．

商品 a に先行する形で，乙社とは別の丙社が商品を市場に投入した．しか

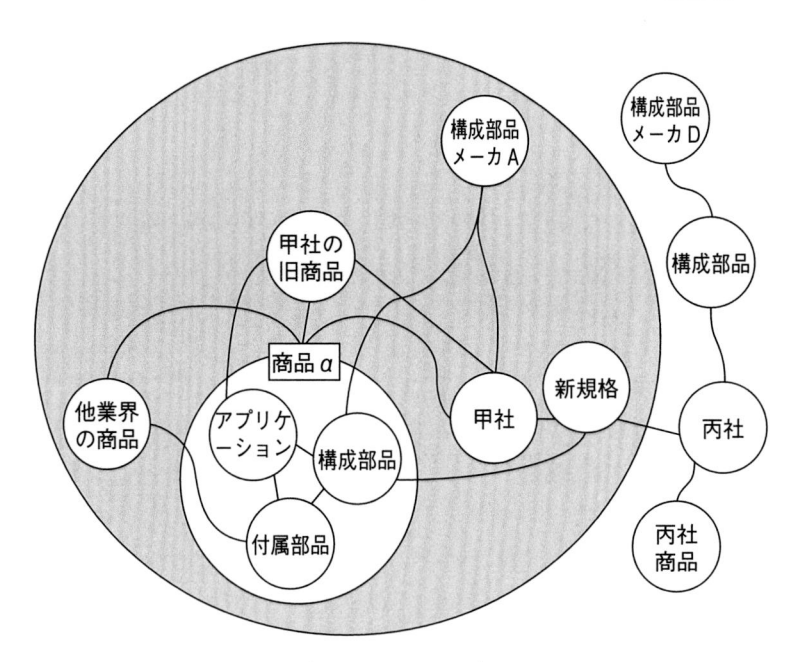

図3.4　イノベーションプロセスⅡ：商品デザイン決定のネットワーク

し，それは受け容れられず，後発で市場に現れた甲社の商品 α が受け容れられることになった．その理由としては，甲社はアプリケーションに付加したが，丙社が付加しなかった機能がユーザにとっての「必須の通過点」であったことがあげられる．

図3.4では，商品 α が上記の付属部品やアプリケーション，そして構成部品を内包する形で描かれている．これは商品 α 自体が付属部品やアプリケーション，そして構成部品など，さまざまなアクターから構成されたアクターであることを意味している[5]．

イノベーションプロセスのこの段階のネットワークを「商品デザイン決定のネットワーク」と筆者らは呼んでいる．この段階では，商品を開発する企業が，商品開発に必要なさまざまなアクター，例えば部品や人，さらには規格や

他社製品などを1つのネットワークとして構成し，新たな商品を開発しようと活動する．

3.3.4 メーカと販売店

仕様が決まった商品 a は販売店へと持ち込まれる．ある程度認知され，使用法も確定し，販売実績もある商品の場合，メーカの販売店への売込みや商品説明は，商品仕様や価格などの話で終わる．しかし，商品 a のような新しい商品では，プレゼンテーションが必要となる．

基本的なプレゼンテーションの内容は，その場でのデモンストレーションと，機能や用途，ターゲットユーザなどの説明である．商品の特徴，陳列場所や方法の提案，店頭での販売方法の説明なども行われる．また，販売店側からの改善提案などもある．商品 a も，可能な改善提案に関しては販売前に対応し，時間を要するものは販売後のインターネットを通じたファームウェアやミドルウェア，そしてアプリケーションのユーザアップデートで対応した．

プレゼンテーションは必須事項であるが，販売店の性格によって，その先の展開は異なる．家電量販店の場合，量販店側からの用途提案や，量販店が取り扱う他の商品とのセット販売による売上の増加，顧客満足の向上について議論される．一方，専門店の場合には，話題は具体的構成部品名や付属品の仕様，そして性能などへと発展する．量販店に訪れる顧客は，商品用途や，自身の環境下での使用の可否といった会話を店頭の販売員と行う．それに対し，専門店の顧客は，構成部品が何なのかといった会話を販売員と行う．このような顧客

---

[5] このように1つのアクターがさまざまなアクターから構成されている状態を，アクター・ネットワーク理論においては「異種混交の集合体(hybrid collectives)」と呼ぶ．異種混交の集合体であるアクターは，通常の状態であれば意識されることなく，1つのアクターとして認識されるのであるが，故障など，突発的な事象が生じた際に，異種混交の集合体であることが認識される．例えば，パソコンの場合，通常の使用では1つのパソコンとして構成部品が意識されることなく使用されるのであるが，急に動かなくなり，原因を調べなければならなくなると，パソコンはCPUやHDD，メモリなどによって構成されたものであることが認識されるのである．

の差異が，店頭での陳列方法の差異も生み出す．例えば，量販店は商品群を販売価格別で並べ，専門店は構成部品別に並べるといった違いである．

また，ここで確認しておかなければならないことは，販売店が消費者の多様性への対応に重要な貢献を行っているということである．なぜなら，直接顧客と接する販売店は，多様な顧客のニーズを直接把握し，そのうえで商品説明や提案を行っているからである．これはいい換えれば，顧客が自身の想定される使用環境の中で不安に感じている点を，販売店は利点に換えることもできるのである．これまでの消費者の多様性への対応は，商品を開発する時点で解決しなければならない問題とされていた．当然，商品開発の時点で対応しなければ解決できない問題も存在するが，販売店での対応によって解決できる問題も多く存在しているのである．

可視化の例示Ⅲ

図3.5(A)では，新たに専門店と量販店という販売店がアクター・ネットワークを構成するアクターとして描かれており，それぞれの販売店を利用している商品aを購入する可能性のある顧客も販売店と結びつく形で描かれている．図3.5(B)，図3.5(C)は，図3.5(A)を専門店，量販店別に描いたものである．専門店，量販店は，異なる意図や目的を持った顧客をネットワークの中に取り込んでおり，そこで行われる顧客に対する「翻訳」も異なっている．

商品a[6]のもつ意味は，販売店に対して行われるプレゼンテーションの中でも変化している．販売店からの陳列場所や方法などの提案は，商品aが何と

---

[6] 図3.4では，商品aを構成するアクターとして付属部品やソフトウェア，そして構成部品を描いたが，図3.5(A)，(B)，(C)では「商品a」としてだけ描いている．甲社が商品を開発する段階では，付属部品やソフトウェア，構成部品が商品aを構成する重要なアクターとして登場する．しかし，専門店や消費者にとっては，付属部品やソフトウェア，構成部品が備わっていて当然のものと認識されるため，意識されることなく利用される．そこで図3.5(A)，(B)，(C)の中では，付属部品やソフトウェア，構成部品を描かず単純化して「商品a」として描いた．これはアクター・ネットワーク理論の中で「ブラックボックス化」と呼ばれる翻訳の1つである（詳細についてはLatour(1987)を参照）．

74　第3章　包括的イノベーションプロセスの可視化

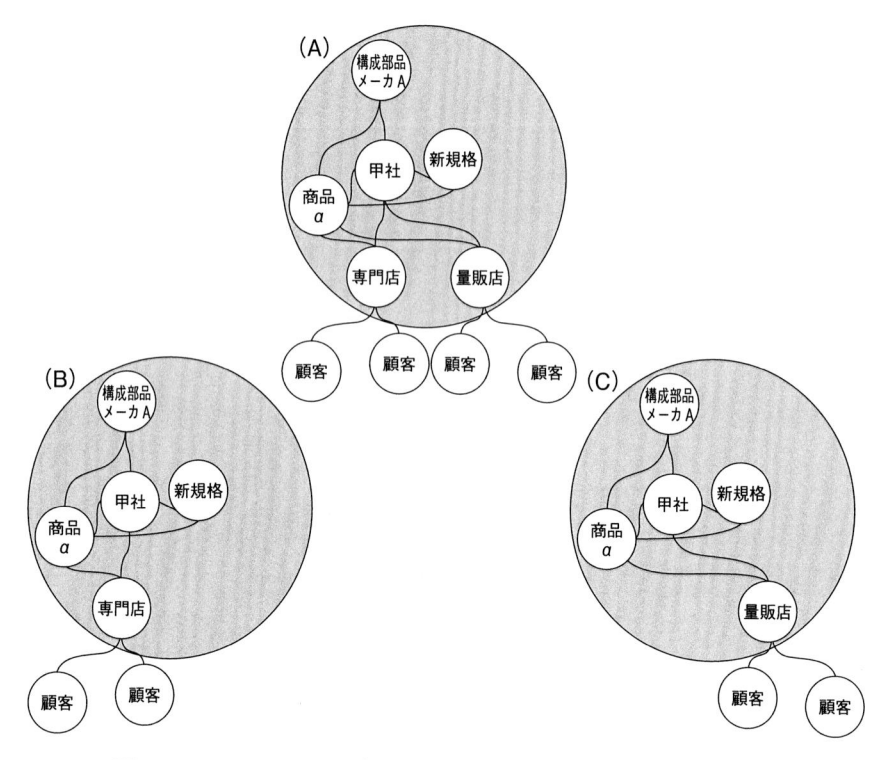

図3.5　イノベーションプロセスⅢ：消費者多様性対応ネットワーク

ネットワーク化され消費者の前に現れるのか，というところに重要な影響を与える．例えば，陳列されるのがPC売場なのか，PC周辺機器売場なのか，あるいは陳列方法が平積みされるのか，棚に並べられるのかによって，異なる「翻訳」がなされるからである．

　また，店頭での顧客と店員の会話は，甲社の消費者の多様性への対応という役割を代替するものであるが，ここでも商品 a は変化する．店員は甲社に代わって顧客の詳細な使用環境を聞き出し，つまり顧客がどのようなモノとアクター・ネットワークを構築しようとしているのかを聞き出し，それに沿う形に商品 a と新たに築かれるであろうネットワークを「翻訳」しているのである．

図 3.5(B) と (C) に見られるように，顧客は異なる販売店を通して商品 a と結びつくアクター・ネットワークを構築する可能性を持っている．このことは，量販店を通してなのか，あるいは専門店を通してなのかの違いによって，商品 a の持つ意味や役割が異なる可能性があることを意味している．そのため，このような販売店が顧客に対して行う「翻訳」によって，既に仕様が決定し販売店に持ち込まれた商品 a も，さらに意味が変化し続けるのである．

　この段階では，販売店が「必須の通過点」となる可能性も十分にある．つまり，メーカの意向に沿うように顧客のアクター・ネットワークを販売店が構築してくれるのかといったことが，販売店が甲社にとっての「必須の通過点」となりうる可能性を高めているのである．

　イノベーションプロセスのこの段階を，「消費者多様性対応ネットワーク」と筆者らは呼んでいる．この段階では，消費者と直接的に会話をする販売店がネットワークに参加する．販売店は，開発段階では知ることのできない消費者の多様性に，甲社に代わって対応する．

3.3.5　市場投入と市場維持

　商品が実際に市場に投入されるのに先立ち，メーカはプレスリリースを行う．同時に，その種の商品を扱っている雑誌や情報ホームページ運営会社に現物を渡し，レビュ記事を書いてもらう．ここからさらなる展開が起こる．商品 a の場合，レビュ記事を見た潜在ユーザが販売店に赴き，その商品の入荷情報に関する問い合わせを多数行ったのである．その情報が雑誌や新聞社に渡り，さらに記事に取り上げられた．このことが発売初日からの商品 a の売上増加に貢献した．

　しかし，このような記事だけが潜在ユーザの購買行動を決定するのではない．実際に店頭で商品を手に取ってもらい，最終的な購買につなげなければならないのである．また，記事を見ていない潜在ユーザにも訴求しなければならない．このとき，先述した陳列方法や商品パッケージ，そして店頭 POP などの販促グッズが重要となる．

商品 a は，これまでの旧制度下での商品とは異なる用途提案を消費者に行った．そのため，商品の持つ基本仕様以外に，用途を具体的イメージとして喚起するものが必要であった．そこで使用されたのが，商品パッケージに具体的場面をイメージ化した図柄を載せるというものであった．しかし，商品 a のパッケージは面積が小さかった．そのため，顧客の目を引きにくく，パッケージ上だけでの用途提案では不十分であった．そこで重要な役割を果たすのが，POP などの販促グッズである．POP は店頭に訪れた顧客の目を引き，商品パッケージに記入できなかった用途提案を可能にする．

これらの結果として，商品 a は発売当初から大きな売上をあげている．この発売当初の成功は，ブランドを形成する端緒となるが，市場での商品 a の地位を確固たるものにすることはない．常に売り続ける工夫が必要となる．店頭 POP などの販促グッズは，商品パッケージと比べて頻繁に変更することが可能なため，季節やその時期のイベントに合わせた商品用途を提案することが可能で，常に新たなユーザを開拓することができる．構成部品の改良による商品原価の低減による値下げや，パフォーマンスの向上による利便性の向上も市場を維持するためには重要である．

さらに，販売数の多い商品は，それだけユーザの声などの情報が多く集まることになる．収集された情報は，マイナーアップデートや次期商品を開発する中で利用されることになる．このようにして商品 a におけるイノベーションプロセスは進行したのである．

可視化の例示Ⅳ

図 3.6 では，網掛け部分の中にユーザが，そしてその外には潜在ユーザが描かれており，ユーザは実線で，潜在ユーザは破線で商品 a と結びついている．また，商品 a は商品 a 本体だけではなく，その中に価格，陳列方法，パッケージ，そして POP が描かれている．パッケージや POP は，潜在ユーザに対して，商品を何とリンクさせ，どのようなネットワークを構築することが可能なのか，そしてそれを通じてどのようなユーザの興味や関心を満たすことができ

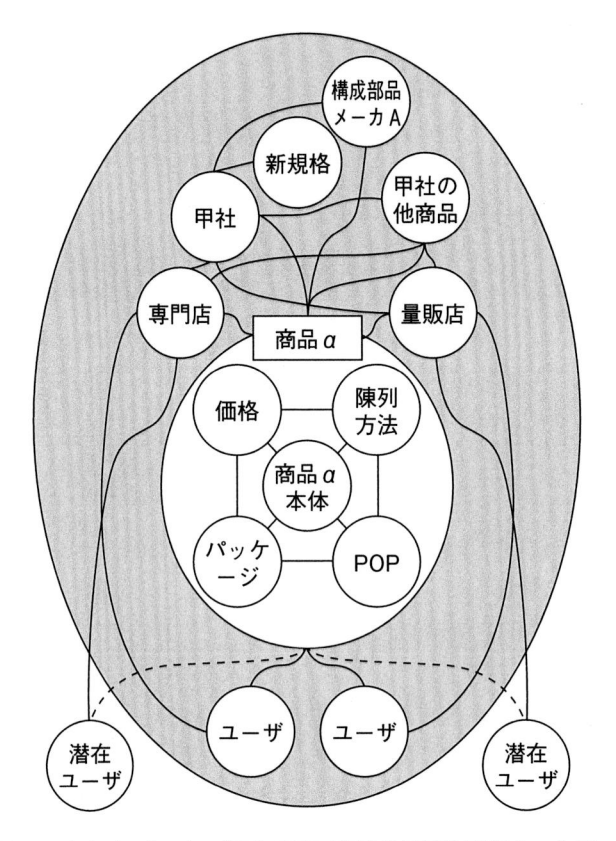

図3.6 イノベーションプロセスIV：商品の持続的改訂ネットワーク

るのか，あるいは日常生活に新たな意味を構築できるのかということを提案するものである．これは潜在ユーザが新たなアクター・ネットワークを構築する手助けをするものである．

さまざまな消費者への「翻訳」によって，商品 a はユーザや販売店にとっての「必須の通過点」となった．しかし，商品 a は市場に投入されたときと同じ商品 a のままでユーザや販売店にとっての「必須の通過点」であり続けること

ができたわけではない．つまり，商品 a は，時宜に合った変更，例えばPOPやソフトウェアのアップデートを通して，常に変化しながら消費者にとって「必須の通過点」であり続けようとしているのである．POPによる商品 a への意味づけの変化などは，商品 a 自体の属性や機能を変化させるものではない．しかし，使用方法を提案したり，季節やイベントに合わせて新たな意味づけを行うことで，潜在ユーザに常に働きかけているのである．つまり，甲社は潜在ユーザの興味関心が変化していることを前提としたうえで商品 a の意味を変化させ，それによって潜在ユーザに対応しているのである．このような活動を続けることで，商品 a は「必須の通過点」であり続けることが可能になるのである．

イノベーションプロセスのこの段階を，「商品の持続的改訂ネットワーク」と筆者らは呼んでいる．この段階では商品は潜在ユーザに直接触れられている，あるいは触れられる可能性がある．この可能性を購買につなげるために，POPなどの新たなアクターを追加することで，商品の属性や機能を持続的に改訂していくのがこの段階である．

3.3.6 ネットワーク化によるイノベーションの推進

アクター・ネットワークはイノベーションプロセスの中で，そこに属する人やモノ，企業やユーザなどさまざまな興味や関心を持ったアクターの数を増やしながら拡張し，機能や役割を変化させていく．今回見てきた事例では，ネットワークの拡張によるイノベーションプロセスの特徴を開発段階から普及段階に向かって，「新商品開発の端緒となるネットワーク」，「商品デザイン決定のネットワーク」，「消費者多様性対応ネットワーク」，「商品の持続的改訂ネットワーク」として見てきた．これはアクター・ネットワークの機能の変化のプロセスである．このようなネットワークの機能の変化は，各段階で次々にネットワーク内に参加する人やモノ，そして企業が増加することで，また，その増加の中で開発される商品の機能や付属品が変化することによって起こる．そして，このようなアクター・ネットワークの変化は，以前のネットワークの機能

を包含しながらも，新たな機能を獲得していくという特徴を持っている．変化後のネットワークは変化前のネットワークから役割や機能を引き継いでおり，変化後のネットワークは変化前のネットワークの機能を同時に果たさなければならない．イノベーションプロセスはこのようなネットワーク拡張と機能変化の連続的なプロセスなのである．

このようなアクター・ネットワークの拡張は「必須の通過点」の変化を暗示している．つまり，参加者が増加することでノードに必要とされる機能や役割，さらにはネットワーク自体の機能や役割が変化し，その結果として「必須の通過点」が変化するからである．ゆえに，イノベーションを起こす企業は，常に自身の意味や役割，さらには関係企業や販売店を商品とともに変化させ続け，「必須の通過点」であり続けなければならない．

しかし，事例の中でも見た通り，全ての企業が全ての企業に対して「必須の通過点」となる必要はない．ニッチ戦略を採る企業は，キーストーン企業を「必須の通過点」としたうえで，自身は消費者や販売店にとっての「必須の通過点」となるようにネットワークを構築すればよいのである．また，このような行為は間接的に自身をキーストーン企業の「必須の通過点」とする効果をもたらすこともある．

例えば，あるゲームソフトが多くの消費者にとっての「必須の通過点」となっている場合，ゲーム機メーカが新型ゲーム機を開発する際には，そのゲームソフトの次回作が新型ゲーム機向けに開発される必要がある．なぜなら，その次回作の有無が新型ゲーム機の未来を左右するからである．このような場合，キーストーン戦略の視点から見れば，ゲーム機を開発する企業がゲームソフトメーカのキーストーンであり，その「ビジネスネットワーク」の中ではゲームソフトメーカはニッチ戦略を採ることが有効な戦略と考えられる．しかし，「必須の通過点」の視点からは，ゲームソフトメーカがゲーム機メーカの「必須の通過点」となっているため，新型ゲーム機に対する発言力を高めることも可能だということになる．

3.4 まとめ──可視化の利点──

イノベーションは技術開発や商品開発だけではなく，商品の普及までを含んだ包括的なプロセスによって生起する．このプロセスにおいては開発を行う企業だけではなく，競争関係にある企業，販売店，ユーザも重要な役割を果たしている．多くの関係主体がプロセスに参加することによってイノベーションは起こるのであるが，その反面，プロセスは複雑なものとなり，全体像がつかみにくく，管理が困難なものとなっている．

本章では，このような複雑なイノベーションプロセスを可視化する方法を検討してきた．そこで使用したのが，1) ネットワーク外部性，2) ビジネスネットワーク，3) アクター・ネットワークの3つの概念である．これら3つの概念は，ノードとするものがそれぞれ異なる概念であるが，総合して使用することでイノベーションプロセスを可視化し，組織が戦略を立案するために必要な情報を構成するものとなる．

最後に，イノベーションプロセスをネットワークとして描き，可視化していくうえで必要なこととして，どこまでをノードとして描くのかということについて検討する．

ネットワークには多様な関係主体がノードという形で参加している．このノードを描く際には，どの程度抽象化するのかということが課題となる．本章の事例の中では，範囲としては構成部品を製造するメーカ，商品の役割が競合する「ビジネスネットワーク」とその商品，販売店，販促グッズやメディアなどをノードとして描いている．抽象度では販売店を，専門店と量販店という形で一段階具体化したうえで，異なるノードとして扱っている．場合によっては，これをさらに関東の専門店と関西の専門店という形でさらに具体化することも可能である．あるいは，これまでとは異なる試みを行ううえで，先ほどと同様に販売店の抽象度を下げて量販店，専門店を描いた後に，さらにコンビニエンスストアを並列して書くこともできる．そのうえでネットワークを再度眺めれば，異なる商品の姿が現れる可能性がある．例えばDVDで販売されて

いる映画などでは，DVD販売店などのルートで流した際にはまったく売れなかった商品が，コンビニエンスストア向けに価格を改訂したうえで流すと，販売本数が大きく増加したという例もある．このようなことを実現するためには，ノードの範囲と抽象度を操作することで，これまでとは異なるプロセスの想定を行う必要がある．

演習問題

1. 以下では過去と現在の映画(ex.「風とともに去りぬ」と「アバター」など)を例にイノベーションプロセスの可視化を試みる．本章で学習した可視化の方法を通して，現在と過去の映画のイノベーションプロセスの違いを比較せよ．

(設問1) 撮影するスタッフや道具，資金を提供する人など，映画をつくる際に登場するアクターを書き出し，ネットワークを描け．

(設問2) 映画を配給する際には映画館が使用される．しかし，配給の成功には映画館での上映だけではなく，テレビでの宣伝活動や雑誌での特集など，さまざまな活動も同時に行われる．どのような活動が映画の収益化に貢献しているのかを書き出し，ネットワークに書き足せ．

(設問3) 映画館で配給された映画は，映画の上映だけではなく，それ以外にグッズの販売などによっても収益化を試みている．どのようなものが登場するかを書き出し，ネットワークに書き足せ．

(設問4) 映画を観る人は，映画を観ずにその時間や資金を他の余暇活動に使用することもできる．このような他の余暇活動とされるものが競争関係にあるビジネスネットワークと考えられる．他の余暇活動として考えられるものは何か，ネットワークに書き足せ．

(設問5) ここまで描いてきたネットワークにはさまざまな人やモノが登場している．それでは「必須の通過点」となっているものはどれか．

2. 読者の属する企業，あるいは興味のある企業でイノベーションに成功した製品もしくはサービスと，失敗したもののプロセスをネットワークとして可視化せよ．そして，なぜ成功したのか，なぜ失敗したのかを本章の視点から分析せよ．

参考文献

邦文

大塚善樹(2006)「ハイブリッドの社会学」上野直樹・土橋臣吾編『科学技術実践のフィールドワーク:ハイブリッドのデザイン』せりか書房, pp.22-37.

竹岡志朗・太田雅晴(2009)「イノベーション研究におけるアクター・ネットワーク理論の適用可能性」『日本情報経営学会誌』30巻1号, pp.52-63.

英文

Barney, J. B.(2002). *Gaining and Sustaining Competitive Advantage, Second Edition*, Prentice Hall.(岡田正大訳(2003)『企業戦略論―競争優位の構築と持続 上巻』ダイヤモンド社).

Burt, R. S.(1987). "Social Contagion and Innovation: Cohesion Versus Structural Equivalence," *American Journal of Sociology*, Vol.92, pp.1287-1335.

Callon, M. (1986). "Some elements of a sociology of translation: domestication of the scallops and the fishermen of Saint Brieuc Bay" in Law, J. (Eds.) *Power, action and belief: A new sociology of knowledge?*, Routledge and Kegan paul, pp.196-233.

Callon, M. (2004). "The role of hybrid communities and socio-technical arrangements in the participatory design," 武蔵工業大学環境情報学部情報メディアセンタージャーナル第5号:川床靖子訳(2006)「参加型デザインにおけるハイブリッドな共同体と社会・技術的アレンジメントの役割」上野直樹・土橋臣吾編(2006)『科学技術実践のフィールドワーク:ハイブリッドのデザイン』せりか書房, pp.38-54.

Gawer, A., and M. A. Cusumano(2002). *Platform Leadership: How Intel, Microsoft, and Cisco Drive Industry Innovation,* Harvard Business School Pr.(小林敏男訳(2005)『プラットフォーム・リーダーシップ―イノベーションを導く新しい経営戦略』有斐閣).

Iansiti, M., and R. Levien(2004). *The Keystone Advantage: What the New Dynamics of Business Ecosystems Mean for Strategy, Innovation, and Sustainability,* Harvard Business School Pr.(杉本幸太郎訳(2007)『キーストーン戦略―イノベーションを持続させるビジネス・エコシステム』翔泳社).

Katz, M. L. and C. Shapiro(1985). "Network Externalities, Competition, and Compatibility," *American Economic Review*, Vol.75, No.3, pp.424-440.

Latour, B. (1987). *Science In Action: How to follow scientists and engineers through society,* Harvard University Press(川崎勝・高田紀代志訳(1999)『科学が作られているとき:人類学的考察』産業図書).

Latour, B. (1999). *Pandora's hope: Essays on Reality of Science Studies*, Harvard University Press(川崎勝・平川秀幸訳(2007)『科学論の実在：パンドラの希望』産業図書).

Mitchell, J. C. (1969). "The concept and use of social networks," in Mitchell, J., C.(Eds) *Social Networks in Urban Situations: Analyses of Personal Relationships in Central African Towns,* Manchester University Press, pp.1-50.(三雲正博訳(1983)「社会的ネットワークの概念と使用」,『社会的ネットワーク—アフリカにおける都市の人類学』国文社).

Takeoka, S., N. Takayanagi, Y. Hazama, and M. Ota(2009a). "Case Analysis to Study The Comprehensive Innovation Process with Actor-Network Theory," in *ICT-enabled Globalization Manufacturing and Sustainable Society, Asia Pacific Conference on Information Management 2009,* on CD-ROM.

Takeoka, S., N. Takayanagi, Y. Hazama, and M. Ota(2009b). "Case Analysis to Study The Comprehensive Innovation Process with Actor-Network Theory," *Journal of Infomation and Management*(日本情報経営学会誌), Vol.30, No.2, pp.74-89.

Teece, D. J. (1986). "Profiting from technological innovation: Implications for integration, collaboration, licensing and public policy," *Research Policy,* Vol.15, Issue 6, pp. 285-305.

第4章

イノベーション活動への支持と協力

学習目標

　イノベーションを推進していくためには，組織構成員からの支持と協力を取りつけることが肝要であるが，本章ではそのための理論と方法を学習する．

1. 新規事業と既存事業は，組織内の経営資源をめぐって競合関係にあることを理解する．
2. 新規事業への資源配分を得るためには，新規事業への協力者をつくり出すことが重要であることを理解する．
3. 協力者をつくるための方法の一つとして，新規事業の「正統化(Legitimation)」について理解する．
4. 新規事業の「正統性」を高め，支持者と協力者をつくるための方法を学ぶ．

4.1 イノベーション活動への支持と協力

　組織が存続するためには，継続的なイノベーションが重要である．しかし，組織にとって利用可能な経営資源(例えば，スタッフ，予算，開発／生産設備，時間，空間など)には限りがある．そのため，トップマネジメントにとって，どの事業活動に経営資源を集中的に投資するかという，資源配分の選択は重要な課題となる．

　資源配分に関わる選択の最終決定は，トップマネジメントが取り扱う．しかし，その選択肢は，組織内のさまざまな意思決定と業務プロセスを経て生み出される．そのため，さまざまな事業部，部門，部署で，各々が正しいと主張する複数の選択肢が現れ，互いの意見が相違(コンフリクト)する状況が生じる．

　例えば，新たな製造装置の導入について，開発部門の技術者は，技術上の進歩につながる点から導入を提案する．しかし，生産部門の技術者は，こうした変更が生産工程を調整する作業を増加させ，ひいては歩留り率を低下させることから反対する．そのためトップマネジメントは，誰が見ても正しい，唯一の解を見つけ出すのではなく，複数の正しいとされる選択肢の中から，どれを実行に移すかという決断を迫られるのである．

　以上のように，資源配分の選択は，単にトップマネジメントだけが抱える問題であるだけでなく，部門間(開発部門と生産部門，開発部門と営業部門やマーケティング部門など)，トップとミドル，既存事業と新規事業の意見の相違(コンフリクト)として現れ，最終的にトップが決断する課題として現れる．ミドルマネジメントの主要な業務の一つは，これらの意見の相違を調整し，ときには落としどころを提示し，自らの携わる事業活動(既存事業の場合もあれば，特定のイノベーション活動の場合もある)を推進することである[1]．ミドルマネジメントの視点から見た場合，自らの携わる事業活動を推進するために

---

[1] 本章では，「イノベーション活動」を，イノベーションプロセスにおいて，イノベーションを達成するために人々が行う活動という意味で用いる．

は，どのように組織構成員（トップマネジメントを含む）から支持と協力を取りつければよいのか，という課題となる．

本章は，イノベーション活動に対する支持と協力を取りつけることを，「正統化(legitimation)」と捉える．正統性とは，簡潔にいえば，「なぜ，新規／既存事業活動を行うのか」という問いに対する，「もっともらしい理由づけ」を意味する．

4.2節では，イノベーションプロセスにおいて生じる，正しさをめぐるコンフリクトに関する議論を紹介する．これらの議論では，新規事業化に向けたイノベーション活動よりも，既存事業や現行の中核事業の改善の方が組織構成員の支持と協力を得やすい傾向があることを述べる．同時に，組織構成員からの支持と協力は，正統性を創造，あるいは獲得できるかどうかが重要になることを述べる．

次に，4.3節では，正統性とは，どのようなものかを理解するために，正統性の類型とその要因を紹介する．そのうえで，4.4節では，トップマネジメントを含む組織構成員からイノベーション活動への支持と協力を得るために，正統性の要因をどのように利用するのかを学ぶ．

4.2 イノベーションプロセスにおけるコンフリクト

なぜ，イノベーション活動において，正統性を確保することが重要になるのであろうか．それは，経営資源を配分するうえで，組織構成員からの支持と協力が必要になるからである．既存事業と新規事業の間の資源配分では，とりわけ既存事業に配分される傾向がある．それは，既に成功している事業の改善に経営資源を配分する方が，成功するかどうか明らかでないイノベーション活動に経営資源を配分するよりも効率的であり，正しい（正統である）と判断されるからである．

本節では，組織内で生じる資源配分上のコンフリクトがどのような論理で生じるのかを，組織・環境（特に顧客）・戦略の視点から学習する．

4.2.1　組織慣性

　組織内では，さまざまな理由で，イノベーション活動に対する抵抗が生じる．「組織慣性(organizational inertia)」とは，組織を取り巻く環境が変化しても，現状の組織形態や組織行動を維持しようとする組織が持つ構造的な特性を指す(Hannan=Freeman, 1977, 1984 など)．イノベーションに着目した場合，組織慣性は，組織の環境適応能力を硬直化させ，イノベーションを妨げる要因となる．

　組織慣性を生み出す要因は，組織内の要因と，組織外の要因がある(表4.1)．これらの要因は，既存事業に経営資源を配分した方がよいという主張の根拠となる．

　組織内の要因として，既存事業の埋没コストは，それが回収できるまで既存事業を継続させようとする傾向を生み出す．また，現場の情報は，いくつものルートを経てトップマネジメントに伝わるため，トップマネジメントが新規事業を積極的に推進する理由を見出しにくくなる．資源配分ルールの変更は，組織内の各部署の重要度に変更を迫り，場合によっては，個人の昇進や評価にも影響するため，従業員の抵抗を受ける．業務手順の変更は，他の業務に影響を与える．業務手順の変更に多大なコストを要する場合，現状を維持することが

表4.1　イノベーションに対する制約としての組織慣性

組織内の制約要因	既存事業の工場・設備・人員などに関する埋没コスト
	トップマネジメントに伝わる情報の制約
	資源配分ルールの変更に対する抵抗
	組織が年を重ねるごとに蓄積していく業務手順の標準
	タスクと権限の配分に伴う規範的合意
組織外の制約要因	市場への法的・財務的な参入／退出障壁
	獲得可能な情報
	文化や規範

（出典）　Hannan=Freeman(1977, 1984)より作成．

効率的となる．タスクと権限の配分に関する規範的合意は，それぞれの業務領域への侵犯になるため，従業員の心理的抵抗を生む[2]．

　組織外の要因として，市場への参入／退出に障壁がある場合，新たな市場への参入には大量のコストを要するため，既存市場にとどまろうとする．既存市場からの退出に関しても同様の理由で，既存市場にとどまろうとする．また，法的規制により，参入が許可されないという場合もある．また，組織外部からの獲得可能な情報が限定されることによって，組織環境の変化を認知できない場合がある．加えて，組織外部の行為者（政府，競合企業，投資家，顧客など）が持つ規範や，文化的な期待などが，変化への抵抗となる場合がある．

　これらの要因は，イノベーション活動を推進しないことに根拠(すなわち，正統性)を与える．とりわけ，組織環境の変化が大きく，変化の速度が急進的である場合，つまり未来が不確実な場合，組織慣性はイノベーション活動の阻害要因になりやすい．未来が不確実な場合，組織構成員と投資家，顧客などは，コストパフォーマンスよりも，信頼性（品質のばらつきの低さ）とアカウンタビリティ（既存事業が合理的であることの説明）に対し，高い対価を支払うからである[3]．このような状況では，既存事業の継続が，組織構成員と投資家，顧客などによって支持されるのである．

4.2.2　イノベータのジレンマ

　トップマネジメントを含む組織構成員が，既存事業への投資を支持する理由は，組織慣性を生み出す諸要因だけではない．主要顧客のニーズを汲み取った結果，既存事業に経営資源を配分した方がよいと判断される場合もある．

---

[2] 例えば「従来のやり方で問題なかった（成功してきた）のだから，変化させる必要はない」あるいは「こういう仕事は，うちの部署の担当ではない」，「新たな業務が増えれば，現在の業務に支障がでる」というようなものである．

[3] 例えば，特定の製品（情報機器やソフトウェアなど）の初期ロットの購入に際し，消費者は，一定期間買い控え，既存製品を利用し続け，その製品の信頼性を確認してから商品を購入することがある．

「イノベータのジレンマ」とは，企業が顧客の意見に耳を傾け，顧客が求める製品を増産し，既存製品を改善するための新技術に積極的に投資し，市場の動向を注意深く調査し，システマティックに最も収益率の高そうな既存事業に経営資源の配分をした結果，市場のリーダーの地位を失ってしまうことをさす (Christensen, 1996).

優良企業のトップマネジメントは，売上高に占める割合が高い主要顧客のニーズを満たすことを重視する．主要顧客のニーズは，既存製品に対するものであるため，既存製品の性能を改善する技術(「持続的技術」)に投資することが，顧客ニーズを高めることにつながる[4]．

例えば，ハードディスクドライブ(HDD)の用途の主流がメインフレームであった時期では，HDDメーカの主要顧客は，HDDの記憶容量を重要な評価軸と認識していた．そのためHDDメーカは，顧客ニーズを満たすためにHDDの記憶容量を改善する持続的技術への投資を行った．その後，HDDの新たな用途として，ミニコンが現れた．当初，メインフレームの顧客と，ミニコンの顧客は異なっていた．しかし，徐々にメインフレームの顧客がミニコンに乗り換え出したことにより，HDDメーカの主要顧客の評価軸は，ミニコンで利用できるHDDのサイズへと移った．だが，既存のHDDメーカは，持続的技術への投資を続け，顧客が必要とする以上の性能の製品を市場に供給し続けた．その結果，これらの企業の多くは，顧客の評価軸の変化に対応できず，市場から撤退することとなった．

優良企業のトップマネジメントが評価軸の変化に対応できなかった理由は，

---

[4] Christensen(1996)は，企業が顧客ニーズを認識し，それに応え，問題を解決し，資源を調達し，競争相手に対応し，利益を追求する枠組みを「バリューネットワーク」と呼んでいる．破壊的イノベーションが「破壊的」であるのは，既存技術を価値づけるバリューネットワークを破壊し，新たなバリューネットワークを形成し，その中に新たな技術を位置づけるからである．新たなバリューネットワークに位置づけられた技術を破壊的技術と呼ぶ．逆に，既存のバリューネットワークを維持する技術は，たとえそれが新しいものであったとしても，持続的技術と呼ばれる．

持続的技術に投資したことによって，顧客の評価軸に変化を引き起こす技術（「破壊的技術」）に投資することができなかったことにある．優良企業のトップマネジメントが，破壊的技術に気づいていなかったわけではない．しかし優良企業は，持続的技術と破壊的技術を比較した結果，持続的技術に資源配分することを選択したのである．

これは，新しく現れる市場の規模と持続的技術によって得られる収益性という2つの点から説明できる(Christensen, 1996)．

一般的に，破壊的技術を用いた製品によって生み出される市場(例えば，ミニコン市場)は，(メインフレーム市場に比べて)小規模な市場であり，また，利益率が低く，投入される製品は低価格である．企業は，既存製品の主要顧客に売上の大部分を依存しているため，主要顧客を手放すことは，売上の大部分を放棄してしまう可能性がある．

加えて，既存市場(メインフレーム市場)における主要顧客は，新市場(ミニコン市場)が出現し始めた時期はまだ，破壊的技術によって生み出される製品(ミニコン)を求めていない．なぜなら，これらの顧客は，当初，破壊的技術によって生み出される製品(ミニコン)を使えるだけの知識を持たない．その結果，企業は既存市場における主要顧客のニーズに応えるために，既存製品を改善する持続的技術に投資することが，効率的で有効性が高い選択であると認識したのである．

4.2.3 共進化ロックイン

既存事業に対する組織構成員の支持は，組織慣性と主要顧客のニーズの他に，全社レベルの経営戦略が影響を与える場合がある．企業は，業界の競争要因(例えば，顧客，競合他社，供給業者，新規参入者，代替品，自社の技術，政府の規制など)を分析し，競争要因に適した経営戦略を策定し実行する．各事業部の事業戦略は，全社の経営戦略を個別の業界や製品市場で達成するために，策定し実行される．

企業は，特定の製品市場に向けて，事業戦略を策定し実行する．事業戦略が

成功するということは，その企業の売上と利益が当該製品市場に依存することを意味する．特定の市場への依存が高まると，企業は市場環境の変化に影響を受けやすくなる．しかし，依存度を下げることは，当該製品市場からの売上と利益を減少させることになる．そのため企業は，既存の事業戦略へのさらなる投資を行わざるをえない．その結果，事業戦略を変更することが困難になる．これを「共進化ロックイン」(Burgelman, 2002a, 2002b)と呼ぶ．

「共進化ロックイン」は，事業戦略が硬直化することによって生じる[5]．事業戦略の硬直化は，二種類ある(図4.1)．戦略の硬直化Iは，新規事業の事業機会を，既存の経営戦略に沿った中核事業から独立した事業として探求することが制約されることによって生じる．

例えば，1990年代初期，インテルは家庭用PC市場向けマイクロプロセッ

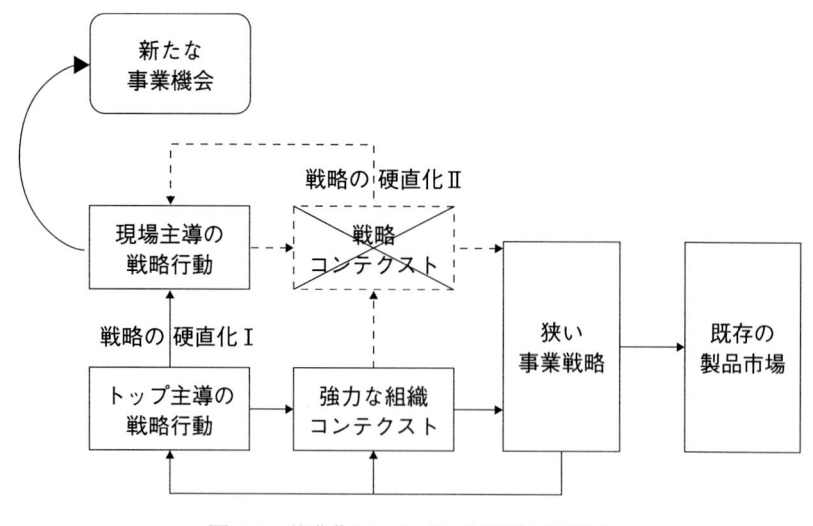

図4.1 共進化ロックインと戦略の硬直化
(出典) Burgelman(2002) "Strategy Is Destiny"

---

[5] 本節では，Burgelman(2002a)の邦訳である石橋・守田(2006)に従い，「慣性(inertia)」を「硬直化」と呼んでいる．

サ事業を経営戦略の根幹に据えていた．そのため，他の事業活動よりもマイクロプロセッサ事業を優先し，トップマネジメントは経営資源をこの分野に優先的に配分していた（強力な組織コンテクストの形成）[6]．この状況の中では，新規事業は，マイクロプロセッサ事業の拡大にとって戦略的であることが重要となる[7]．

　パソコンを使用したビデオ会議製品に関する事業は，当時の同社 CEO のアンディ・グローブの肝いりの新規事業として開始された．この新規事業によって，プロシェア（proshare）と呼ばれる，デスクトップ上で動作するビデオ会議用システムが開発された．当時の事業部長は，インテルがこの事業にこだわる理由の一つとして，通信，中でもビデオはマイクロプロセッサの高い処理能力を必要とするので，最先端のプロセッサの需要を喚起することになるからだと語っている（Burgelman, 2002a）．

　プロシェアは，ISDN を介して動くように設計されており，インディオと呼ばれるビデオ圧縮アルゴリズムを含む，同社の多くの技術が使用されていた．当時，ISDN を介したビデオ通話，ビデオ会議の業界標準は H.320 であった．しかしインテルは，インディオを新たな業界標準にするべく，パソコンメーカのコンソーシアムを立ち上げた．またインテルは，プロシェア製品に対し，グローブの全面的な支援のもと，マイクロプロセッサ事業に次ぐ，大規模な経営資源を投入した．しかし，H.320 が既に普及しているという理由で，インテルは市場からの支持が得られず，1994 年 1 月のプロシェア製品の販売開始からわずか 1 年ほどで，インディオを新たな業界標準とする試みを，断念することとなった．

　当時の事業部長は，グローブによる全面的な支援のおかげで事業化されたと

---

[6]　組織コンテクストには，製品開発のための経営資源の配分だけでなく，組織構造，戦略の策定プロセス，生産プロセスの資源配分，採用と昇進，業績評価と報酬の決定プロセス，組織内の行動指針が含まれる（Burgelman, 2002a）．

[7]　戦略上の重要性とは，例えば，販売チャネルを利用できることや，新規事業の製品がシナジーを生み出し，マイクロプロセッサの売上の増加が見込めるなどである．

語る(Burgelman, 2002a).その一方で,新たな業界標準とするための努力(図4.1 の「トップ主導の戦略行動」)が重視され,比較的ニッチな市場を開拓すること(図4.1 の「現場主導の戦略行動」)が抑制された[8].結果的に,マイクロプロセッサ事業を中核事業とする経営戦略がプロシェア事業を事業化する際には有益であったが,1つの独立した市場を持つ事業として育てることを困難にしたのである.

戦略の硬直化Ⅱは,経営戦略的に中核事業とのつながりが薄いとみなされた新規事業が,社内で組織的に孤立してしまうことによって生じる.

上述と同じく,1990年代初期のインテルの事例で,ネットワーク製品事業という新規事業がある.この事業も,マイクロプロセッサ事業が中核事業であった時期に生まれた.ネットワーク製品事業は,当初2年間は何も製品化していなかったが,印刷用のプリントサーバであるネットポートを発売した.その翌年,15種類の新製品を発売し,ネットワーク製品事業部が誕生した.

ネットワーク製品事業部は,ネットワークアダプタ製品,高速イーサネット製品などで成功した.しかし,この成功にもかかわらず,ネットワーク製品事業は,インテルにとって経営戦略上マイクロプロセッサ事業との関係が薄いとして,重要な事業だと捉えられなかった.そのため,長期的なネットワーク製品事業部としての事業戦略上の要因よりも,短期的な利益の確保を優先するように強いられた.すなわち,マイクロプロセッサ事業から独立した新規事業として成功させるための,新規事業の戦略上の位置づけ(図4.1 の「戦略コンテクスト」)を形成できなかった.また,株価収益率を減少させるかもしれないという理由で,企業を買収することも妨げられた.ネットワーク製品事業部は,2年で1億ドルの売上を達成していたが,利益は出ておらず,社内で非難の的になっていた.

当時のネットワーク製品事業部の責任者であり,支持者であった上級副社

---

[8] 当時の事業部長の念頭にあったニッチ市場とは,医療関係やクレジットカード発行受付業務の情報システム部門などである.この事業部長は,これらの市場に関して極秘裏にデータ収集を行ったと語っている(Burgelman, 2002a).

長は，製品ラインを電話回線のもう一方の側に位置する製品，例えば，ハブ，スイッチ，バックアップサーバ，アクセスサーバまで製品ラインナップを拡げることを想定していたが，実際には，想定通りにすることはできなかった(Burgelman, 2002a)．

最終的には，この責任者がインテルを去る直前に，ネットワーク製品事業部の事業部長が，マイクロプロセッサとネットワーク製品のシナジー関係をトップマネジメントに理解させた．すなわち，トップマネジメントに対し，パソコンの遠隔管理を行うためにはネットワークカードだけでなく，高性能プロセッサが必要になるという相互補完的な関係を理解させることに成功した．トップマネジメントが両事業のシナジー関係を理解したことにより，企業買収などの案件が許可され，組織的な支持を獲得することとなった．

このように，組織慣性の諸要因，主要顧客のニーズ，全社レベルの経営戦略は，イノベーション活動の事業化や，その後の進展に大きな影響力を持つ．とりわけ，その影響力は，既存事業の改善のための投資が有効であることを正統化する．

4.3 実用的正統性，道徳的正統性，認知的正統性

前節では，組織内の事業間をめぐるコンフリクトと，既存事業に経営資源を配分することを正統化する論理を見てきた[9]．既存事業を正統化する論理は，新規事業化に向けたイノベーション活動を阻害する要因となることに注意する必要がある．そのため，既存事業とは違う形で，イノベーション活動を正統化し，組織構成員の支持と協力を獲得することが，重要な経営課題となる．

本節では，より広い視点から，組織における事業活動(既存の事業活動とイ

---

[9] 新組織の設立や社内ベンチャーなど，既存事業から相対的に影響を受けにくい組織や事業部門を設立することは，イノベーションをめぐるコンフリクトを回避する解決策の一つである(Christensen, 1996 ; Burgelman, 2002a)．とはいえ，新組織の設立や社内ベンチャーにおいても，一定の資源配分を行うために正統化されてこそ可能となる．

表 4.2 正統性の類型

実用的正統性 (pragmatic legitimacy)	交換(exchange)	投資に見合った利益がある
	影響力(influence)	他組織の影響力に従わざるを得ない
	組織に対するイメージ (dispositional)	組織や事業自体への信頼がある
道徳的正統性 (moral legitimacy)	結果(consequential)	望ましい結果が得られた
	手続き(procedural)	適正な手段や手続きに則している
	業界構造(structural)	業界内で標準とされている
	カリスマ性(personal)	カリスマ性を持つ人物が，組織や事業を指揮する
認知的正統性 (cognitive legitimacy)	理解可能性 (comprehensibility)	定義，機能，組織にとっての意義について一貫したもっともらしい説明ができる
	当然性(taken-for- grantedness)	当然である

(出典) Suchman(1995)より作成.

ノベーション活動)の正統性を理解するために，正統性の類型と，それぞれの正統性をつくり出す要因について述べる．正統性とは，「規範・価値・信念・定義を構成する社会システムの中で，活動が望ましい，あるいは妥当である，もしくはふさわしいと一般的にみなされる認識」である[1]．

組織における正統性は，表 4.2 のように実用的正統性，道徳的正統性，認知的正統性の 3 つに分類することができる(Suchman, 1995)．

4.3.1 実用的正統性

「実用的正統性(pragmatic legitimacy)」がある状態とは，ある活動が行為者自身や自組織の利益に適っている状態である．コストパフォーマンスが高ければ高いほど，ある業務活動が正しく，妥当な判断だとみなされる．ある業務活動に，実用的正統性をつくり出す要因には，「交換(exchange)」，「影響力(influence)」，「組織に対するイメージ(dispositional)」の 3 つがある．

ある事業への投資が，その投資額に見合った利益を達成する場合，その投資は適切であるとみなされる．これを，「交換」に基づく正統性という．利益は，収益という意味以外でも，新しい製造設備の導入が歩留り率を増加させる場合なども含む．

ある事業に対し，組織外部の影響力に従って投資せざるをえない場合，その投資は妥当，あるいは適切であるとみなされる．これを「影響力」に基づく正統性という．組織に対する影響力には，法令，国際／国内規格，業界のデファクトスタンダード，取引慣行，文化や規範，取引関係に基づくパワーなどがある．組織がこれらに従うのは，短期的な利益よりも，組織外部の影響力に従い，長期的な利益を達成することの方が重要な場合があるからである．

ある事業に投資する組織が，顧客や投資家などに「信頼できる」と思われている場合，その投資は適切であるとみなされる．これを「組織に対するイメージ」に基づく正統性という．組織に対するイメージには多様なものがあるが，例えば「洗練されている」，「職人気質である」，「正直である」，「かゆいところに手が届く」などがある．このようなイメージは，組織内であれば，組織構成員にとっての事業部門や各部署に対するイメージということになる．

4.3.2　道徳的正統性

「道徳的正統性(moral legitimacy)」がある状態とは，事業活動の内容とは無関係に，事業活動を行うことが正しいかどうかという価値によって判断される．「道徳的正統性」をつくり出す要因は，「活動の結果(consequential)」，「活動の手順や手続き(procedural)」，「業界構造(structural)」，「カリスマ性を持つ人物(personal)」の4つがある．

ある事業に投資した結果，それが意図した目的とは別の原因によって売上が増加したとしても，その投資は適切であったとみなされる．これを「結果」に基づく正統性という．結果に基づく正統性は，事後的に行われる正統化である．

ある事業への投資は，適正な手段や手続きに関するルールを守っているならば，適切であるとみなされる．これを，「手続き」に基づく正統性という．

具体的には，昇進・評価ルールや，資源配分ルール，標準作業手続き(SOP：Standard Operating Procedure)，ルーティンに従うことである．これらの手続きに関するルールが重視される理由は，成果を測定することや，明確な成果指標を導入することが困難だからである．

　競合他社が自社に先行して同様の投資を行っているならば，自社も同様の事業に経営資源を配分することは適切であるとみなされる．これを，「業界構造」に基づく正統性という．具体的には，業界内で標準とされている，事業・業務の評価方法や，ルーティン，SOP，組織構造などである．効率的で有効な方法が明確でない場合，他社と異なることをするには，さまざまな理由が必要となる．しかし，効率的で有効な方法が明確でないため，その理由を提示できない．そのため，他社を模倣することは，とりわけ業界の優良企業を模倣することは，1つの理由となる．

　「カリスマ性」のある人物が，事業の責任者についている場合，その事業への資源配分は適切であるとみなされる．これを「カリスマ性」に基づく正統性という．

4.3.3　認知的正統性

　「認知的正統性(cognitive legitimacy)」がある状態とは，ある活動が「自明であり，当たり前である」と認識される状態である．「認知的正統性」は，「実用的正統性」と「道徳的正統性」をつくり出す前提となる．「認知的正統性」をつくり出す要因には，「理解可能性(comprehensibility)」と，「当然性(taken-for-grantedness)」の2つがある．

　ある事業が，どのような製品／サービスを生み出し，それはどのような機能を持ち，何の役に立つのかを組織構成員が理解できるとき，その事業への投資は適切であるとみなされる．これを「理解可能性」に基づく正統性という．

　例えば，インテルでは1970年代半ばに，マイクロプロセッサにキーボードとモニターを接続した家庭用パソコンというアイデアが存在した(Burgelman, 2002a)．しかし発案者は，家庭用パソコンの用途を主婦のレシピ帳としか説

明することができなかった．そのため，当時の CEO であるゴードン・ムーアは，そのアイデアを検討しないという判断を下した．また，インテルの全社レベルの製品企画会議において，パソコン事業参入プランのプレゼンテーションが行われた．しかしそのプレゼンテーションは，パソコンが組立式家電製品のような印象を与え，パソコン事業は却下された．インテルは，家庭用パソコン市場を発見していたにもかかわらず，パソコンとパソコン事業をうまく提案できなかったため，事業化に結びつかなかったのである．

　ある事業に投資することが，組織構成員にとって当然投資すべきであると認識されるとき，その事業への投資は適切であるとみなされる．事業への資源配分の理由として何が当然視されるかは，組織や組織を取り巻く環境によって多様である．組織の経営理念や組織文化，組織の歴史によって，「実用的正統性」や「道徳的正統性」のうち，どの要因が優先されるかが異なる．事業の投資収益率を重視する組織もあれば，事業を担当する担当者のカリスマ性を重視する組織もある．

　例えば，1980 年代，インテルは DRAM 事業の撤退決定までに 5 年もの時間をかけた (Burgelman, 2002a)．その要因の 1 つが，組織構成員が自社をメモリ企業として当然視していたからである．トップマネジメントの多くは，「インテルをインテルたらしめた」DRAM 事業に愛着があり，DRAM 事業からの撤退は「言ってみれば，フォードが自動車から撤退するようなものだ」と感じていた．当然性は，議論の前提となる価値を規定する．そのため，当然性への疑いは，組織構成員間の感情的な議論になることもある．

4.3.4　正統性の要因間の関係

　事業活動を正統化する際，必ずしも実用的，道徳的，認知的正統性の全ての要因を利用する必要はない．また，1 つの正統性の要因だけで事業活動が正統化できるわけでもない．実際には，交渉状況と交渉相手，何を正統化する必要があるのかという目的に応じて，正統性の要因を組み合わせて用いることになる (Suchman, 1995)．

例えば，開発現場の技術者が，技術に関するアイデアを考案したとする．それを実現するために，他の技術者や技術部門のマネジメント層に対して，開発した技術の先進性や，他の技術との違い，競合他社の技術との技術上の優位性という点を説明することになる．同じアイデアでも，マーケティング部門に対しては，その技術を用いて開発可能な製品が実現する機能や，その製品が解決する顧客ニーズ，その製品を投入する市場の規模などの点を説明することになる．生産部門に対しては，この製品を生産するうえで，現状の製造設備で生産可能なのかなどを説明する必要が出てくる．

しかし，さまざまな正統性の要因を組み合わせて用いると，それらの間でコンフリクトを引き起こすことがある．

例えば，同じ製品から利益を得るにしても，汎用製品と捉えるのか，特殊用途向けの製品と捉えるのかで，意見が対立する場合がある．4.2.3 項のプロシェアの例では，当時のインテルの CEO はマイクロプロセッサの需要を喚起する汎用製品と捉えたが，当時の事業部長は，プロシェアを汎用製品として市場に投入するよりも特殊用途の製品と捉え，ニッチ市場に投入する方が有効であると考えて秘密裏にニッチ市場を調査していた．同様に 4.2.3 項のネットワーク製品事業は，同事業に短期的な利益を求めるか，長期的な利益を求めるかに関して，コンフリクトが生まれていた(Burgelman, 2002a)．このような意見の相違がある中でイノベーション活動を推進するためには，その活動に対する正統性を獲得していかなければならないのである．

4.4 イノベーション活動の正統化

上述のさまざまな正統性の要因は，イノベーション活動の中で，どのように用いられるのだろうか．以下では，イノベーション活動への支持を獲得し，強化するための方法を述べる．

4.4.1　イノベーション活動への支持の獲得

　通常，イノベーション活動は，個人やプロジェクトチームだけで実施できない．イノベーションプロセスは，技術開発や製品開発から最終顧客への製品の提供までの長いプロセスによって構成されるからである．そのため，イノベーションプロセスの各段階で，正統化を行っていく必要がある．

　イノベーション活動を正統化するためには，3つの方法がある(Suchman, 1995)．第1に，支持や協力を得る必要のある潜在的な協力者(個人と組織)を見つけ出し，実際に協力可能な人々から支持を取りつけることである．第2に，協力者からの要求がある場合，協力者の要求に従う代わりに，自らの要求を通すことである．第3に，協力者と自らの要求に隔たりがある場合，協力者を説き伏せることである．

　組織内では，トップマネジメントから現場の従業員まで，組織外では，最終消費者や規制機関など多様な人と組織が協力者になりうる．イノベーション活動の内容と，必要な経営資源に応じて，協力者を選択することが重要になる．イノベーション活動を進めていく中で，新たに協力者にすべき個人や組織が現れる場合もある．

　経営資源を獲得するためには，協力者の要求に従う必要がある．その代表例が，トップマネジメントの指示に基づくイノベーション活動である[10]．トップマネジメントの要求は，企業や開発される製品によって多様である．トップがコンセプトだけを提示する場合から，製品仕様まで指示する場合もある．

　しかし，イノベーション活動がイノベーションプロセスのどの段階にあるかによって，事業活動への協力者からの協力は，強力な後ろ盾となることもあれば，強力な制約となることもある．4.2.3項のインテルのプロシェアの例では，事業化の段階では，トップマネジメントがプロシェア事業を中核事業(マイクロプロセッサ事業)を補完する事業とみなしたことが重要であった．そのため，事業展開の段階では，中核事業にシナジーをもたらすような試み(プロシェア

---

[10]　個別の顧客や政府機関も有力な協力者である．

の普及による「インディオ」の業界標準に向けた試み)が重視され，プロシェア単独での事業機会を探求することが抑制された．それゆえ，協力者から経営資源を獲得できたからといっても，必ずしもイノベーション活動が円滑に進行するわけではなく，常に協力者との関係を考慮する必要があった．

その際，説得が重要な方法になる．説得は，潜在的な協力者が存在しない場合や，協力者の要求に従うことが困難な場合に重要になる．説得の1つの論理として，資源依存理論を用いることができる(Pfeffer=Salancik, 1977)．

資源依存理論では，自ら(自ら推進するイノベーション活動)が，他者(協力者となる個人や組織)の要求に従わざるをえない理由を，自らが他者に経営資源を依存しているからだと説明する．例えば，4.2.2項で例示したメインフレームにHDDを供給していたメーカが，HDDのサイズを小型化することができずに衰退した理由は，資源依存理論から説明される(Christensen, 1996)．すなわち，売上の大部分をメインフレーム用のHDDによって獲得している場合，メインフレーム用のHDDを購入する顧客のニーズを満たさなければ，売上の大部分を失うことになるのである．他者への依存度は，1)他者が保有している経営資源が自らにとってどの程度，重要であるか，2)他者以外から，経営資源を調達可能かどうかによって決まる．

他者への依存度をコントロールするためには，3つの方法がある．
① 必要な経営資源を内製化し，他者に依存せずに済む状態をつくる．
② 依存を認めたうえで，経営資源の供給先を多角化することによって，特定の他者への依存度を下げ，他者との妥協点を見つけ出す．
③ トップマネジメントや株主，規制機関などの，より上位レベルの第三者の介入や働きかけを利用する．この介入には，組織内や業界，社会のルールなども利用できる．

協力者をつくり出すためには，他者からの要求を回避するだけでなく，他者が自らに多くの経営資源を負っている状態をつくり出し，自らの主張を通すことも重要になる．しかし，自らに対して，他者が多くの経営資源を依存している状態をつくり出すことは，依存させる経営資源をほとんど保有していないイ

ノベーション活動にとって困難である．そのため，イノベーション活動の正統化には，交換や影響力に基づく実用的正統性よりも，道徳的正統性と認知的正統性を利用することが重要になる．

例えば，自組織におけるイノベーションや技術に対する考え方によっては，技術者などの組織メンバーの個人的な関心に訴えることが有効な場合がある．また，既に海外の研究者や競合企業が類似の研究開発に取り組んでいることが，イノベーション活動を正統化する場合がある．

また，トップマネジメントは，必ずしもイノベーション活動の経済的な成果を期待しているわけではなく，研究組織の活性化を目的としている場合もある．そのため，イノベーション活動の適切な位置づけを提示することが有用である場合がある．トップマネジメントに，既存事業に対する危機感を醸成することによって，イノベーション活動の相対的な重要度を高めることも有用な場合がある(武石，青島ほか，2008)．

経営資源が乏しい段階でのイノベーション活動の正統化は，組織の中核にある既存事業への直接的な挑戦というよりも，組織や業界の周縁部で行われるものである(武石，青島ほか，2008)．つまり，組織の構成員の個別の関心や，組織外部との関係から正統性を獲得することが重要となる．

例えば，オリンパスの超音波内視鏡は，本来の用途でなかなか実績があがらなかったが，医師が新たな診断用途を見出した．富士写真フィルムのデジタルX線装置は，トップマネジメントの定まった評価がない段階で，海外の展示会においてフィリップスに高く評価された．他にも，社内の子会社や，地方・海外販売会社などの支持を得ることで，自社内では支持を得ることができなかったイノベーション活動が継続した例がある(武石，青島ほか，2008)．

4.4.2 正統性のマネジメント

イノベーション活動を正統化し，経営資源を獲得していくためには，組織外部から支持を獲得することが，組織構成員からの支持と協力を得るために重要になってくる．これを理解するために，局所的な正統性を，相互に関連づける

ことが重要である．ここでは，2つの事例を見る．

　第1の事例は，アメリカにおいてデファクトスタンダードを獲得するために，複線型人工内耳という製品を正統化したプロセスである(Garud=Rappa, 1994；Van de Ven=Garud, 1994)．初期の人工内耳は，「単線型技術仕様(single-channel technology)」と「複線型技術仕様(multi-channel technology)」という業界で評価の定まらない2つの技術が存在した．単線型は，手術時の人体負担が低いため安全性は高いが，聴き取り能力に劣る．複線型は，聴き取り能力は高いが，内耳に複数のデバイスを埋め込むため人体への負担が高い．人工内耳技術は医療技術であるため，事業化に際してFDA(米国食品医薬品局)の許認可を必要とする．FDAは，医学界の研究報告を参照し，アニュアルレポートにおいて技術の優劣を評価し，許認可を下す．当初，医学界では，「安全性」を重視した単線型が支持された．その結果，FDAの評価報告でも単線型が支持され，それを参照する市場の評価も，単線型が優勢になった．その後，複線型を支持するグループが，単線型と同程度の「安全性」を持つことを臨床データを基に明らかにし，医学会の評価は「聴き取りやすさ」に移行した．その結果，FDAの評価は，複線型が優勢になり，市場での評価も，単線型から複線型に移行した．

　この事例では，FDA，医学界，患者／消費者の役割と関係は，次のような関係にある(Garud=Rappa, 1994; Van de Ven=Garud, 1994; 髙橋, 2007)．FDAは，許認可の判断をし，アニュアルレポートにおいて技術を評価する．医学界は，手術時の人体負担と安全性を判断する．患者／消費者は，「聴き取りやすさ」という性能を判断する．それぞれの関係は，図4.2のように捉えることができる．

　単線型人工内耳と同程度の安全性を，複線型人工内耳でも確保・立証(道徳的正統性)したことが，FDAから評価(道徳的正統性)を得ることになった(図中①)．患者／消費者は，FDAが評価をしたこと(道徳的正統性)により，複線型人工内耳を購入に値する(交換的正統性)ものであるとみなした．顧客が複線型人工内耳を購入する(交換的正統性)ようになる(図中②)と，臨床データの

4.4 イノベーション活動の正統化　105

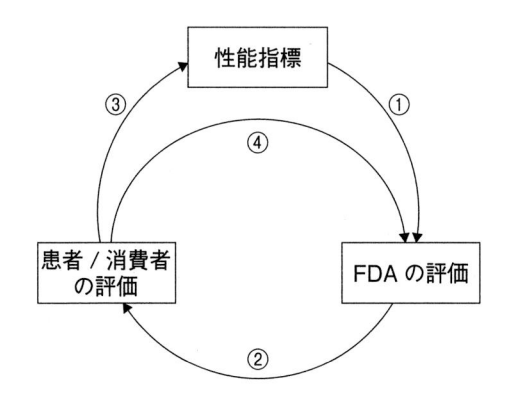

図 4.2　複線型人工内耳の正統化

蓄積と治療実績の増加につながり，FDAによる評価をより妥当にする（道徳的正統性）のに貢献した（図中④）．患者／消費者の評価（交換的正統性，道徳的正統性）とFDAの評価（道徳的正統性）が高まることによって，複線型人工内耳を推進するグループが当初強調していた「聴き取りやすさ」という性能指標が，医学界でも受けいれられ（道徳的正統性），患者／消費者にとって意味を持つ（認知的正統性）こととなり，普及することとなった（図中③）．

次は，日本の大手食品製造業者が，食品に関する新しい法制度（特定保健用食品制度，以下，トクホ制度）を創造するために，のちに特定保健用食品と称される機能性食品を正統化した事例である．この事例の焦点は，正統化する段階では，機能性食品とは具体的にどのような食品であるかということが明確でなかった点である．そのため，認知的正統性を確保することが焦点となった．

日本では，食品と医薬品の区分（以下，食薬区分）は，薬事法と薬務局長通知などによって規定されている[11]．食品製造業者にとって，食品に効能効果標

---

[11] 日本における食品とは，食品衛生法第四条により「薬事法に規定する医薬品及び医薬部外品」以外のすべての飲食物を指す．食品と医薬品及び医薬部外品の区分（以下，食薬区分）は，薬事法及び薬務局長通知などによって規定されている．例えば，飲食物の成分本質（原材料）による分類に加え，効能効果，形状，用法用量などである．

示をすることは，他の食品との差別化に有効な方法であった．しかし，食品に効能効果標示をすることは，薬事法違反となる．そのため，各食品製造業者は，食品に効能効果標示をすることを正統化し，合法化することを課題と認識していた．

1985年，大手食品製造業者35社は，「健康と食品懇話会」(以下，健食懇)を設立し，食品の効能効果標示の可能性を模索した[12]．その中で健食懇は，栄養学の視点から，食品を機能分類するという「食品機能」(藤巻，1983)に関する議論に注目した．この研究は，1985年に文部省(当時)の特定研究(『食品機能の系統的解析と展開』代表者：藤巻正生)に採択された．1985年の研究では，「機能性物質」という概念が用いられ，食品の生理刺激と生体調整機能を強調した「機能性食品」が開発される際の具体的なイメージ(つまり，食品から特定の機能性物質を除去した「機能性食品」や，特定の機能性物質を添加した「機能性食品」)を提供した．しかし，この時点で具体的に「機能性食品」が存在するわけではなく，概念上の存在でしかなかった．

この研究を梃子に，個々の大手食品メーカは機能性食品の開発・販売のための組織を立ち上げた．また，健食懇では，機能性食品に関する勉強会を開催し，1987年に報告書をまとめた．その一方で，1987年8月に厚生省健康食品対策室(当時)は，「機能性食品の市場導入構想」を発表し，「体調調節機能性食品に関する研究対策」予算を成立させる．また農林水産省も，1987年10月に機能性食品に「栄養，嗜好，生理活性などの機能を付与した加工食品」という独自の定義を与え，機能性食品の開発を後押しするために，技術研究組合を設立することを公表した．

このような企業と関係省庁の動きに対し，厚生省薬務局(当時)は，「機能性食品は従来の食品の範囲を拡大して，医薬品領域の取り込みを策している」と捉えた[13]．そして，1987年9月，「無承認無許可医薬品監視指導マニュアル」

---

[12] その構成組織には，アサヒビールやキリンビール，サントリー，明治製菓，江崎グリコ，カルピス食品工業，ホーネンコーポレーション，日清製粉などがあった．

において，食薬区分上に「明らか食品」という概念をつくった．この改正において，食薬区分は，飲食物の剤型（形状）のみで判断されないこと，及び外観，形状などが明らかに食品と認識される物（以下，「明らか食品」）に関しては，食品とみなすとした．これにより，形状のみで医薬品として判断されることなく，また，「明らか食品」であれば，効能標示を行っても必ずしも薬事法に抵触するわけではないということになり，効能表示の可能性が開けた．最終的に，「機能性食品」を「特定保健用食品」という名称に変更し，トクホ制度が成立した．

この事例では，個別の食品製造業者と，健食懇，健康食品対策室，薬務局，農林水産省，栄養学者という多様な行為者が存在していた．イノベーションの正統化という視点から見た場合，以下のように捉えることができる（図4.3）．

個別の食品製造業者は，今日の特定保健用食品市場を形成するために，健食懇を形成した．健食懇と会員企業は，食品の三次機能による体調調整という学術研究に依拠することによって，交換的正統性と道徳的正統性を確保し，農水

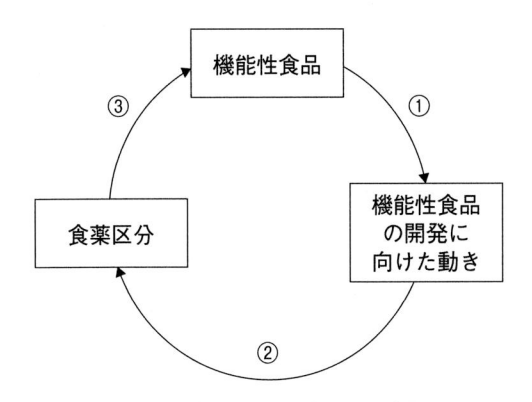

図 4.3　機能性食品制度の正統化

---

[13] 当時の日本大衆薬工業協会薬制薬効実務委員会副委員長は，当時の様子を振り返り，薬務局監視指導課が，上述の認識を持っていたと述べている（「食薬区分の問題点と現状」 http://www003.upp.so-net.ne.jp/nozu/division.html　最終確認日 2009 年 11 月 1 日）．

省と健康食品対策室の支持を獲得した(図中①).

この企業群と協力者たちは,機能性食品という概念に内実(認知的正統性)を与えるために,その開発に向けて,文部省の特定研究や健食懇による勉強会,市場導入構想の発表や研究対策予算の準備,技術組合の設立発表などを行う(図中②).その結果,薬務局は,食薬区分という認知的正統性が,機能性食品によって掘り崩されることを警戒し,「明らか食品」として,特定の食品に関して効能効果標示を許可するという対策を取った(図中③).これにより,機能性食品の具体的な形状が規定されると同時に,効能効果標示すること(認知的正統性)が可能になった.

4.4.3 イノベーション活動における正統化プロセス

4.4.2項の2つの事例では,前者は複線型人工内耳の技術的優劣が不明確であり,後者は機能性食品とは具体的にどのようなものかが不明確であった.イノベーションの初期段階において,このようなことは必ずしも特殊なことではない.開発された段階で,どのような利用法がありうるかが不明確である場合や,逆にコンセプトはあるが,それが具体的にどのようなものであるのかが不明確な場合などもある[14].

この不明確な状態を解消するプロセスの中で,両事例の正統化に向けた活動が行われたのであった.つまり,前者の場合,技術の優劣を判定する基準の認知的正統性が,「安全性」から「聞き取りやすさ」へと解消された.後者の場合,「食品の三次機能」から「機能性食品」へと変化し,その具体物として「明らか食品」へと解消された.

両事例の正統化に向けた活動から見えてくることは,次の4点である.

第1に,組織外部からの正統性をうまく結びつけることが,正統性を高める

---

[14] 例えば,インテルのマイクロプロセッサや家庭用パソコン,パソコン用 OS (Burgelman, 2002a)や,ホンダのシティ(Nonaka=Takeuchi, 1995;邦訳1996)などがある.

うえで重要になるという点である．人工内耳の事例では，製品の道徳的正統性（FDAによる評価）が，顧客に交換的正統性（購入する価値）を認識させた．それによって，製品機能の認知的正統性（顧客にとっての「聴き取りやすさ」）を生み出すとともに，製品の道徳的正統性（「聴き取りやすさ」についての医学界の評価）を強化したのである．

　トクホ制度の事例の場合，食品の交換的正統性（日常摂取する食品で健康を維持できる点で社会にとって有益である）と道徳的正統性（研究者による研究であり，文部省の特定研究にも採択されている）が，大手食品製造業者と農水省，健康食品対策室に交換的正統性（成長の見込みのある事業）の存在を認識させた．その後，認知的正統性（具体的な機能性食品の開発）を獲得しようとした．この時点で，機能性食品の具体例がどのようなものになるかは，何も決まっていなかった．しかし薬務局は，大手食品製造業者らの事業展開を，当時の食薬区分をなし崩しにするものと警戒し，「明らか食品」という概念をつくり出した．そして「明らか食品」に限り，効能効果標示を許可した．大手食品製造業者らは，この「明らか食品」に依拠し，認知的正統性（機能性食品の具体的な形状の例）を獲得した．

　第2に，正統化を必要とする場面に応じて，同じ正統性の要因でも有効に機能しない場合がある．人工内耳の事例の場合，複線型人工内耳の「聴き取りやすさ」という性能指標は，単線型人工内耳が持つ「安全性」という性能指標の元では，FDAと顧客に評価されるものではなかった．トクホ制度の事例の場合，従来の食薬区分は，大手食品製造業者に，食品の効能効果表示を諦めさせるために十分な正統性を発揮しなかった．

　第3に，同じ正統性の要因でも，異なる視点（自組織，顧客，競合企業，監督官庁など）に立てば，その正統性の意味が異なるという点である．人工内耳の事例では，FDAによる評価は，複線型内耳を開発したグループにとっては，手続き上の重要性だけでなく，FDAの評価が医学界の意見を反映するため，技術上の優劣に直接影響するものであった．他方，顧客にとってはFDAの評価が，購入する価値があるかどうかを示すものであった．

トクホ制度の事例の場合，第 4 の点とも関連するが，大手食品製造業者から見ると，栄養学者の研究に依拠し，機能性食品を開発することは，毎日摂取する食品を使って健康を維持するという社会的に有意義なことであった．加えて，適切な研究に基づいて研究開発を進めるということは，手順としても望ましいことであった．しかし，薬務局の視点からは，それが従来の食薬区分，すなわち食品は効能効果標示をしてはならないということの正統性を掘り崩すものと映り，効能効果標示が可能な食品を規定することで，従来の医薬品の領域を維持した．

第 4 に，自らの事業を正統化することは，他者の事業の正統性を掘り崩す場合がある．人工内耳の事例では，当初，顧客と FDA による評価は，製品の「安全性」という評価軸に依存しており，そのため，顧客と FDA は単線型人工内耳を高く評価せざるをえなかった．しかし，複線型人工内耳も「安全性」を獲得したことにより，顧客と FDA の「安全性」に対する依存度が下がり，複線型内耳を選ぶ余地が生まれた．

4.5 まとめ

本章では，イノベーションを事業化し推進していくために，組織外部の個人や組織を利用し，イノベーション活動を正統化する方法を学んだ．組織が保有する経営資源は有限であるため，資源配分は既存事業の改善か，イノベーション活動かのいずれに重点を置くのかを検討する必要がある．既存事業が既に顧客を抱え，収益を上げている状況の中では，イノベーション活動への資源配分は支持されにくい．そこでイノベーション活動を推進するためには，正統性を獲得し，支持者を集めることが重要になる．

イノベーション活動を進めるには，トップマネジメントの支持(指示でもある)が強力な正統性を持つことは言うに及ばない．しかし本章では，現場からのイノベーションということを考慮した．とりわけ，イノベーションプロセスの初期段階でのイノベーション活動は，経営資源(人材・予算・開発設備・生

産設備など)に乏しく,場合によっては,秘密裏にスタートすることもある.そのような場合,推進者の意欲が萎えてしまえば,イノベーション活動が日の目を見ずに頓挫することもある.そのため,イノベーション活動への協力者をつくり出すことが重要なのである.

　本章で述べた,資源依存度を利用する正統性の確保は,自らに経営資源がある場合,相手先への依存度を弱めることができるが,経営資源を保有しない場合,相手先からの依存度をつくり上げることが重要となる.その際の資源とは,必ずしも物理的・金銭的なものだけではなく,組織の理念,カリスマ,認証・認定などの道徳的正統性から,相手先が扱う課題に貢献するといった認知的なものまである.とりわけ,自らが多くの経営資源を保有しない場合,組織外部の潜在的な協力者から正統性を獲得し,それらを組織内部の正統化に用いることが重要となる.

演習問題

1. イノベーション活動への資源配分をめぐるコンフリクトには，どのようなものがあり，なぜ意見対立が生じるかを考えよ(例えば，○○部門は■■を重視する一方で，△△部門は◆◆を重視するため，コンフリクトを起こす)．
2. 既存事業の改善と，イノベーション活動がコンフリクトを起こす場合，既存事業が支持される傾向が高い．組織，組織環境(特に顧客)，戦略の3つの視点から，箇条書きで理由を整理せよ．
3. イノベーション活動を正統化するためには，資源依存関係を利用する方法がある．どのように利用できるか，具体例を用い説明せよ．
4. イノベーション活動を正統化するためには，自社だけでなく，自社以外の人や組織を利用することが重要になる．その理由を考えよ．

引用文献

1) Suchman, C. M.(1995). "Managing Legitimacy: Strategic and Institutional Approaches," *Academy of Management Review*, Vol.20, No.3, p.574.

参考文献

邦文

井上祐輔(2010)「飲食物をめぐる実践の生産と再生産―相互参照によって構成されるディレンマとレバレッジ―」『経営研究』，第61巻第1号，大阪市立大学経営学会，pp.93-113.

高橋勅徳(2007)「リーダーシップとしての企業家―企業家研究における信用と正統性，戦略的行為―」『彦根論叢』，367号，滋賀大学経済学会，pp.55-73.

武石彰・青島矢一・軽部大(2008)「イノベーションの理由：大河内賞受賞事例にみる革新への資源動員の正統化」『組織科学』，Vol.42-1，組織学会，pp.4-14.

英文

Burgelman, R. A. (2002a). *Strategy Is Destiny : How Strategy Making Shapes Company's Future*,

New York, Free Press(石橋善一郎・宇田理訳(2006)『インテルの戦略』ダイヤモンド社).

Burgelman, R. A. (2002b). "Strategy as Vector and the inertia of Co-evolutionary Lock-in," *Administrative Science Quarterly*, Vol.47, pp.325-357.

Christensen, C. M. (1996). *The Inovator's Dilemma: When New Technologies Cause Great Firms to Fall*, Boston, Mass Havard Business School Press(伊豆原弓訳(2000)『イノベーションのジレンマ—技術革新が巨大企業を滅ぼすとき—』翔泳社).

Garud, R., and M. A. Rappa(1994). "A Socio-cognitive model of technology evolution: The case of cochlear implants," *Organization Science*, Vol.5, No.3, pp.344-362.

Hannan, M. T., and J. Freeman(1977). "The Population Ecology of Organizations," *American Journal of Sociology*, Vol.82, pp.929-964.

Hannan, M. T., and J. Freeman(1984). "Structural Inertia and Organizational Change," *American Journal of Sociology*, Vol.49, pp.149-164.

Nonaka, I., and H. Takeuchi(1995). *The Knowledge-Creating Company: How Japanese Companies Create the Dynamics of Innovation*, Oxford University Press(梅本勝博訳(1996)『知識創造企業』東洋経済新報社).

Pfeffer, J. F., and G. R. Salancik(1978). *The External Control of Organizations*, Harper & Row.

Stinchcombe, A. S. (1965). "Social Structure and Organizations," In March, J. G., (ed.), *Handbook of Organizations*, Rand McNally, pp.153-193.

Suchman, C. M. (1995). "Managing Legitimacy: Strategic and Institutional Approaches," *Academy of Management Review*, Vol.20, No.3, pp.571-610.

Tushman, M. L., and E. Romanelli(1985). "Organizational Evolution: A Metamorphosis of Convergense and Reorientation," In Staw, B. M. and L. L. Commings, (eds.), *Research in Organizational Behavior*, Vol.7, JAI Press, pp.171-222.

Van de ven, A. H., and R. Garud(1994). "The Coevolution of Technical and Institutional Events in the Development of an Innovation," in Baum, J. A. C., Singh, J. (eds.,) *Evolutionary Dynamics of Organizations Oxford University Press*, pp.425-443.

Web

野津隆司「食薬区分の問題点と現状」

http://www003.upp.so-net.ne.jp/nozu/division.html(最終確認日 2009 年 11 月 1 日)

第5章

イノベーションを誘導するコミュニティ

学習目標

イノベーションは多文化で多様なコミュニティ内もしくはコミュニティ間の活動によって創起される．本章ではこれらのコミュニティを形成するイノベーションネットワークを4つに類型化し，その特徴を学ぶ．また，そのコミュニティの中でイノベーションが起こる過程を，アイデアから新商品や新サービスへ変換するプロセスとして学ぶ．

1. イノベーションプロセスを形成する2つの変換，つまり翻訳について学ぶ．
2. イノベーションにおけるデジタル情報技術の役割について学ぶ．
3. イノベーションネットワークの4つの類型とその特徴について学ぶ．

(注) 本章のコラムと脚注は，必要に応じて翻訳者が記述したものである．

5.1 イノベーションネットワークの社会的側面と技術的側面

　グローバルな企業間競争がますます激しくなる中，企業は持続的にイノベーションを起こして，つまり新製品や新サービスをつくり出して，それを消費者に提供し続ける必要がある．それを可能とするためには，構成員の持つ多様な知識の源泉を把握し，それを動員かつ統合して活用することが肝要である．しかし，イノベーションを起こすために必要な知識の源泉が，単一の企業の中だけに存在するとは限らない．必要な知識の源泉が外部の企業や個人に存在することも多い．ゆえに，複数の企業や組織が共同で知識の源泉を共有し，それを発展させていくネットワークを構築する必要がある．

　このようなネットワーク，つまりイノベーションネットワークを構築し，イノベーションを成功させるためには，次の3点が重要である．

　① 誰がイノベーションに必要な知識を持っているのかを認識すること．
　② 必要な知識を上手に使いこなすにはどうすればよいのかを知ること．
　③ さまざまなアクタ（行為者）が集まることによって生み出される知識の多様性にいかに対処するのかを知ること．

　関係する組織は，イノベーションネットワークを形成していく過程で，ネットワーク内での知識の共有を促進し，加速させるためにデジタル情報技術を活用する．また，組織は，デジタル情報技術の活用によって，知識の共有や考え方の違いを埋めるために必要なコストを削減することも望んでいる（Boland=Tenaksi, 1995）．

　本章では，イノベーションを可能にする組織の社会―技術的ネットワークをイノベーションネットワークという概念で表現する．イノベーションネットワークに参加する組織は，さまざまなデジタル情報技術によって結びつけられ，支えられている．デジタル情報技術はネットワークに参加するメンバーを結びつけ，そして情報インフラの最も基本的な層として機能する．つまり，デジタル情報技術はユーザコミュニティ間で共有され，展開され，異質にもなりえる，ITケーパビリティを支えるベースであり，それはオープンもしくは

5.1 イノベーションネットワークの社会的側面と技術的側面

標準化されたインターフェイスによって支えられている(Hanseth=Lyytinen, 2004).

しかし，インターフェースが共通化されている一方で，イノベーションネットワークを支える情報インフラが，単一の技術を基にしていることはほとんどない．なぜなら，各々の組織は，組織の目的に従って，情報技術を採用・構築する．そのため，イノベーションネットワーク内の情報インフラは，各社各様のまったく異なる技術の複合体となっていることがほとんどである．ゆえに，イノベーションネットワークのデジタル情報技術は，参加するさまざまなコミュニティにとって，初めて遭遇する情報技術であることも多い．そして，そのようなデジタル情報技術の利用は，全てのコミュニティにとって予期せぬ弊害を生み出す一方で，新しい活動力をもたらす．

これまでの研究では，ネットワークというレンズを通してイノベーションを見る場合，単一企業内で起こる集中的(または集権的)イノベーションの普及過程に焦点を当ててきた．これは，イノベーションを成功させる組織内での知識の共有や学習のモデル化に注目してきたため，ネットワークの社会的な側面のみに焦点を当ててきたことを意味している．一方で，デジタル情報インフラが，どのようにして社会的ネットワークの構造と相互作用するのか，そして，その相互作用がどのようにイノベーションを創起させていくのかということに関しては，ほとんど注目されてこなかった．

本章では，イノベーションを，アイデアが設計図などの図面や書類となり，具体的な新商品やサービスに具現化されていく連続的な過程として捉える．イノベーションには，アイデアを設計図などに変化させる，設計図などを具体的な新商品やサービスとして実現させる，などの行為が存在する．これらの行為を本章では翻訳(translation)と呼ぶ．

5.2節では，詳しい解説と，具体的な例を用いて，翻訳の理解を深める．イノベーションにおける翻訳は，認知的翻訳と社会的翻訳の2つに大別できる．それらの翻訳は，デジタル情報技術を含むさまざまな人工物(artifact)が支えている．

5.3節では，イノベーションを起こすコミュニティに注目する．イノベーションを起こすコミュニティは，調整と統制の分散性と，知識の源泉の多様性によって分類できる．この2つの視点を軸に，イノベーションを起こすコミュニティを4つに類型化する．

5.2 イノベーションネットワーク

本節では，まずイノベーションプロセスにおける2種類の翻訳に注目する．そして，そのイノベーションプロセスにおけるデジタル情報技術の活用について見ていく．

5.2.1 イノベーションプロセスにおける翻訳

イノベーションは認知的[1]なものであると同時に，社会的なものである．個人が，新しいアイデアをこれまでにはない商品やサービスに翻訳するプロセスは認知的なものである(Altshuller, 1984 ; Simon, 1996). このような新しいアイデアをモノやサービスにする翻訳を認知的翻訳と呼ぶ．この翻訳の中でイノベータは，他者に自分の考えを伝えるために，さまざまな道具や人工物を使用する．

同時に，イノベーションは社会的なものである．アイデアの翻訳は，さまざまな人工物を含む分散認知[2]を通じてなされる(Hutchins, 1995). つまり，多くの個人が参加し，共同で1つのアイデアを商品へとつくり上げていく．このような翻訳は，コミュニティの境界上で起こる．コミュニティの境界上で

---

[1] 認知的とは物理的・肉体的なものを伴わない，知能・知識に関する働きである．すなわち，知覚・記憶・推論・問題解決といった人間の頭脳に関する活動を総称する．
[2] 分散認知とは，行為や活動のもととなる知覚や思考の機能が，個人の頭の中で完結するのではなく，個人とその埋め込まれた状況に分散的に存在するものであることを指す概念である．個人とその埋め込まれた状況とは，個人の行為や活動をするにあたって，ともに目的を達成する人工物や他者を意味している．

は，それぞれ個々のアクタ[3]が他のアクタと交渉し，互いの考えを合致させようとする．このような意見交換の行われるコミュニティの境界上を「トレーディングゾーン（trading zone）」(Kellogg et al., 2006)と呼ぶ．このようなコミュニティの境界上で意見をすり合わせていく過程を，社会的翻訳と呼ぶ．

　認知的翻訳が，相対的にまっすぐに進む一方で，社会的翻訳は，他のアクタの影響で進んでは戻り，また進むものである．社会的翻訳という行為は，これまではなかった新たな人，コミュニティ，視点などの連結を生み出す．連結の形としては「補完的な連結」，「弁証法的な連結」，「対話的な連結」がある．

　「補完的な連結」とは，コミュニティや人が，以前にはつながりのなかったコミュニティや人と結びつくことであり，これがイノベーションを促進する．「弁証法的な連結」は，以前には考えつかなかったまったく異なる視点を結びつけ，統合することである(Carlile, 2002)．弁証法的な連結において生じるイノベーションは劇的で不連続なものとなる．最後に，「対話的な連結」は，さまざまな知識の源泉を持つアクタが，お互いに異なる視点を持ち寄って行う対話と，そこから生まれる連結こそがイノベーションの源泉となることを指している．

　以上のように，認知的翻訳と社会的翻訳は，概念上区別されるものであるが，それらは強く相互作用している．認知的翻訳は社会的翻訳を制約するとともに，認知的翻訳は社会的翻訳によっても制約される．なぜなら，認知的翻訳のプロセスの背後にある認知的スキーマやメンタルモデルは社会的に構築されたものである(Barley=Tolbert, 1997)．つまり，認知的スキーマ[4]やメンタルモデル[5]を使用してアイデアを図面や設計図などに翻訳するということは，

---

[3] 本章では，アクタを第3章でのアクタとは異なる意味で使用している．第3章でのアクタは人や人工物など，行為に参加する全てのものをアクタとしている．しかし本章では，人工物と人は異なるものと認識する．なぜなら，本章では認知的翻訳や社会的翻訳に注目することでイノベーションプロセスを捉えているが，これには反省的実践が大きな役割を果たしているからである．そして筆者は，人工物は人とは違い，反省的に実践を行わないと考えている．

既に社会的なものでもあるといえる.

　例えば,建設プロジェクトにおいては,建築図面の中に表現された建築家のアイデアは,後に技術図面に変換される.このプロセスにおいて,技術者は,単に建築図面から技術図面へと書き換えるだけではなく,技術者自身の視点をつけ加え,図面という人工物の中に埋め込まれる知識を深化させ,拡張する.このような変換は認知的翻訳である.請負や下請け,建設会社の労働者が,技術図面を現場での図面,そして材料,最後には建築物へと変換する過程の中でも,同様の認知的翻訳は起こっている.しかし,建築物へと変換していく過程は認知的翻訳だけで終わらない.この過程ではさまざまなアクタが意見を出し合い,すり合わせていく,つまり社会的翻訳も同時に行われている.この一連の翻訳において,認知的翻訳と社会的翻訳は相互作用し,イノベーションプロセスは進行するのである.

　このような2種類の翻訳はデジタル情報技術によって媒介される.多様な意思決定支援ツールや設計支援ツール(例:CAD)は,もともと認知的翻訳を支援するために設計された.同様に,クラウドツールやネットワークドライブ,そしてコミュニケーションツール(例:e-mail)のようなものは,社会的翻訳を媒介し促進するためにつくられた.これまで,これら認知的翻訳を促進するツールと社会的翻訳を促進するツールは異なるものとして扱われてきた.しかし,建設プロジェクトでの例のように,認知的翻訳と社会的翻訳は強く結びついている.ゆえに,これらの翻訳を支援するデジタル情報技術も,この社会的翻訳と認知的翻訳という両方の側面から理解する必要がある.

　本項では,個人によってなされる認知的翻訳とコミュニティの境界上で行わ

---

[4]　認知的スキーマとは,人がある状況の中で,その状況を理解し,問題解決や意思決定を行う際に使用する一塊の知識である.このような一塊の知識は過去の経験からつくり出される.

[5]　メンタルモデルはさまざまな分野ごとに,少し異なる意味で使用されているが,共通するところとしては,人が思考する際に使用する概念間の関係性を図式化したものを指す.詳細はJohnson-Laird(1983)やSenge(1990)を参照.

れる社会的翻訳を見てきた．これらは個人的なものと社会的なものとに分けて考えることもできるが，互いに強く影響し合っているため，同時に捉えていかなければならない．

そして，これらの翻訳を支援するのがデジタル情報技術である．これはコミュニティ内，あるいはコミュニティ間のコミュニケーションやアイデアの共有，新たなアイデアの創造を媒介する．デジタル情報技術は認知的翻訳，社会的翻訳の両方を支援するものであるため，このような翻訳の二元性を反映していなければならない．二元性を備えた技術的なツールはイノベーションネットワークの中で，これまでとは異なる形や方法によってイノベーションを促進する．そして，このような技術を利用することで，異なるところに知識の源泉を持つ多様なアクタが，共同してイノベーションを起こすことが可能となる．

5.2.2　イノベーションネットワークにおけるデジタル化

現在のデジタル情報技術の発展は，イノベーションを起こす道筋に変化をもたらしている．LinuxやApacheのようなオープンソースソフトウェアのプロジェクトを実行するイノベーションネットワークは，中央集中的なものではなく，権限を持たない自発的なプログラマーによって構成されたものである．そして，これらのプロジェクトを実行したイノベーションネットワークは，信頼性の高い，頑強なソフトウェアをつくり出すことに成功している．インターネットサーバの多くは，これらの技術によって占められている．さらに注目すべきことは，ソフトウェアの多くの部分が分散的に存在するボランティアによってデザインされ，維持されているという事実である．このような分散的な性質を持つイノベーションネットワークによる成功は，ソフトウェア開発の領域だけではない．

多くの組織は，ユーザイノベーション[6]を導き出す方法を懸命に探している（von Hippel, 2005）．そして，そのような企業の多くは，慣習的なトップダウンでのイノベーションモデルから離れ，新しい協働の形態や共同開発の方法を探している．デジタル情報技術の発展は，このような分散しているアクタに

よって構成されるイノベーションネットワークにおいて必要となる調整と統制にかかるコストの削減を可能にする．ここで重要なことは，イノベーションネットワーク上において分散しているアクタ間の調整と統制をいかに管理するのかということである．

　分散的なイノベーションネットワークへの注目が高まる一方で，デジタル情報技術のもう一側面であるデジタルコンバージェンス[7](Lyytinen=Yoo, 2002)はあまり認識されてこなかった．デジタル情報技術は多様なアナログ情報を画一的なデジタル形式に変換することを可能にする．画一的なものに変換することで，以前には関係づけられていなかったさまざまな情報を，一塊の情報として，簡単に操作，結合することができるようになる．いわゆる，「トリプルプレイ(ブロードバンドインターネット，電話，TVの結合)」や「クアドルプルプレイ(上記に加えて，モバイルインターネット)」は，その一例である．

　デジタルコンバージェンスの影響は，デジタルコンテンツだけにとどまるものではない．例えば，ナイキとアップルはランニングシューズを共同で開発した．これはアップルのiPodをナイキのランニングシューズに結びつけたものである．このようなナイキとアップルの共同は，RFID(Radio Frequency IDentification)技術によって可能となった．ユーザは，無線機能を備えたRFIDチップを持つApple Nike + iPod Sensorをランニングシューズに取りつけることで，アナログ情報であるトレーニング情報をデジタル化すること

---

[6] ユーザイノベーションとは，製品やサービスの使い手であるユーザ，その中でもリードユーザが起こすイノベーションである．リードユーザは自身のニーズを解決するために商品に小さな改変，あるいは開発を行い，使用する．これがイノベーションへとつながる．なぜなら，リードユーザの現在のニーズは，その他のユーザの未来のニーズとなることが多いからである．この場合のユーザには，一般消費者だけでなく企業などの組織も含まれる．

[7] デジタルコンバージェンスとは，コンピュータと家電，放送と通信などの境界を形成していたアナログ技術の異質性がデジタル技術によって共通化し，それぞれ単独で成り立っていた産業の垣根が崩れ，異なる産業間の融合によって，再び，新しい産業へと収斂(convergence)していく過程を意味している(松田，2005)．

が可能となる．デジタル化した情報は，ブルートゥース（Bluetooth）を介してiPodへ送られる．ユーザは帰宅すると，iPodを通じて得たデジタル化されたトレーニング情報をウェブサイトにアップロードすることができる．

　また，デジタルカメラや携帯電話におけるGPSチップの利用は，地図の位置座標というデジタル情報と物理的な建造物というアナログ情報を結びつけ，以前にはなかった経験をつくり出している．AEC（Architecture, Engineering and Construction Industry）においても同様で，デジタル情報技術は図面を描くことに利用されるだけではなく，コストやリスク，時間のようなプロジェクト管理の面でも利用されている．つまり，デジタル情報技術が，以前には結びついていなかったものを結びつけ，これまでとは異なるイノベーションネットワークをつくり出しているのである．したがって，ここで重要なことは，どのようにして，それぞれの組織が独自な知識の源泉とツールを管理し，情報インフラを拡張するか，ということである（March et al., 2000）．

　本項では，デジタル情報技術を利用することで，これまでは連結されることのなかったさまざまなアナログ情報が1つのデジタル情報として総合的に使用されることを確認した．このような総合はさまざまな分野で起こっているデジタルコンバージェンスと呼ばれるものである．デジタルコンバージェンスを促進することで，新たなイノベーションを起こすだけではなく，イノベーションネットワークをこれまでとは異なる方法で，より効率的に運営することが可能となる．結果として，多様な知識の源泉を持ち，経験を持ったアクタがコミュニティの中で効率的に，そして効果的に活動すること，ひいてはイノベーションを起こすことが可能となる．

　一方で，イノベーションネットワークは，これまでのようにトップダウンで管理されるだけのものではないことも確認した．なぜなら，イノベーションネットワークの中には調整と統制を分散化しているものもあるからである．調整と統制を分散化することで，組織はイノベーションを，これまでとは異なる形で推進することができるとともに，コストの削減も可能となるのである．

5.3 イノベーションネットワークの4タイプ

前節で検討したイノベーションを誘導する2つの導因について，コミュニティにおける調整と統制の分散性を横軸に，コミュニティの知識の源泉の多様性を縦軸にすることで，イノベーションネットワークを図5.1に示すように4つに分類することができる．横軸は，ネットワーク内のさまざまなアクタに対して，調整と統制がどの程度分散化されているかの視点から捉える．一方の極は，完全な集中的統制である．例としては，一企業内におけるトップダウンによるイノベーションがあげられる．他方の極には，完全に分散化した統制と調整がある．これは，オープンソースコミュニティや共同事業を推進する緩やかに連結された業界団体があげられる（例えば，燃料電池を開発するグループ）．

縦軸は，知識の源泉の多様性である．一方の極は，同質な技術プラットフォームを利用するコミュニティであり，他方は多様な技術やツールを利用するコミュニティである．これらの2つの軸を用いることで，イノベーションネットワークは4つに類型化される．

5.3.1 タイプA：集中的イノベーション（singular innovation）

このタイプのイノベーションネットワークの中では，認知的・社会的翻訳が中央集中的に起こる．また，このイノベーションネットワークは，同一の知識

		調整と統制の分散性	
		中央集中的	分散的
知識の源泉の多様性	同質的	〈タイプA〉 集中的 イノベーション	〈タイプB〉 オープンソース イノベーション
	異質的	〈タイプC〉 コミュニティ横断的 イノベーション	〈タイプD〉 分散的かつ異質な イノベーション ネットワーク

図5.1 イノベーションコミュニティの4類型

の源泉に支えられている．TQM や ISO 9000 活動のように，組織内やコミュニティ内で行われる日々の努力に支えられたプロセスイノベーションなどがこれに該当する．これらのプロセスイノベーションは，単一のビジョンによって突き動かされ，また，共通のツールによって支えられている．このイノベーションネットワークの中では，人々は考え方を共有し，また同じ用語や概念を使う．そのため，このイノベーションネットワークで起こる社会的翻訳は，他のタイプのイノベーションネットワークと比べると問題が起こりにくい．そして認知的翻訳における技術的ツールの役割が強調される．

コラム 1　経験を共有するメンバーの動員による集中的な世界戦略車開発事例

権限が集中的であり，知識の源泉が同質的なもの，つまりタイプＡのイノベーションネットワークの具体的な例は，自動車メーカの開発プロジェクトの中に見ることができる．次に見るプリメーラは，1986 年に日産自動車が世界戦略車として開発を始めた自動車である．

「ヨーロッパ市場に総攻撃をかけるためには，欧州自動車市場，クルマ文化，道路事情についての暗黙知と形式知を獲得しなければならない．日産にはその認識があった．したがって，ヨーロッパの経験を持つ社員を集めてチームを作ることは，当然の策であった．8 名の日本人マネジャーが津田のもとに集められた．全員がヨーロッパで働いた経験があり，彼らを待ち受ける挑戦についての暗黙知を共有していた．とりわけ，それまでの日本車は欧州に適合していない，という思いがあった」[1]

プリメーラの開発は，津田氏を主管（自動車の企画から設計デザイン，車両実験，生産，マーケティングまで，自動車の新開発に関するあらゆる職務を管理する職）とする中央集中的な開発チームによって進められた．また，ヨーロッパ市場をターゲットにした日産自動車の世界戦略を成功させるために，この開発チームは，過去にヨーロッパ勤務の経験があるメンバーによって構成された．つまり，開発チームは，ヨーロッパの自動車市場やクルマ文化，道路事情について，同じ用語や概念を使用することによって，考え方の共有化を円滑にするイノベーションネットワークであったといえる．

5.3.2 タイプB：オープンソースイノベーション(open source innovation)

　このタイプのイノベーションネットワークの例は，オープンソースコミュニティである．各アクタは中央集中的な統制下にはない．ネットワークに参加するアクタは自分たちの興味・関心や，自主性に基づいて行動する．こうしたアクタは，相対的に単一のデジタル情報技術プラットフォームで作業する．それぞれのアクタは，イノベーションの異なる部分に貢献しているため，オープンソースイノベーションのネットワークにおける社会的翻訳は，補完的なつながりを基にする傾向がある．このイノベーションネットワークによって引き起こされるイノベーションは，他のタイプと比較すると，経済的な効率がよい．

コラム2　開かれたコミュニティでのOSの開発事例

　Linuxはパソコンだけではなく，携帯電話やスーパーコンピュータにまで幅広く使用されているオペレーティングシステム(OS: Operating System)である．このオペレーティングシステムの開発とイノベーションは，リーナス・トーバルズという一人の青年から始まった．しかし，その成功は彼一人に還元できるものではない．LinuxはタイプBのコミュニティによってなされたイノベーションである．

　「コンピュータ・オペレーティング・システムであるリナックス(Linux)は，しばしば＜リナックス・コミュニティー＞と呼ばれる，自発的なプログラマーのネットワークによってその多くが開発された．これは，＜サイバー＞もしくはバーチャル組織の数少ない真の事例の1つである．リーナス・トーバルズ(Linus Torvalds)が，DOS(Disk Operating System)およびウィンドウズの独占に対抗する無料のオペレーティング・システムの開発を初めて示唆したのは1991年であったが，すぐに一群の自発的なプログラマーのサポートを引き寄せた．『これらの100人のパート・タイムのユーザから非常に重要なフィードバックが得られました．彼らは，私とは違ったやり方でそれを使い，私が見つけられなかったようなバグを見つけ，しばらくするとその修正や改善策を私に送り始めました』．そうしてリナックスは，1991年の1万行のコードから，1998年までには150万行のコードに成長した．その開発は，インターネットとその後のウ

ェブ形式の共同作業の成長と同時期のことであり，それらを十分に活用しながら行われた．ソース・コードをすべての潜在的な開発者に提供することによって，継続的な漸進的イノベーションが促進され，密接で時には区別がつかない開発者とユーザのグループは，開発とデバッギングを並列して推進した」[2]

　このケースでは，多くの自発的なプログラマーが Linux という OS の開発に参加している．彼らは自発的に開発に参加しているのであり，開発には参加せずユーザのままでいることも可能であった．また，彼らは，プログラミングに関する言語やルール，そして開発環境に関する情報などを共有しているという点で同質的な知識の源泉を持っていた．一方で，同書の中では，このネットワークの弱点として開発における枝分かれがあげられている．これは開発が分散化していることに由来している．

5.3.3　タイプC：コミュニティ横断的イノベーション(internal market innovation)

　このタイプのイノベーションネットワークは，個々人が，中央集中的なコントロール下におかれている．それはしばしば，単一のヒエラルキーに組み込まれている．しかし，単一のヒエラルキーに組み込まれながらも，その中には部門や課，あるいは事業部などのように，より小さなコミュニティ，つまり知識コミュニティが存在している．このような小さなコミュニティは外部のコミュニティと公式あるいは非公式につながっている．コミュニティ内のメンバーは，彼らの知識や専門性の基となる外部の専門的な組織と強力に結びつき，彼ら自身の持つ独自性や知識の源泉を維持し続けている．一方で，コミュニティ内では，ほとんど知識が共有されていない．

　このようにイノベーションネットワークとしては，統合的なソリューションやサービスを提供しようとする，多くの部署を持つ大企業があげられる (Sawhney et al., 2004)．例えば，IBMは，「ITサービス」を行う企業になるために，劇的な組織構造の変革を行った．新しい体制のもとでは，コンサルティング部門を通して始まる顧客との対話は，IBM内の，ソフトウェアやハー

ドウェア，テレコミュニケーションやデザイン，研究といった他の部門も連携し，顧客へのソリューションを提供するという形をとる．多くのコンサルティング企業も同じような挑戦を行っている．ABB や Parker Hannifin and Rockwell Automation といった古くからある企業は，各部門に寄せられる顧客の要求を別々の問題として扱うのではなく，統合したソリューションとして提供するということに挑戦している．これらの企業は，異なる分野に注力してきた企業を合併・買収することで成長してきたが，これまではお互いが協力するということはなかった．しかし，顧客に統合的なソリューションを提供するために，これらの部門間でばらばらにある知識をまとめ上げる方法を見つけ出さなければならない．

　これらのコミュニティや部門においてなされる社会的翻訳は，異なる知識の源泉を持つ個々人が１つのコミュニティとして共同するため，弁証法的な連結となる．さらに，このイノベーションネットワークはさまざまな形態のデジタル技術を個々人が持ち寄って形成される．したがって，認知的翻訳を支援する技術が，アクタによっては，使い慣れたものではない場合もある．そのような場合には，個々人の認知的翻訳は問題を引き起こすことがある．

コラム３　異なる知識の源泉を持つコミュニティの連携による製品開発事例

　シスコは積極的に企業買収を行うことで成長してきた企業である．中心的な事業としてはルーターやスイッチなどのネットワーク機器の製造販売があげられるが，それらを使用したソリューションも提供している．このようなシスコのソリューションビジネスは，タイプＣのイノベーションネットワークによってなされている．

　「顧客サービスと商取引のインターネットの世界へのシフトが急速に進む中，犯罪者も個人情報の盗難や詐欺の機会をねらうようになっている．（中略）あらゆる企業がセキュリティ投資を強化している．（中略）この市場におけるシスコの主な優位性は同社の位置だ．つまり，セキュリティ製品を置くべき場所は，攻撃を一番初めに受ける場所であ

り，それは常にネットワークということだ．シスコの製品が世界中の多数のネットワークの基盤であり，セキュリティ機能はネットワーク上に置くことが理想である以上，シスコが可能な限り迅速にセキュリティ機器を投入していくことを市場が期待するのは当然だ．製品対製品の機能比較では他社がシスコを上回っている場合もあるが，シスコは統合ソリューションを提供できる立場にある．セキュリティ分野においては，これはきわめて重要なポイントだ．

　ここに見られるベスト・プラクティスをシスコは『製品からシステムへの進化』と呼んでいる．システムは長期的に他のシステムと統合されてより高位のシステムを作り出すための製品になる」[3)]

　シスコは合併買収によって多くの出自の異なる社員を組織に迎え入れてきた．つまり知識の源はネットワーク機器の技術に基づくものだけではなく，それらの機器を司るオペレーティングシステムや，データセンターの仮想化技術などに基づくものなど多様である．しかし，これらの商品やサービスが，事業部ごとにばらばらに市場に供給されているわけではない．上記のセキュリティソリューションに関する例のように，自社内にある資源を統合的に1つのソリューションとして提供することを目指している．それをシスコでは「製品からシステムへの進化」と呼んでいるのである．

5.3.4　タイプD：分散的かつ異質なイノベーションネットワーク（doubly distributed innovation network）

　属する個人の組織統率が分散的であり，そして高度に異質な知識を持った諸個人によって形成されるイノベーションネットワークは，最も複雑なコミュニティである．本章ではそのようなネットワークを分散的かつ異質なイノベーションネットワークと呼ぶ．プロジェクトチームなどのコミュニティはこのタイプのイノベーションネットワークに当てはまる．例えば，AEC Industry の建築プロジェクトがあげられる．建築プロジェクトにおいては，参加する小規模企業やアクタによって異なる知識の源泉やツールが使用される．それらのアクタや企業は，イノベーションに対して独自の論理と軌道を持っており，プロジェクトには共同で参加する一方で，自身の発展に関しては独自の論理や軌道に

従う．しかし，これらの軌道はたびたび互いの未来に影響を与えながら交錯する．

　同じタイプのイノベーションネットワークはモバイルサービスのような，変化の激しい，新しい技術市場においても見られる（Yoo et al., 2005）．変化の激しい市場においては，以前には結びついていなかったアクタが，新しいサービスの構築や，新しい事業のアレンジを行うために，それぞれ視点や技術フレームを持ち寄る．科学者のコミュニティも，このタイプのイノベーションネットワークに当てはまる（Galison, 1997）．

　ここでの鍵となる課題は，しばしばぶつかり合うこともある利害を持ったさまざまなイノベータを，1つのコミュニティとして動員する必要があるということである．結果，さまざまな知識の源泉が投入され，それらが競い合うことになる（Carlile, 2002）．

　このタイプのイノベーションネットワークでは，認知的翻訳，社会的翻訳ともに問題となりやすい．なぜなら，コミュニティを構成するアクタが高度に異質であり，技術的ツールが競合しているからである．このタイプのイノベーションネットワークにおける認知的翻訳は，Cタイプの事例と同様，自身の使い慣れた技術的ツールとは異なるツールで行う必要に迫られることがあるため，それが困難となることがある．一方，社会的翻訳は対話的な連結を基にする．対話は，支配的枠組みが出現し，それによって正当化されるまで続くこととなる．しかし，新しい技術的枠組みが出現した後でさえ，各アクタが独自にユニークな視点やアイデアを追求し続けるので，対話が途絶えることはない．

コラム4　2つの独立した組織の連携による製品開発事例

　セブン-イレブンと日清食品が共同開発したカップ麺「名店仕込みシリーズ」はタイプDに類似するイノベーションネットワークによってなされたイノベーションである．「『名店仕込みシリーズ』は2000年4月に最初に導入されたカップ麺で有名ラーメ

ン店のメニューを再現したものである．発売後1年半で約3000万食を販売するヒット商品となった．その試みが成功し，現在『名店仕込みシリーズ』としてシリーズ化されている．このシリーズは，セブン-イレブンのみで販売が続けられているものであるが，他方で，このシリーズの成功後，日清食品は同種の商品を全販路向けに開発して展開している．

『名店仕込みシリーズ』の開発に当たり，セブン-イレブンでは，消費者のカップ麺に対する関心が，それまでの特定の『地域』に根ざした味から特定の『店』の味に移行するのではないかと仮説を立てた．(中略)

そこで『名店仕込みシリーズ』を商品化する企画が立ち上がるのだが，その対象が『名店』であるがゆえに商品化には相当の技術力が必要となる．『開発力のあるメーカーでなければ，名店の味を正確に再現するのは難しい』，そう考えたセブン-イレブンはカップ麺トップメーカーの日清食品を第一候補とした．

しかし日清食品は当時，小売業との共同開発は一切やらない企業として知られていた．そうした状況でセブン-イレブンが日清食品を口説く要素が1つあった．それは，セブン-イレブンのPOSデータを見ると，特定地域の味を訴求するご当地シリーズの売れ行きにおされ，日清食品の主力商品『カップヌードル』の売れ行きが落ちていたことであった．そこでセブン-イレブンは専用商品の開発を受け入れてくれれば，開発された商品に対して店頭販売に関する経営資源を優先的にさくことを日清食品に約束した」[4]

このケースでは，セブン-イレブンのカップ麺に関する仮説，店頭販売に関するノウハウ，そして日清食品が持つ開発に関するノウハウが持ち寄られ「名店仕込みシリーズ」が開発されたことがわかる．つまり，多様な知識の源泉が活用されたのである．一方で，このカップ麺の開発はどちらかが権限を持ち，他方がそれに従うという形で行われたものではない．互いが自身の強みと弱みを理解したうえで分散的に共同することで開発が行われている．

5.4 まとめ

　本章では，第一に，イノベーションが個人によってなされる認知的翻訳と，コミュニティの境界上でなされる社会的翻訳からなる過程であることを学習した．これらの翻訳はデジタル情報技術に依存している．そのため，デジタル情報技術を利用したツール，つまりデジタルツールをつくり，導入する際には，認知的翻訳と社会的翻訳という，イノベーションプロセスにおける変換過程の二元性を考慮に入れる必要がある．

　第二に，イノベーションネットワークの4類型を確認した．一方の軸はイノベーションネットワークの中で統制と調整がどの程度分散しているかを見る．もう一方の軸はイノベーションネットワークに参加するアクタの知識の源泉や経験の相違の程度を見る．これらを2軸としてイノベーションネットワークを分類することで，これまでは同時に見ることのできなかったイノベーションを起こすコミュニティの集中性・分散性，つまり権限の社会的側面と知識の源泉の相違の側面を同時に把握することが可能になる．これによって，イノベーションを起こすコミュニティの特徴を明らかにし，またコミュニティづくりの方向性を明らかにすることができる．

謝辞

　本章の執筆に関して National Science Foundation (SES-0621262) の支援を得た．深甚の謝意を表す．

演習問題

1. 具体的な商品やサービス開発の場面をもとに，認知的翻訳と社会的翻訳の違いを考えよ．
2. フィルムカメラからデジタルカメラへの撮影道具の変化を例に，デジタルコンバージェンスについて考えよ．
3. イノベーションを起こす4つのタイプのコミュニティに当てはまる事例を，それぞれに考えよ．

引用文献

1) Nonaka, I., and H. Takeuchi (1995). *The Knowledge-Creating Company: How Japanese Companies create the Dynamics of Innovation*, Oxford University Press (梅本勝博訳 (1996)『知識創造企業』東洋経済新報社, p.299).
2) Tidd, J., J. Bessant, and K. Pavitt (2001). *Managing Innovation: Integrating Technological, Market and Orgnizational Change 2ed*, John Wiley & Sons. (後藤晃, 鈴木潤監訳 (2004)『イノベーションの経営学―技術・市場・組織の統合的マネジメント』NTT出版, p.263).
3) Moore, G. A. (2005). *Dealing with Darwin : how great companies innovate at every phase of their evolution*, Portforio (栗原潔訳 (2006)『ライフサイクルイノベーション：成熟市場＋コモディティ化に効く14のイノベーション』翔泳社, p.132).
4) 小川進 (2006)『競争的共創論』白桃書房, pp.80-81.

参考文献

Altshuller, G. (1984). *Creativity as an Exact Science: The Theory of the Solution of Inventive Problems*. Amsterdam: Gordon and Breach Science Publishers.

Barley, S. R., and P. S. Tolbert (1997). "Institutionalization and structuration: Studying the links between action and institution," *Organization Studies*, vol. 18, pp. 93-117.

Boland, R. J., and R. V. Tenkasi (1995). "Perspective making and perspective taking in communities of knowing," *Organization Science*, vol. 6, pp. 350-372.

Carlile, P. R. (2002). "A pragmatic view of knowledge and boundaries: Boundary objects in new product development," *Organization Science*, vol. 13, pp. 442-455.

第5章 イノベーションを誘導するコミュニティ

Galison, P. (1997). *Image and Logic: A Material Culture of Microphysics.* Chicago: The University of Chicago Press.

Hanseth, O., and K. Lyytinen (2004). "Theorizing about the design of information infrastructure: Design kernel theories and principles," *Spouts: Working Papers on Information Environments, Systems and Organizations,* vol. 4 Article 12, pp.207-241.

von Hippel, E. (2005). *Democratizing Innovation.* Cambridge, MA: MIT Press.

Hutchins, E. (1995). *Cognition in the Wild.* Cambridge, MA: MIT Press.

Johnson-Laird, P. N. (1983). *Mental Models,* Harvard University Press.

Kellogg, K. C., W. J. Orlikowski, and J. Yates (2006). "Life in the trading zone: Structuring coordination across boundaries in postbureaucratic organizations," *Organization Science,* vol. 17, pp. 22-44.

Lyytinen, K., and Y. Yoo (2002). "The next wave of *Nomadic* Computing," *Information Systems Research,* vol. 13, pp. 377-388.

March, S., A. Hevner, and S. Ram (2000). "An agenda for information technology research in heterogeneous and distributed environments," *Infomation Systems Research,* vol. 11, pp. 327-341.

Sawhney, M., S. Balasubramanian, and V. Krishnan (2004). "Creating Growth with Services," *MIT Sloan Management Review,* vol. 45, pp. 34-44.

Senge, P. M. (1990). The Fifth Discipline, Doubleday Business.

Simon, H. A. (1996). *The Sciences of the Artificial.* Cambrdige, MA: MIT Press.

Yoo Y., K. Lyytinen, and H. Yang (2005). "The role of standards in innovation and diffusion of broadband mobile services: The case of South Korea," *Journal of Strategic Information Systems,* vol. 14, pp. 323-353.

Web

松田久一（2005）「産業融合による情報家電産業の時代―デジタルコンバージェンスが変える産業と戦略＜前編＞」

http://www.jmrlsi.co.jp/menu/mnext/d03/2005/dcvn_1.html（最終確認日 2011 年 3 月 31 日）

第6章

グローバルイノベーション戦略

学習目標

　企業のイノベーションは国内中心になりがちである．一方で，現代の企業には，国や地域を問わずイノベーションを実現できる企業体制の構築も求められる．本章では，グローバル規模でイノベーションを可能とするための，グローバルイノベーション戦略について学ぶ．

1. グローバルイノベーションの概念を理解する．
2. グローバルイノベーションの形態，戦略，展開の方法を知る．
3. 国際共創戦略の概念と構造を理解する．
4. 国際共創戦略の展開を具体的な事例に沿って理解する．
5. 持続的なグローバルイノベーションを実現するための課題を把握する．

6.1 グローバルイノベーションの意義

　企業は，研究・開発から製品化・商品化までを国内だけで行うこともできるが，また，その一部をグローバルに展開することもできる．その過程で獲得した知識や情報を集積することによって，国や地域を問わずにイノベーションが実現できる体制を，企業は構築しようとする．このようにしてグローバル化を前提に創起されるイノベーションをグローバルイノベーションという[1]．

　一般に，企業経営のグローバル化は，企業活動の段階的な国際化によって実現される．例えば，生産，マーケティング，販売などの活動は現地志向が強く，初期段階から国際化が進むことになる．一方で，研究開発などの活動は，グローバル化の最終段階まで本社を中心になされる傾向がある．多くの企業は，本社所在国（以下，本国とする）の優位性をもとに国内中心のイノベーションを行ってきた．しかし，本社の持つ人材や知識や技術など，本国にある経営資源のみを活用してグローバルな競争で優位を占めるという手法は，もはや限界にきている．企業を取り巻く競争環境の変化によって，本国の優位性が安定して継続するとは限らなくなってきているからである．

　本国の優位性が絶対ではなくなる中で，企業には，研究開発を含むイノベーションのグローバル化が求められていく．人材や知識や情報が国際的に流動化しているとき，国内中心のイノベーションは，製品に地域的な特性を強く残すことになり，非効率的だからである．そのため，現地市場のニーズの多様化にも即応できる製品開発を目指し，現地企業を含む他社の経営資源を活用することが重要になる．その結果，企業は，グローバルイノベーションへと進むのである．

---

[1] 本章では，現地の製品開発，生産プロセスの構築，現地市場の開拓，国際共同事業など，広範な企業のイノベーションに注目している．しかし，「グローバルイノベーション」は，より限定的な意味で用いられることもある．例えば，研究開発（R＆D）の国際化のみを指すようなケースである．その場合は，現地での研究開発センターの設立と運営が主要な対象となる．

本章では，まずグローバルイノベーションの古典的形態として国際PLC（international Product Life Cycle）モデルを紹介する．次に，グローバルイノベーションの形態と戦略パターンを解説する．最後に，国際共創戦略（co-innovation strategy）の概念を取り上げ，具体的な事例とともに詳述する．

6.1.1 国際 PLC モデル

プロダクトイノベーションとプロセスイノベーションは，先進国の革新的企業から開発途上国の子会社へと順次移転される．この流れをモデル化したものが，国際 PLC（international Product Life Cycle）モデルである[1]．

国際 PLC モデルでは，プロダクトイノベーションとプロセスイノベーションのいずれにおいても主要先進国の本社が中心となる．本社でのイノベーションが，やがて準先進国の子会社へ，さらに開発途上国の子会社へと移転するものとされる[2]．イノベーションの中心は主要先進国の革新的企業であり，その海外展開においてイノベーションが単線的に移転されるという考えである（図 6.1）．

6.1.2 国際 PLC モデルの限界

国際 PLC モデルでは，製品や生産プロセスの国際移転が単線的に行われることを想定している．したがって，国際 PLC モデルは，本社を中心にイノベーション活動を遂行する意義を示すものであるといえる．しかし，この単線的なモデルでは，1970 年代以降のグローバルイノベーションの動向を説明することはできない（Giddy, 1978）．それは，先進国を本国とする多国籍企業で，研究開発や生産の国際ネットワーク化が進められたからである．具体的には，国際同時開発，海外生産，現地調達が行われるようになったのである．実際

---

[2] PLC モデルが開発された 1960 年代，主要先進国の企業は米国の革新的企業，準先進国（second-tire country）の企業はヨーロッパや日本の企業，開発途上国の企業は韓国と中国の企業であるとされた．

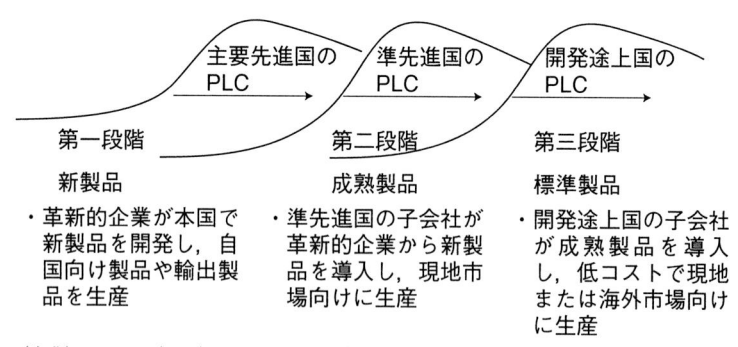

138 第6章 グローバルイノベーション戦略

```
              主要先進国の    準先進国の    開発途上国の
               PLC          PLC          PLC
         ┌─────────┐  ┌─────────┐  ┌─────────┐
  第一段階       第二段階       第三段階
  新製品         成熟製品       標準製品
  ・革新的企業が本国で  ・準先進国の子会社が  ・開発途上国の子会社
   新製品を開発し，自   革新的企業から新製   が成熟製品を導入
   国向け製品や輸出製   品を導入し，現地市   し，低コストで現地
   品を生産        場向けに生産      または海外市場向け
                             に生産
```

(出典) Vernon(1966), p.199, Lasserre(2007)を基に作成.

図 6.1　国際 PLC モデル

に，米国の多国籍企業の多くは，1970 年代以降，研究開発センターや生産技術センター，生産拠点を海外に設立し，研究開発や生産プロセスの現地化を積極的に行っている．

例えば，スポーツシューズにおける世界のトップブランドメーカ「ナイキ」は，イノベーション活動の国際的なパートナーシップや分散化を進めてきた．その結果，基礎研究や総合 R&D 活動は米国，素材やデザインは欧州やアジア，試作や生産は中国などで行うようになっている．多国籍企業のイノベーション活動は，本国集中を廃して国際ネットワーク化していく傾向にあるということができる[3]．

また，準先進国や開発途上国の企業のイノベーション能力が向上し，主要先進国の企業との差が縮小しつつあり，このような動きは，2000 年以降さらに加速化している．背景には，新興工業国(中進国)であった韓国や開発途上国であった中国の成長がある．表 6.1 によれば，特にハイテク輸出，特許，人材の面では，韓国や中国と欧米の先進国との間で大きな差が見られないことがわかる．これは，イノベーションが先進国だけで起きるものではないことを示唆し

---

[3] 具体的な国際的動向については，Gulati(1998)，Bo Carlsson(2006)を参照．

表 6.1　各国の R&D 基礎能力（2008 年）

項目　　　　　　国・地域	GDP あたり R&D 支出 (%) 2000-07 年 ***	ハイテク輸出 (100 万米ドル)	国内居住者（非居住者）による特許申請件数（件）	人口 100 万人あたりエンジニア・科学者数（人） 2000-07 年 ***
米国	2.67	231,126	231,588 (224,733)	4,663
欧州＊	2.04	454,048	77,364 (20,234)	4,185
日本	3.45	123,733	330,110 (60,892)	6,161
中国	1.49	381,345	194,579 (95,259)	1,071
韓国	3.47	110,633	127,140 (43,518)	5,347
アジア＊＊	1.49	N/A	196,416 (108,828)	1,071
全世界	2.21	1,856,930	988,514 (633,066)	1,270

＊：一人あたり国民所得が 11,456 米ドル以上の国総計
＊＊：1 人あたりの国民所得が 11,456 米ドル以下の国の総計
＊＊＊：2000 年～2007 年のデータの中で最新の数値
（出典）　World Bank. World Development Indicators (2010).

ている．今や研究開発と生産の現地化が進み，プロダクト及びプロセスイノベーションは，国や地域を問わずに実現するものなのである．その意味では，多くの先進国の企業が本国中心の研究開発からグローバルイノベーション体制へと転換していることは，むしろ自然である．イノベーションを起こすためのグローバルな研究開発や生産ネットワークの構築は，今や企業の成長において不可欠なものになっているといってよいだろう．

6.1.3　グローバルイノベーションの形態

第 1 章でも述べたシュンペータのイノベーション定義を援用すれば，グローバルイノベーションの具体的な事象は以下の 5 つである．
① 現地向けの製品またはグローバル製品の開発．
② 海外生産における生産プロセスの改善．
③ 海外市場の開拓．
④ 国際的供給システムの運営能力の向上．

⑤ 国際的共同組織の実現.

こうした活動を本国の本社と現地の子会社との間で,どのように察知(sensing),対応(response),実行(implementation)しながらイノベーションを実現していくかによって,グローバルイノベーションの形態は次の4つに分類される(Nohria=Ghoshal, 1997, pp.23-32)[4], 2).

(1) 本社中心イノベーション(center-for-global)

この形態では,世界は一つの市場だと考えられている.そのため,本社でのイノベーションは全世界に通用するものとみなされ,現地適応は極力避けられる.イノベーションの機会を察知するのは本社であり,現地向けの製品や生産プロセスに対応するのも本社である.イノベーションの主要な経営資源と能力は本社に集中しており,世界市場向けの製品を本国で集中的に開発・生産し,規模の経済性を追求する.これは,本国の優位性を最大限活用した国際展開である.したがって,この形態は,本国で創造した技術や能力を海外に移転して応用するグローバル企業に多く見られる.例えば,輸出中心の企業,グローバルな効率性を重視する自動車産業などである.

この形態では,イノベーションは本社に限定され,その成果がほとんど海外子会社へ移転されないという問題がある.

(2) 現地適応イノベーション(local-for-local)

この形態では,各国の市場環境は多様だと考えられている.そのため,海外子会社の自立性をより高めようとする.そこでは,イノベーションの潜在的な機会は海外子会社によって察知され,その機会への対応も基本的に海外子会社によって行われる.重要な経営資源や技術は海外子会社に分散されており,海

---

[4] Bartlett=Ghoshal(1989, pp.115-121)は,グローバルイノベーションを,1)本社中心,2)現地中心,3)現地利用中心,4)グローバル連結中心,に分類してそれぞれの特性を整理している.

外子会社は，本社に依存せず現地市場に適応した製品開発や市場開拓を行う．この形態は，国際化の歴史が長い欧州企業や，国によって消費者の嗜好が異なる食品企業に多く見られる．結果として，本社と海外子会社とのコミュニケーションが密ではない場合も多く，両者の関係が適切に調整されていない場合もある．また，プロダクトイノベーションとプロセスイノベーションのための人材・原材料は現地調達され，組織運営のノウハウも現地で蓄積される．しかし，それがグローバル規模で活用されないという問題がある．

(3) 現地中心イノベーション(local-for-global)

この形態では，海外子会社は本社の海外進出の拠点だと考えられている．そのため，本社が持つ知識や技術が海外子会社へ積極的に移転される．そこでは，海外子会社がイノベーションの機会を察知し，その対応もまず海外子会社が行うが，その成果は本社を経由してグローバル規模で活用される．主要な技術や知識は海外子会社に分散され，それぞれの開発センターが差別化能力と経営資源を持って企業全体に貢献することが期待されている．これは，海外子会社が，本社の戦略的単位と見なされていることを意味している．そのため，海外子会社は，本社に対して一定の自立性を有するが，主要な意思決定権や成果は本社に譲ることになる．例えば，イノベーションを起こした結果生まれる成果は，まず本社の研究開発部門に帰属し，その後に世界中の子会社によって実行されるのである．

この形態は，米国の多国籍企業に多く見られる．しかし，イノベーションの成果を本社が中心となって海外へ移転する点では，国際PLCモデルと同じく本社中心のイノベーションだといえる．

(4) 国際ネットワークイノベーション(the differentiated network)

この形態では，本社と海外子会社間，海外子会社間同士はネットワーク化され，さらに本社と海外子会社はそれぞれ差別化された単位であると考えられている．そのため，経営資源や能力をネットワークの構成メンバー間で弾力的に

分配し,グローバル規模のイノベーションに対応しようとする.そこでは,グローバル規模の効率と現地適応の効率を両立すべく,主要な経営資源,人材,技術,知識が世界中に分散される.言い換えれば,ネットワーク上の各事業部が,互いに依存し合うように設計されているのである.したがって,海外子会社の活動が閉鎖的であることは許されない.海外子会社は,それぞれ特定の活動に対して専門性を持ち,本社や他の海外子会社と協力することが求められる.その結果,グローバル規模での効率性を追求しながら,イノベーションをグループ全体で推進し,その成果を共有していくことが可能になる.この形態では,本社とすべての海外子会社が独自のイノベーションを実現する能力を持ち,グループ全体のイノベーションに貢献することを目指している[5].

　以上の4つの分類は,主に本国の本社と現地の子会社との間のイノベーションの実現に焦点を当てている.一方で,グローバルイノベーションを起こすために,自社の内部のみならず外部の研究開発資源を利用することも注目されている.一企業の枠を超えて製品,販売,生産,技術開発におけるイノベーションを実現する次の国際共創の形態である(Rothaermel=Hess, 2010).

(5) 国際共創(international co-innovation)

　国際共創とは,市場・事業・製品・生産方法を創出するため,技術,知識,資本などで複数の企業が協働して国際共同事業に取り組むことである.本来,共創(co-innovation)とは,次の3つの意味を持つ概念である.

　第一に,同一企業内で部門間の障壁を除き,組織の全メンバーの創造力と能力を駆使したチームワークによって製品開発や技術革新を行うことである(Liu et al., 2006).

　第二に,同一産業内の複数の企業が,その独立性を維持したまま新たな共同

---

[5] Nohria=Ghoshal(1997)はその例として,オランダを拠点とするフィリップス(Philips)社を取り上げている.

企業を設立し，特にR&Dでの協働によって，イノベーションを実現することである(Bossink, 2002).

　第三に，メーカ，流通企業，消費者によって新たな市場機会が創出されたとき，開発主体が相互に協働しながらプロダクトイノベーションを行うことである(小川，2006).

　これらの概念を踏まえて，本章では以下3点の意味合いで共創という用語を用いることにする．
　① 参加主体の協働によるイノベーションの実現．
　② 複数の企業や組織による共同事業への取り組み．
　③ 資本，技術，知識の共有による参加者の相互発展．

　したがって，国際共同開発，共同での市場開拓，海外への共同進出，企業連合体(コンソーシアム)による技術開発，消費者が自己のニーズを反映させる消費者参加型の製品開発などはいずれも共創の身近な例である．

6.2　グローバルイノベーション戦略

　グローバルイノベーション戦略とは，グローバルイノベーションを実現するための企業の総合的・長期的な計画とアプローチである．具体的には，
　① グローバルな経営資源をどのように利用するか．
　② 現地市場に適した製品や生産プロセスをどのように開発するか．
　③ グローバル規模でイノベーションを実現できる企業体制をどのように構築するか．

ということである．戦略樹立のポイントは，国内外の研究開発を有機的に連結し，現地の人材を積極的に獲得し，開発・生産分野で外部企業と協力関係を構築することなどである．つまり，グローバルイノベーション戦略は，グローバルイノベーションの実現に向けた企業の長期発展方向性の樹立であり，企業のグローバル経営戦略の重要な部分でもある．

　グローバルイノベーション戦略の策定においては，まずグローバルイノベー

ションの長所と短所とを認識する必要がある．

【長所】
- 現地の人材が活用できること．
- 多数のグローバル企業と共同開発ができること．
- 新しい市場を開拓する機会があること．
- 現地のニーズが正確に汲み上げられること．
- 豊富な現地情報にアクセスできること．
- 現地での標準化への対応が可能であること．

【短所】
- 拠点の拡散により時間的・地理的な隔たりが生じること．
- 現地の市場情報が常に十分であるとは限らないこと．
- 自社の経営資源(資金，人材，技術)に限界があること．
- 現地の消費者ニーズが多様で対応が容易でないおそれがあること．
- 政策や制度の相違によって現地との調整が困難であること．
- 文化や生活習慣の多様性に対応しなければならないこと．

　ここで確認すべきことは，製品や生産プロセスの不確実性と現地市場の不確実性である．

　前者は，ある製品や生産プロセスが確立されているかどうかの程度である．例えば，既存の製品の現地生産や現地改良では製品の不確実性は低いといえる．一方，現地向けの新製品開発では，現地の消費者ニーズの多様化などによって市場の不確実性はより高くなる．また，現地の生産プロセスなどが標準化され，海外とのインタフェースが確立されている場合には不確実性は低い．

　後者は，現地市場の状況が本国と異なり，どの程度現地特有のものであるかどうか，である．例えば，現地の消費者や市場構造に対する情報が少なく，さらなる情報収集が必要な場合，不確実性はより高くなる．

　これら2つの不確実性の次元から，グローバルイノベーション戦略を，図6.2のように4つに分類することができる[6]．

　この分類は，企業の包括的イノベーションプロセス[7]の中で，製品や生産

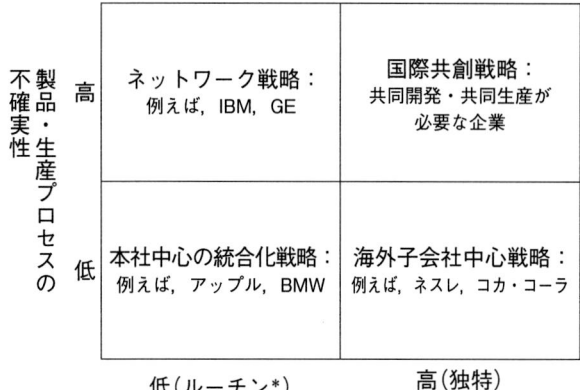

6.2 グローバルイノベーション戦略

	低(ルーチン*)	高(独特)
高 製品・生産プロセスの不確実性	ネットワーク戦略： 例えば，IBM, GE	国際共創戦略： 共同開発・共同生産が必要な企業
低	本社中心の統合化戦略： 例えば，アップル，BMW	海外子会社中心戦略： 例えば，ネスレ，コカ・コーラ

現地市場の不確実性

＊：ルーチンとは本国と現地市場の環境が類似していることを指す．

図 6.2 グローバルイノベーション戦略の分類

プロセスの不確実性と，進出を目指す現地市場の不確実性の程度とを同時に把握しようとするものである．2つの次元の不確実性が共に低い企業は，アウトソーシングや輸出などに依存する本社中心のグローバルイノベーション戦略を採用することになる．それに対して，2つの次元の不確実性が共に高い企業は，自社の能力の制約によって国際共創戦略を採用することになる．

例えば，現地向けの新製品や生産に不確実性が存在し，現地市場の情報などを自社で獲得するのが困難な場合である．その場合，自社の枠を超えた他社との共同開発や共同市場開拓など，国際共創戦略の必要性がより強くなるのであ

---

[6] この枠組は，Nohira=Ghoshal(1997)，Lasserre(2007)，Rothaermel=Hess(2010)などの研究に基づいて導いたものである．

[7] イノベーションプロセスはイノベーションが成功するまでのプロセスであり，イノベーションの成功にはある特定の要素プロセスではなく，技術開発から市場化までのすべてのプロセスが成功する必要がある．そこで，本節では包括的イノベーションプロセスの概念を使う(第1章と第4章参照)．

る．

　図6.2に示したグローバルイノベーション戦略の類型の特徴を，本社と海外子会社の関係に注目して整理すれば，表6.2のようになる．

　表6.2に示す本社中心の統合化戦略は，グローバルイノベーションを展開するにあたって，自社の一貫性を維持できるという点で有効な戦略である．実際に，この戦略はアップル，BMWなどの企業に見られるものである．これに対して，現地化・分散化戦略は自社の経営資源の制約が強い場合に，海外の技術的・人的資源を有効に利用するものである．以下では海外子会社中心戦略，ネットワーク戦略，国際共創戦略を，現地化・分散化戦略と呼ぶことにする．

　現地化・分散化戦略の中で，海外子会社中心戦略は現地市場の不確実性が高い場合に，ネットワーク戦略は製品・生産プロセスの不確実性が高い場合に有

表6.2　グローバルイノベーション戦略の特徴

戦略 項目	本社中心の 統合化戦略	現地化・分散化戦略		
		海外子会社 中心戦略	ネットワーク戦略	国際共創戦略
目的	本国中心のプロダクト・プロセスイノベーション	海外子会社による現地でのイノベーションの実現	本社と海外子会社間の有機的ネットワークによるイノベーションの実現	新産業の形成／技術的標準／新市場開拓／技術・製品・製造能力向上
利点	イノベーションにおける一貫性の維持	現地市場の迅速な開拓	技術的・管理的資源の相互利用による最適化されたイノベーションの実現	自社のイノベーション能力の補完／新事業や新市場の開拓
弱点	自社の経営資源による制約	本社と現地子会社との調整の難しさ	地理的・資金的な制約	信頼できるパートナの不在／協働主体間の調整の難しさ

効な戦略である．これらの戦略は，IBMやネスレなどの多国籍企業で見られる．また，国際共創戦略は，自社独自の能力だけでなく外部の経営資源をも利用してグローバルイノベーションを実現しようとするものである．グローバルイノベーション戦略には，それぞれに長所と短所がある．そのため，本社と海外子会社との関係や自社のイノベーションの能力などを総合的に判断して，いずれかの戦略を選択する必要がある．企業は，現地市場の不確実性の程度，製品の標準化や技術的変化の速度，自社のイノベーション能力などを十分認識し，主体的に対応することになる．

6.3 グローバルイノベーション戦略の実行

　グローバルイノベーション戦略は，経営目標に照らし，長期的視野に立って実行される．本節では，グローバルイノベーション戦略が実行される際の実行プロセスについて述べる(MacCormack et al., 2007)．この実行プロセスは，前節で示した4つの戦略すべてに共通する．

6.3.1 人材の育成

　グローバルイノベーションの展開で，まず問題になるのは，現地市場や現地の競争相手を理解する能力を持つ人材が必要になることである．一般に，現地市場を理解しているグローバル人材は，企業内部の人材を育成することでも，異なる文化的背景を持つ企業外部の人材を採用することでも獲得することができる．しかし，長期的な視野に立つと，より重要なことは企業内部の人材の育成である．企業内部の人材を育成するときには，海外業務に携わる従業員のみならず，組織の構成員全体の意識をグローバル化させることが求められる．総じて現地企業や相手企業の文化を拒否するような閉鎖的な組織文化では，現地の文化や習慣を吸収することも不可能である．そのような姿勢では，現地の人々や企業と協調することができないからである．そのため，現地企業や相手企業の文化が理解できるグローバル人材の育成こそが，グローバル規模でのイ

ノベーションの第一歩となるのである．

　国際的な視野を持つ企業内の人材育成においては，構成員への啓蒙やコミュニケーション能力の向上だけでは十分ではない．企業には，人材育成に活用することができる企業体制を同時に構築すること望まれる．具体的には，主要国・地域ごとの専門研究グループの編成，評価・報奨システムの開発，各国の文化・風土・商習慣の調査などが必要である．グローバル人材の育成に向けた取り組みは，現地向けの製品開発，現地での生産や原材料の調達，共同事業の基礎になる．グローバル人材の育成は，現地向けのイノベーションを実現している企業に共通して観察される．特に，後発企業ながら急速な成長を成し遂げた韓国の三星グループやLG電子などがその例である（下記コラム5参照）．

コラム5　韓国三星（サムスン）グループの地域専門家制度の事例

　韓国の三星（サムスン）グループのグローバルイノベーションに注目が集まっている．三星グループは，米国ニューズウィーク誌による「世界の革新的企業」（innovative company）で11位（2010年）にランクされている．1990年代から三星グループがグローバル人材の育成を目的として導入した地域専門家制度は非常にユニークである．その出発点は「現地の基準で人材を養成しよう」というグループ会長の提案であった．地域専門家制度は，入社3年以上の管理職とエンジニアを対象に毎年200人程度を選び，海外で1年間生活するように会社が支援するというものである．

　現地に派遣される社員には，給料以外に滞在費として年間1億ウォン（約750万円）程度が支給される．彼らの基本的な仕事は，現地の言語の習得を除けば，食事文化や生活習慣などの現地文化の体験である．しかも，現地で何をするのかは，すべて地域専門家自身が決めてよいことになっている．1年間の滞在の後，地域専門家が現地で獲得した情報は報告書としてまとめられ，体系的に企業内に蓄積される．また，地域専門家は，帰国後数年のうちに現地駐在員として再度現地に派遣され，かつて習得した言語能力を活かして活動する．彼らは，その地域の消費者のニーズをいち早く汲み上げるなど，現地向けの製品開発や市場開拓に貢献している．三星グループの地域専門家制度は，これまで20年にわたって実施されている．2010年現在，3,500名以上の地域専

門家がアジア，中東，アフリカ，欧州，南米などで活躍しているという．
　実際に，地域専門家によって収集された情報は，三星グループの国際経営，海外進出，グローバルイノベーションの実現の源泉になっているといわれている．特に，アジアなどの開発途上国の市場情報は，非常に重要な競争優位の源泉になっているといえる．成長が続く東南アジアや中国をはじめとする中華圏市場開拓の成功は，この制度によって養成された人材によるところが大きいのである．三星グループは，このような制度には「創造的なグローバル人材の育成」の効果があることを強調している．最近も，競争企業に一歩先んじて，アフリカなど未開拓の地域での地域専門家育成に力を入れている．
(参考)　Newsweek(2010), *The 50 Most Innovative Companies*, Apr. 25；全・韓(1994), 康子宅訳(1999).

6.3.2　包括的イノベーションプロセスの設計と分配

　グローバルイノベーション戦略を実行する企業は，包括的イノベーションプロセスを適切に設計し，それに必要な経営資源と作業を配分しなければならない．包括的イノベーションプロセスの設計では，まず，それぞれの現地プロジェクトについて，現地向けの製品情報が共有される必要がある．この情報の共有は，本社と海外子会社の間だけでなく，現地外部企業との間でもなされるべきである．その際に基礎となるのは，グローバルな市場を理解した人材である．また，既存の製品情報の連続的な再利用，ユニットや構成部品のデザインも考えられなければならない．
　包括的イノベーションプロセスの設計と分配において，本国と現地の目標が一致する必要は必ずしもない．ただし，どの程度の標準化が必要かについては，事前に共同して決めておく必要がある．例えば，本国でコアな技術開発や発明などを行い，現地ではよりユーザのインタフェースに柔軟に適応するように再設計がなされる．また，包括的イノベーションプロセスが，本社と海外子会社の間で同時進行する場合も存在する．いずれの場合も，本国と現地とのコミュニケーションを高めるように包括的イノベーションプロセスを設計するこ

とが重要である．本国と現地とが相互学習によって理解を深め，外部企業との共同事業においても相互信頼関係を形成できるように，定期的な調整が行われる必要がある．

6.3.3 プラットフォームの開発

本国と現地の間で，作業の調整能力を高めるためには，プラットフォームを開発することが必要である．このプラットフォームは，以下の4つから構成される．

① 本国と現地の間で分配された作業の効率を上げるための技術やツールの開発．
② 作業の成果をシームレスに統合する標準インタフェースと技術標準の開発．
③ 現地で開発された知的資産を共有するための公式ルールの策定．
④ 経営資源や情報を相互利用できるような知識管理システムの開発．

これらは，グローバルイノベーション戦略を行うための基本インフラとしての役割を果たすものである．また，それは本国と現地と間の効率的な協力関係を維持するための長期的な共同経営資源ともなるのである．

6.3.4 戦略実行の管理プログラム

グローバルイノベーション戦略では，本国と現地のプロジェクトが互いに一人歩きをしないよう，明確なプログラムを持って管理しなければならない．このような管理プログラムは，本国と現地のイノベーションに対して強力な権限を持った管理者に委任することで，よりよく機能することになる．このような管理者には，あらゆる現地イノベーションの改善計画や戦略の実行のみならず，それを効果的に実行するための組織の改変までが権限として与えられる．

特に共創戦略のように外部組織との間で戦略が実行される場合は，明確な管理プログラムを作成するべきである．さもなければ，当事者間の信頼関係が崩れ，共同事業の目標が達成されないおそれがある．

6.4 国際共創戦略

　国際共創戦略は，海外企業と協働して，グローバル規模で開発，生産，新事業の開拓，市場開拓などを行うための総合的・長期的な計画の樹立である．かかる戦略では，自社の独自性を維持しながらビジネスチャンスを見い出したり，現地の新市場を開拓したりすることができる．そのため，自社の限られた能力だけでは構築できない，新しい競争優位の源泉になる．6.2 節で述べたように，経営環境の変化が激しく，製品や市場の不確実性が高い場合，共創戦略は自社単独の戦略よりも有効である．現地企業の組織能力と学習能力を高め，情報と経営資源の共有による迅速な製品開発・市場開拓を実現できるメリットを持っているからである．実際に，1990 年以降，多くの多国籍企業は国際的買収や共同事業，戦略的提携など国際共創戦略を実行している[8]．

　近年の中国やインドなどの新興市場の成長とともに，現地企業との共同事業，第三国での国際共同事業による市場開拓の重要性はますます高まっている．特に現地市場の不確実性が非常に高い中国では，信頼できるパートナーをいち早く見つけ出すことが，企業に成功をもたらすことになる．中国市場で成功している企業では，信頼できるパートナーと国際共同事業を設立し，国際共創戦略を展開している企業が多い．代表的な成功例として，日本企業と台湾企業の間で実現した国際共創戦略が挙げられる（コラム 6 参照）．

コラム 6　日台企業の共創による中国市場の開拓の事例

　1990 年代は，ジョイントベンチャーの時代ともいわれたように，世界中で IJV (International Joint Venture) が盛んであった．しかし，その成功率は 50% 程度で，その存続期間も平均 3～4 年と短かった（Bamford et al., 2004）．

---

[8]　国際戦略的提携によるイノベーションの実現については Doz=Hamel(1998)，Todeva=Knoke(2005) などを参照されたい．

一方で，中国大陸で成立した日台企業間の共同事業は，成功率が80％以上で存続期間も平均10年以上と長いため，ユニークな事例として注目されている(Ito, 2009)．日台企業間の協働は，過去60年にわたる歴史を有している．両者間の提携関係は，垂直的分業，水平的分業を経て，現在は中国大陸などの第三国の市場開拓のための共創ネットワークへと発展している．特に，近年では，中国進出を目指す日本企業が台湾企業をパートナーとして，相互優位性を生かしながら共同事業を立ち上げる事例が増えている．

このように成立した日台共同事業では，現地事業を基礎とした新しい共同事業がネットワーク的に拡大・深化していくことに特徴がある．結果として，日台共同事業は日本企業の単独事業より中国市場での成功率が高いのである．具体的に，日本企業の中国現地法人の生存率は，2005年11月末時点で79.8％であり，同時点での日台合弁の中国現地法人の生存率88.2％を下回っている(Ito, 2009)．また，1999年までに設立された日本企業の中国現地法人全体の生存率は68.4％で，日台合弁の中国現地法人の成功率78.0％の方が高くなっている．

具体的な事例としては，台湾の六和機械と日本の豊田自動織機・豊田通商の間で成立した共同事業がある．この場合，1992年から2005年にかけて14の共同事業が成立し，そのすべての事業が順調に成長・発展している．このように，日台企業間の共同事業の成功率が高いことには，以下の要因が考えられる．

① 日本企業の製品開発力と台湾企業の製造能力（品質，価格）の相互補完．
② 台湾企業の高い現地調整能力による「間接費」の削減．
③ 相互信頼関係に基づく共同事業の運営ノウハウの蓄積と相互学習．
④ 現地情報能力に優れた台湾企業の共同事業間の調整・連結．
⑤ 共創組織内の現地市場情報の蓄積による新事業機会の獲得．

なお，呉・劉(2008)，劉(2008)，Ito(2009)を参考にすれば，国際共創戦略の理論的意味を含めて豊富な事例を知ることができる．

6.4.1 国際共創戦略樹立の段階

国際共創戦略の樹立は，①個別企業による相手の探索，②目標を共有する複数企業による共創戦略の樹立，③共創組織の設立，④共同イノベーションの実

表 6.3 共創戦略の段階の特徴

段階	特徴
Ⅰ 相手の探索	個別企業のイノベーションへの関心，協働の可能性の探索，パートナーの選択
Ⅱ 共創戦略の樹立	共同事業・共同プロジェクトのメリットとデメリットの評価，共創組織の設立方法の検討
Ⅲ 共創組織の設立	パートナーとの契約と協定，共同で計画作成，共創組織の設立，共創組織の管理体制の確立
Ⅳ 共創の実現と持続的イノベーション	国際共創の実現，共創組織の運営上の管理方法の開発，成果の蓄積と情報の共有，相互信頼関係の醸成，現地ニーズに基づくさらなる市場開拓や製品開発

現，という一連の段階を経てなされる[3]．この段階を整理すれば，表 6.3 のようになる．

6.4.2 国際共創のパートナーの発見

国際共創戦略を展開しようとする企業が直面する第一の課題は，自社の経営資源を補ってくれる海外のパートナーをどのように発見するか，である．また，そのパートナーとどのように信頼関係を醸成していくかも課題となる．

パートナーを探す際に，有効な方法の1つは，信頼の源泉によるパートナーの選定である．信頼の源泉では，信頼の形成メカニズムの特性と信頼の源泉の一般性という2つの次元によって[9]，①経済的損得計算，②経験，③関係性，④公的ルール，⑤評判，⑥文化の6つの類型が考えられる[4]．

この類別は，信頼できる共創のパートナーを探そうとするとき，相手の信頼の基準をどこに求めるかを示している．国内では，長い取引関係によって，既

---

[9] 信頼の形成メカニズムの特性とは，信頼形成プロセスが合理的かつ理論的であるかどうかを指し，直接的，間接的，そして多義的の3つの次元に分けられる．信頼の源泉の一般性とは，信頼の根拠が普遍的・社会広範に認知されているものなのかどうかを指し，関係特殊的と社会普遍的の2つに分けられる．

に信頼関係が形成されている場合が多く，相手の信頼性を比較的容易に評価できる．他方で，海外の相手は信頼性を明確に判断しがたい場合が多い．信頼の源泉をどこに求めるかは，企業の戦略的判断や進出国の状況によって異なるのである．

一般に，企業が共創のパートナーを海外に求めるときに重視することは，経済的損得，相手の現地での評判，既存の取引からくる関係性や経験などである．なお，中国での事例では，欧米企業は経済的損得や公的ルールによる契約を重視し，日本企業は既存の関係性や経験，現地の評判などを重視する傾向が見られる(呉・劉，2008)．

6.4.3 国際共創戦略と組織の樹立

海外パートナーを発見した後は，共同事業の目標設定や共創組織の設立方法などの共創戦略を樹立する．共創戦略の樹立には，現地経営環境の不確実性の観点から共同事業の長所と短所を評価し，どのような共創組織を設立するべきかを判断する．

国際共創組織を樹立する方法としては，①国際 M&A(Merger & Acquisition)，②2社間の共同による国際共同事業(international joint venture)，③国際戦略的提携(international strategic alliance)が挙げられる．①と②は参加者の資本関係を重視するものであり，③は資本関係よりも海外パートナーとの協力関係を重視するものである．また，近年では，上記以外に国際共創ネットワークの形成が注目されている．国際共創ネットワークは，既に成立している国際共同事業に新規参入者が加わっていくことで形成される．外部の知識や情報や資本を導入することで，共創組織のネットワークを拡大していくという戦略である[10]．

---

[10] 本章でいう「ネットワーク」とは，イノベーション活動において3社以上が関係し，しかも2社間関係の総和以上の効果・成果が存在するものである．近年のイノベーション研究でも，ネットワークの概念がシステマティックイノベーションとの関連で取り上げられている(太田，2011)．

国際共創ネットワークには，その範囲と規模に応じて以下の3つの形態がある[5]．
1) 3社以上によって設立された共創ネットワーク．
2) 既存の共創組織に，今まで参加していなかった組織を加え，新しい共創組織を形成する拡大型の共創ネットワーク．
3) 既存の共創組織に新しい技術や知識や資本を導入する深化型の共創ネットワーク．

国際共創ネットワークは，既存の組織の成功をベースに新しい共創組織を形成することで，長期的な観点での共創組織の「拡大」や「深化」[6]を図るものであるといえる．このような国際共創ネットワークは，①現地政府の標準化政策の対応，②多数企業の参加による技術的標準の獲得，③参加型の製品開発，などに有効である．

6.4.4 共同運営・協力による共創の実現

共創組織が樹立された後は，パートナーと現地事業を共同運営し，事業目標を達成していく共創の実現が求められる．つまり，関係するすべての外部企業と協力関係を構築し，そこから現地向け製品と生産プロセスを開発することで市場を開拓していかなければならない．共創組織の運営においては，定期的な共同事業の相互評価と，共同目標に対する相互利益（win-win）のしくみをつくり上げられるかが焦点になる（コラム7参照）．

現地で共同事業を行う場合，予見できないトラブルが発生することも少なくない．そうしたトラブルは，トップ同士の話合いによって解決されるべきものである．そのため，トップ同士の相互信頼関係が形成されるよう，平時から努めておく必要がある．また，共創組織の運営においても，参加者の主体性と相互の専門性を認め，相互補完を徹底する必要がある．そのためには，硬直的資本関係に基づく分担を図るのではなく，現地共同事業の発展という全体的・長期的視野からパートナーと協力する姿勢が重要である．外部のパートナーについても，専属性を強制するのではなく，柔軟に共同事業へ参加し，事業全体に

貢献できるような体制をつくり上げることが必要である．

こうした戦略的柔軟性こそ，相互信頼関係の基盤となる．つまり，完全に競争を排除するのではなく，協働のメカニズムをつくり，現地で製品別・地域別の共創組織を拡大・深化させていくことが重要である．こうした共創は，中国のように経営環境の変化が非常に激しい地域で特に有効であり，新市場の開拓や新事業の獲得に繋がる．

コラム7　ゴアテックス社のグローバルパートナーシップ構築事例

　国際共創戦略の実行においては，相互信頼関係によるパートナーシップの構築が何より重要である．代表的な例として，靴・アパレル分野で防水・保温素材専門メーカとして知られるゴアテックス(Gore-Tex)社のグローバル共創戦略がある．

　中間財生産企業であるゴアテックスは，一般消費者には広く知られていないかもしれないが，イノベーションの遂行モデルは独特であり，産業界から注目されている．

　その特徴は，オープンな企業文化，徹底した現地化，現地企業との「グローバルパートナーシップ」の追求などである．ここでいうパートナーシップとは，相互利益(win-win)関係になるように相互の信頼と尊重とを構築するしくみのことである．その核心は，現地の全ての関係企業の価値や文化を尊重し，現地パートナーの助力者(sponsor)としての役割を担う「助ける文化」の浸透である．こうした文化を浸透させるために行われるのが，現地の素材サプライヤー，製造企業，ブランド企業，販売代理店を対象にしたセミナーや技術教育である．ゴアテックスは，そうした取り組みを通じて，自社とパートナーとの信頼関係を構築しているのである．

　また，各パートナーに対しては，標準認定制度に基づく認定基準をクリアした場合だけ自社のブランドの使用を許可している．同時に，基準を満たせないパートナーには，生産プロセスの改善支援，工場の技術的支援，現地人材教育訓練などを行い，イノベーション能力の向上を支援する．こうした国際パートナーシップの構築は，ゴアテックスとパートナーの双方に大きなメリットをもたらしている．つまり，ゴアテックスは自社のブランド力を向上させることができ，パートナーは自社の能力と信頼性を向上させて高付加価値の製品が生産できるわけである．

> 「グローバルパートナーシップ」のモデルは，自社製品を使う全ての企業をパートナーとして取り込むことで相互利益を追求する新しい国際共創戦略でもある．
> （参考）許(2010)．

6.5 持続的なグローバルイノベーションの実現と課題

　グローバル化の中で事業を展開する企業にとって，イノベーションを次々と実現する革新的企業になることは，国際競争力の重要な源泉である．しかし，実際には，企業内でイノベーションを実現して持続させることは困難な挑戦でもある．多国籍企業の多くは，現地の研究開発センターを設立しているが，思うような成果が上げられない場合も多い．これは，研究開発拠点をどこに置くかといった問題ではなく，「企業内部のグローバルイノベーション体制」の問題である．持続的なイノベーションには，企業内部のグローバル化の姿勢，特に人材と組織面の体制が重要なのである．まず，そのような体制を整備したうえで，グローバルイノベーション戦略の展開と，持続的なイノベーションについて考えることである．

　イノベーションには技術開発や知的財産権などの問題も絡んでいる．そのため，本国の研究所を中心とする垂直的な統合化がなされ，大きな発明・創造のみを強調する傾向が強くなる．しかし，こうした問題は，一連の包括的イノベーションプロセスでは上流の一部をなすにすぎない．グローバルイノベーションを起こすための現地向けの商業化，現地での調達，現地生産とは異なる課題だということを，まず認識する必要がある．

　一方で，包括的イノベーションプロセスを自社の内部で完結することが次第に難しくなっているのも事実である．現在のビジネス環境は，新産業や新製品の技術的標準の獲得や対応に迫られ，現地市場の不確実性もますます高まっている．企業には，海外企業との共同研究，共同開発，共同進出，共同作業による新しいグローバルイノベーション戦略が求められている．その意味におい

て，本章で紹介した共創戦略の意義を検討することは意味のあることである．

　持続的なグローバルイノベーションを実現するには，以下の課題を解決する必要がある．

　① 現地市場を十分に理解した人材を長期的に養成すること．
　② 本社のイノベーション能力，海外子会社，研究開発部門を有機的に連結すること．
　③ 自社単独でのグローバルイノベーションの限界を認識すること．
　④ イノベーションに係る諸主体を取り込み，標準インタフェースを確立すること．

　こうした課題をより明確にすることによって，真のイノベーションのグローバル戦略が実行でき，持続的なイノベーションの創出につながるのである．

> **演習問題**
>
> 1. 国際 PLC（international Product Life Cycle）モデルの意義と問題点を述べよ.
> 2. グローバルイノベーションの5つの形態を説明せよ.
> 3. グローバルイノベーションの実現では，企業内グローバル化が重要である．その理由を，人材育成の側面から説明せよ.
> 4. 国際共創戦略の樹立には4つの段階がある．4つの段階を説明せよ.
> 5. 読者が実務にかかわっているのであれば，所属先の企業のグローバルイノベーション戦略は，本章でいうところのどの段階にあるのか，また課題は何かを検討せよ.

引用文献

1) Vernon, R.（1966）. "International Investment and International Trade in the Product Cycle," *The Quarterly Journal of Economics*, 80(2), p.199.
2) Nohira, N., and S. Ghoshal（1997）. *The Differentiated Network: Organizing Multinational Corporations for vale creation*, San Francisco: Jossey-Bass, p.26.
3) Bossink, B. A. G.（2002）. "The development of co-innovation strategies: Stages and interaction patterns in interfirm innovation," *R&D Management*, 32(4), p.321.
4) 真鍋誠司・延岡健太郎（2004）「信頼の源泉とその類型化」『国民経済雑誌』187(5)，神戸大学経済経営学会，p.56.
5) Doz, Y. L., and G. Hamel（1998）. *Alliance Advantage: The Art of Creating Value through Partnering*, Boston, MA: Harvard Business School Press, pp.222-223.
6) 呉銀澤・劉仁傑（2008）「中国進出における日台企業の共創の発展」『日本経営学会誌』22号, p.62.

参考文献

邦文

淺川和宏（2007）『グローバル経営入門』日本経済新聞社.
太田雅晴（2011）「システマティックイノベーションに向けての課題」『日本情報経営学会誌』

31(2), pp.23-32.

小川進(2006)『競争的共創論：革新参加型の到来』白桃書房.

許博凱(2010)『中間財企業的事業系統策略：GORE 公司的個案研究』台湾東海大学工業工程與経営情報研究科修士論文(中文).

呉銀澤・劉仁傑(2008)「中国進出における日台企業の共創の発展」『日本経営学会誌』22, pp.53-65.

国領二郎(1999)『オープンアーキテクチャ戦略―ネットワーク時代の協働モデル』ダイヤモンド社.

曹斗燮・尹鍾彦(2005)『三星(サムスン)の技術能力構築戦略―グローバル企業への技術学習プロセス』有斐閣.

全龍昱・韓正和(1994)『超一流企業への道：三星の成長と変身』金永社(韓国語)（康子宅訳(1999)『韓国三星グループの成長戦略』日本経済新聞社).

真鍋誠司・延岡健太郎(2004)「信頼の源泉とその類型化」『国民経済雑誌』187(5), 神戸大学経済経営学会, pp.51-65.

吉原英樹編(2002)『国際経営論への招待』有斐閣.

劉仁傑(2008)「台湾日系企業の発展プロセスと新動向」佐藤幸人編『台湾の企業と産業』, アジア経済研究所, pp.209-239.

英文

Bamford, J., D. Ernst, and D. G. Fubini(2004). "Launching a World-Class Joint Venture," *Harvard Business Review*, Feb., pp.91-100.

Barlett, C., and S. Ghoshal(1989). *Managing Across Borders: The Transnational Solution*, Boston, MA: Harvard Business Press.

Bossink, B. A. G. (2002). "The development of co-innovation strategies: Stages and interaction patterns in interfirm innovation," *R&D Management*, 32(4), pp.311-320.

Bo Carlsson (2006). "Internationalization of Innovation Systems: A Survey of the Literature," *Research Policy*, 35(1), pp.55-67.

Doz, Y. L., and G. Hamel(1998). *Alliance Advantage: The Art of Creating Value through Partnering. Boston, MA*: Harvard Business School Press.

Garcia-Pont, C., and N. Nohria(2002). "Local versus Global Mimetism: The Dynamics of Alliance Formation in the Automobile Industry," *Strategic Management Journal*, 23(4), pp.307-321.

Gulati, R. (1998). "Alliances and Networks". *Strategic Management Journal*, 19 (4), pp.293-317.

Giddy, H. I. (1978). "The demise of the product life cycle model in international business theory," *Columbia Journal of World Business*, 13(1), pp.90-97.

Ito, S. (2009). "Japanese-Taiwanese Joint Venture in China: The puzzle of the High Survival rate," *China Information*, 23(1), pp.15-44.

Lasserre, P. (2007). *Global Strategic Management* (2nd ed.), New York: Macmillan.

Liu, J., J. Qian, and J. Chen (2006). "Technological learning and firm-level technological capability building: analytical framework and evidence from Chinese manufacturing firms," *International Journal of Technology Management*, 36(1-3), pp.190-208.

Maniak, R., and C. Midler (2008). "Shifting from co-development to co-innovation," *International Journal of Automotive Technology and Management*, 8(4), pp.449-468.

MacCormack, A., T. Forbath, P. Brooks, and P. Kalaher (2007). *Innovation through Global Collaboration: A New Source of Competitive Advantage*, Harvard Business School Working Paper 07-079.

Nohira, N., and S. Ghoshal (1997). *The Differentiated Network: Organizing Multinational Corporations for vale creation*, San Francisco: Jossey-Bass.

Rothaermel, F. T., and A. Hess (2010). "Innovation Strategies Combined," *MIT Sloan Management Review*, 51(3), pp.13-16.

Todeva, E., and D. Knoke (2005). "Strategic alliances and models of collaboration," *Management Decision*, 43(1), pp.123-148.

Santos, D., Y. Doz, and P. Williamson (2004). "Is Your Innovation Process Global?" *MIT Sloan management review*, 45(4), pp.31-37.

Vernon, R. (1966). "International Investment and International Trade in the Product Cycle," *The Quarterly Journal of Economics*, 80(2), pp.190-207.

第7章

イノベーションのための知財戦略

学習目標

　プロダクトイノベーションとの関係が深まりつつある知的財産について，社会・経済の動向を把握しながら考えることの重要性を学習する．

1. 開発途上国への対応も含め，知的財産制度の歴史的な展開を把握する．
2. 産業構造や技術の性質によって，知財戦略がどのように異なるのかを理解する．
3. 知財戦略として，自前で技術などを開発・権利化する以外の方法を理解する．
4. 知的財産権のしくみがイノベーションに与えている懸念材料を把握する．

7.1 イノベーションと知的財産

7.1.1 イノベーションにおける知財戦略の意味

各国で定められる知的財産法によって,人々の生み出す知的財産(発明や文化的創作・商標など,以降,知財と略す)は,権利化することができる.これによって定められた期間において,権利の保有者は保護されている内容を独占的に実施することが認められる.現代の企業は,こうした知財を効果的・効率的に創造し,権利化し,さらにその権利の行使(製品化に向けた活用や権利侵害に対する訴訟)によって,競争優位を獲得することが必要である.

本章では,知財がプロダクトイノベーションにとって,どのような意義や課題を持つのかを見ていく.プロダクトイノベーションを,企業や産業内で生み出された知財を活用して新たな価値を創造する活動,と定義すると,そのための課題とは,1)物的な経営資源と異なる性質を持つ知財という資源を,商業化段階でその他の資源といかに統合するか,2)それらを知的財産権としていかに戦略的に活用するか,である.

以降の各節では,知的財産制度を定めることが国家として何の意味を持つのか(7.2節),そして現在の知的財産制度は国際的にどのような方向に進みつつあるのか(7.3節)を考える.次に視点を企業の側に移し,知的財産権が関係する経営戦略を確認し(7.4節),近年新たな知的財産権のマネジメントを要請するものとして注目されている,オープンイノベーションについて考える(7.5節).最後にこれらをまとめたうえで,知的財産制度がイノベーションに対して突きつけている課題について考える(7.6節).

7.1.2 イノベーションと知的財産はどう関係するのか

「知財保護の目的は,創造・活用される知財の価値と,知財の創造のためにかかる社会的コスト(知財の管理コストを含む)の差を最大化することで,(イノベーションの:筆者補足)インセンティブを生み出すことにある」[1].企業の技術開発のように,知財の中には投資によって生み出されるものも存在す

る．投資をするからには，企業はその成果から利益を得ようとする．しかし優れた技術を生み出した企業が，必ずしも投資から得られる利益を最大化できるとは限らない．なぜなら技術的知識の多くは，莫大な資源を割いて開発したとしても，開発主体がそこから得られる利益を占有することが難しいからである（永田，2005）．ライバルに伝達されると，それらはすぐに模倣される．さらに新しい技術や製品，プロセスの実用化には，技術的・市場的・資金的な不確実性がつきまとうため，高いリスクを伴う投資として一般的に認識される．発明・創造が避けられると，その国の産業発展にも影響する．知的財産制度の国家的意義はここから発生する．

　企業が研究開発からのリターンを大きくするためには，投資の結果創出された技術を商業化するための補完資産(complementary assets)の有無と，その技術が模倣から法的に保護されているかどうかが重要である(Teece, 1986)．

　ここでは，知的財産権をイノベーションからの利益を守るための手段（占有可能性を確保する手段）とする一方で，補完資産の役割にも注目するSullivan (2000；邦訳，2002)の知識活用型企業(knowledge company)のモデルについて見ていく（図7.1）．

　知識活用型企業とは，自社の知的資本(intellectual capital)を競争力の源泉とする企業である．このモデルでは，知的資本の構成要素を，人的資本(human capital)と知的資産(intellectual assets)に大別している．人的資本とは，従業員や下請企業が持つさまざまな能力（経験，ノウハウ，スキル，創造性など）のことをさし，知的資産は，本章が知財と表現するものに相当する．

　人的資本のように，従業員や下請企業が持つ取替え不可能な能力から，所有の対象物として扱うことが可能な発明やデザインなどの知的資産が生み出される．そして企業は，法的手続きを経て，知的資産の一部を知的財産権として所有することもできる．

　知識活用型企業は，知的資本の価値を高めるために，人的資本に対し，直接的支援（コンピュータや情報システム，企業ノウハウなど）や，間接的支援（戦略や給与体系，費用構造など）を提供する必要がある．これらは構造資本

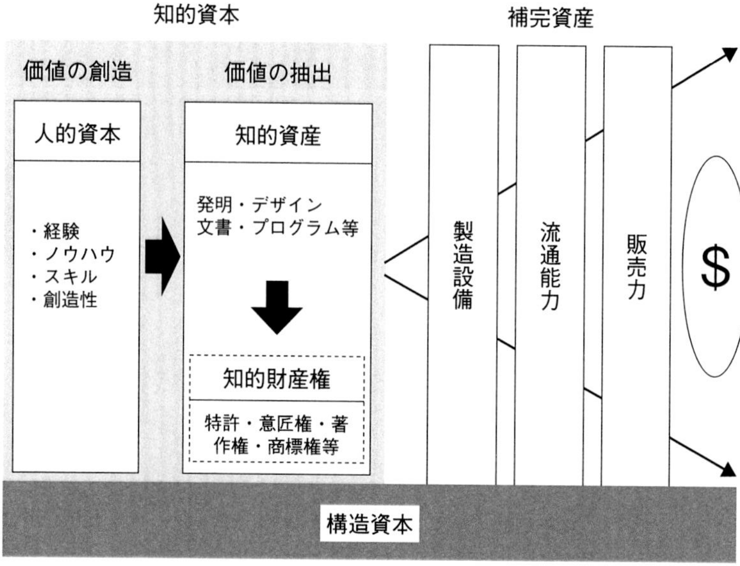

166　第7章　イノベーションのための知財戦略

図7.1　知識活用型企業のモデル
(出典)　Sullivan (2000) "Value-Driven Intellectual Capital"：水谷ほか訳 (2002)『知的経営の真髄』，東洋経済新報社，p.129 を一部修正．

(structural capital) と呼ばれている．知的資産は，製造設備や流通網，顧客リスト，顧客との関係，下請けとのネットワーク，ブランドなどの補完資産と統合・組み合わせることで，商業的価値が高まる．

　知的財産権の戦略的活用に対する企業の関心は，政府の政策的な潮流も影響し，国際的にもこの20年間でかなり向上してきた．国際出願システムとして，出願人による特許出願手続の簡素化と各国特許庁による調査・審査の重複をなくすことを目的につくられた PCT (特許協力条約：Patent Cooperation Treaty) システム[1] に出願された件数がそのことを示している (**図7.2**)．また近年では，アジアからの PCT 出願が増加している．2000年の統計では日本を含めても13％程度であったアジアからの出願件数は，中国・韓国の台頭を背

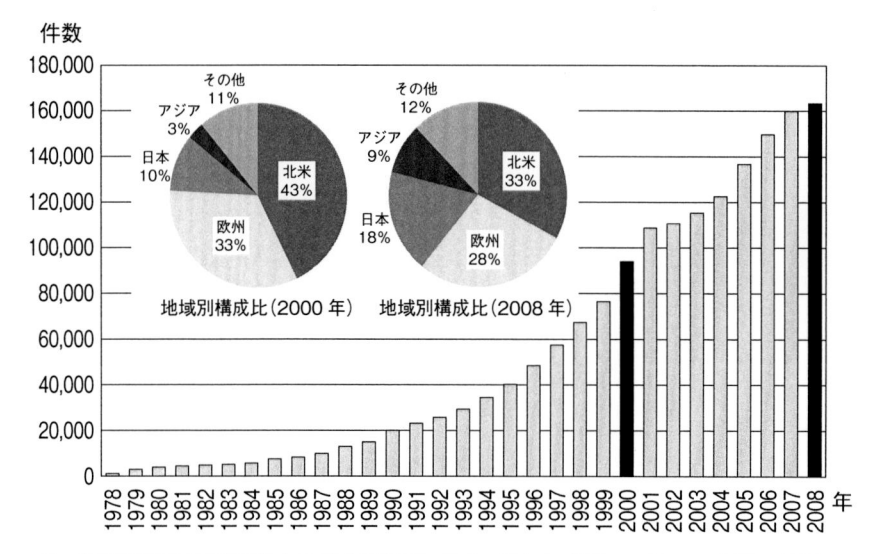

図 7.2 PCT 出願件数の推移と地域別構成比
(出典) WIPO Statistics Database, March 2010 より作成．

注：地域別構成比は出願件数上位 12 カ国(米国・日本・ドイツ・韓国・フランス・中国・イギリス・オランダ・スウェーデン・スイス・カナダ・イタリア)をそれぞれの地域に分けたものと，その他として算出した．

景に，2008 年の統計で 25％以上を占めるようになった．

各国の知的財産制度について見てみると，1980 年代以降，米国政府は，特許の保護を拡大・強化する政策をとってきた．これに対し，他の先進国も結果的には追従し，現在に至るまでに各地で政策的な変化が起きている．日本政府も，1990 年代の新興国企業の台頭を背景に日本企業の国際競争力が低下し始めたことを受けて，米国同様の政策をとり始めている．

近年，これらの政策の結果として，知的財産権の価値が増大している．権利

---

[1] PCT システムは国際化がまだ不十分であることに注意しなければならない．PCT システムによって，調査・予備審査は一本化されたが，各国への出願段階では，その国の法令に従ってその国の言語でやり直さなくてはならない(高倉，2001)．

の譲渡や侵害時に支払われる金額が増加したからである．しかし政策の結果は，イノベーションの実現にとってマイナスの影響をもたらした部分もある．企業がつくる現代社会の多くの製品は，自社以外のさまざまな企業から購入された部品や素材によって構成されている．こうした細部の権利関係についての把握が困難な状況と並行して，権利の金銭的価値が高額化したことで，権利関係の把握や交渉に関する多大なコストがかかる企業もでてきている．これらはイノベーションの実現に向けて努力する企業において，無視できない状況といえる．

　イノベーションと知的財産が，企業内の組織体制や企業間関係の課題として関連する中で，各国及び国際的制度の重要性は増加しつつある．そこで7.2節と7.3節では，知的財産制度の政策的意義と動向について見ていく．

7.2　経済政策としての知的財産制度

　知的財産権に関する政府のしくみづくりは，企業のイノベーションと無関係ではない．企業は海外進出先での製造や販売に関する知的財産権の保護を考えなければならない．その理由の1つが模倣被害対策である．模倣対策を知的財産権取得の目的としている企業は多い．特許庁が公表した『2009年度模倣被害調査報告書』では，78.5％の企業が，模倣被害対策の内容として，「国内外での知的財産権の取得」と回答している．

　現在，前述のPCTは，特許出願を国際的に一括するシステムとして存在している．しかし，出願された発明が特許として認められるかどうかは，各国特許庁での審査に委ねられている．つまり，国毎に権利の有無と効力は異なるため，企業は各国での状況に対応した戦略が求められる．こうした背景には，特許制度を含む各国の知的財産制度が，属地主義の原則の下で，各国の経済発展水準，歴史，文化的状況など，さまざまな実情に応じて設計，運営されているという事情がある（山口，2010）．

　そもそも各国にとって，知的財産制度を整えることは，自国の発展を考え

7.2 経済政策としての知的財産制度

るうえで重要な政策課題であった．例えば特許のしくみは，14〜16世紀のヴェネチアやフランス，イギリスで確立された特許状(letters patent と呼ばれる)のしくみにさかのぼることができる(Scotchmer, 2004；邦訳，2008；石井，2005)．これは新技術に習熟した外国の職人に，その技術の国内での使用(製造・販売)を排他的に認める特許状を与えることで，優れた外国職人を移民として多数自国に招き入れ，他国の新技術を国内で普及させるためのしくみである[2]．

このしくみを近代的な特許制度として発展させたのが，17世紀のイギリスである．当時のイギリスの技術水準は大陸諸国に大きく劣っており，優れた技術を持った大陸の職人のイギリスへの移住を誘導するために特許状が付与されていた．ただし技術導入と無関係なものであっても，国王に上納金を納めることで特権を得ることができた．独占によって得られる利益は上納金を支払ってもなおそれを上回るものであったため，特権者はこのしくみを受け入れていた．減少した関税収入を補填するために，次第に国王は多くの権利を認可していく．その結果，塩や酒，油の製造・販売までもが特許状によって独占される事態を招いた．これに対し，特許状に関する国王の権力の制限を必要と考えたイギリス議会は，1624年に専売条例(statute of monopolies)を制定した．この条例は，新規方法の発明者に14年以下[3]の期間に限って専業特許を与えるとともに，国王による専業特許状の発行を原則として禁止し，例外として新規事業，特に発明に限って発行を認めるものであった．特許制度は，新規の発明に限って一定期間その利用を独占する権利を与えるしくみになったのである．

18世紀に産業革命を支える綿紡績技術や蒸気機関が発明されると，この制度が産業社会の進歩に有効であるという考えが広まり，その後欧州各国で，自

---

[2] これらの特許状は，統治者である国王の自由裁量で与えられていた(Scotchmer, 2004；邦訳，2008)．当時の特許制度は，自国産業の規制(認められた者のみが製造・販売できるしくみ)を通じて，国王の政治的権力を維持強化する機能も担っていたのである．

[3] 石井(2005)によれば，当時の徒弟修業年限は7年間であり，14年間あれば2回転実施でき，技術が確実に移転できると考えられた．

国の産業発展とイギリスへのキャッチアップを目的として特許制度がつくられた．

しかし各国が産業発展を遂げる中で，それに遅れた国が特許制度を導入するだけでは，逆に外国の技術が自国で利用されず，自国の産業発展を遅らせることになる．つまり，先進国が国内外で特許制度の近代化を推し進めることは，自国の産業振興だけでなく，自国企業が他国の市場で排他的な権利を獲得することも意味したのである．

これに対応した制度をつくったのが，プロシア(現在のドイツ)である．プロシアでは，先進技術の導入促進と発明奨励を目的として，1815年に特許法がつくられたが，この制度が外国の発明を保護することになり，国内での技術利用が妨げられるようになった．そこで1853年に，海外の先進技術の国内導入・普及を図るため，特許を実施していない状況で，他者がその特許の実施を強く求めたときには，適切な条件で他者にその特許の実施を許諾しなければならないとする「強制実施権(compulsory licensing)」の制度を創設したのである．

現在もこうした状況は，新興国や発展途上国の政策として必要とされる課題の1つである．例えば中国では，特許に関する法律「専利法」が1985年に制定されて以降，特許出願が増加し始めるが，権利の認可は1999年以降になって増加する(図7.3)．これは1999年以前の中国政府が，特許授権による技術の保護に消極的であったことを示している．中国は2001年にWTO(世界貿易機関：World Trade Organization)に加盟したが，それに先立ち，加盟の条件として，先進国から知的財産権の保護強化を要求されてきた．申請件数がその後増加していることからも，同国における知的財産権の保護強化が強く期待されていたことがわかる．現代においても知的財産権は，政府に自国産業の発展のうえでのバランスを考慮する課題を生み出しているのである．

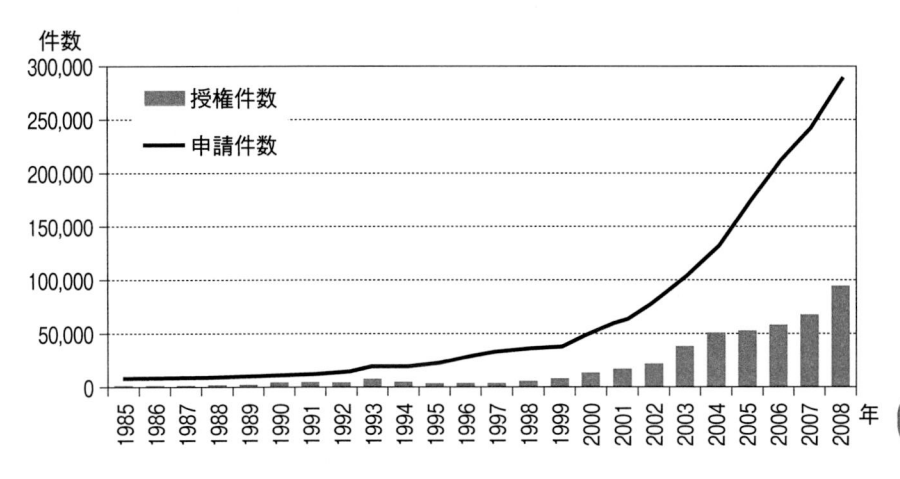

図7.3 中国の発明申請件数と授権件数の推移
(出典) 国家知识产权局 HP http://www.sipo.gov.cn/sipo2008/tjxx/(2010年8月23日)より作成.

7.3 知的財産権の価値の増大と国際的保護の強化

7.3.1 米国の知的財産制度

　昨今の知的財産権に対する企業の関心の高まりに影響を与えてきたのが米国の政策である．なぜなら米国は近年，特許として保護される領域を広げ，権利として強力に保護する姿勢を他地域よりも進めてきているからである．米国では18世紀後半に，強力な特許保護政策を導入するが，20世紀初頭からの約80年間は反トラスト政策を執ってきた．1790年，現在も米国特有の特許システムとして継続されている先発明主義(first to invent system)[4]を採用した特許法が制定された．イギリスからの技術輸入と発明奨励のために，より強力な特

---

[4] 先発明主義とは，最初に発明をした発明者に特許権を与える制度のことである．後述する先願主義(first to file system)は，最初に特許出願を行った者に特許権を与える制度であり，米国以外の国で採用されている．

許保護政策として施行されたのである．しかし，20世紀初頭に経済が低迷し企業間競争が激化すると，各企業は産業内でさまざまな協定を結び始める．特に，製品化に必要な特許を持つ競合企業同士が締結した特許の相互利用協定は，ときに市場支配と絶対的な価格決定力の基盤となった．米国ではこうした企業間協定による市場支配への反発から，次第に反独占・反特許の政策をとる国家へと変わっていく．

しかし1980年代に，米国の特許政策は転換期を迎える．その背景には，さまざまな産業において脅威となり始めた日本企業の存在があった．米国政府は，自国産業の国際競争力を取り戻すために，開発投資へのインセンティブを強化する必要があると考え，特許の保護を拡大・強化する「プロパテント政策」を展開する．その1つが，大学や公的研究機関が公的資金を使用して行った研究の成果に特許権を付与することで，これら機関の開発投資へのインセンティブを強化する「バイドール法(the Bayh-Dole Act)」の制定である．また1982年には，特許関連事件の専門裁判所である連邦巡回区控訴裁判所(CAFC：United States Court of Appeals for the Federal Circuit)が設立され，特許権の侵害が認められる事例が増加し，侵害者に請求できる賠償金額が大幅に上昇した．

これを象徴するのが，1989年にポラロイド社がイーストマンコダック社に対して起こした，インスタント写真技術に関する訴訟である．この訴訟では原告ポラロイド社の主張が認められ，被告コダック社は和解金として，米国裁判史上最多(当時)の9億ドル以上を支払ったとされる．また，ポラロイド社が要求した，コダック社のインスタント写真市場からの撤退も認められたため，コダック社の損害額は，流通在庫品の買い戻しや製造施設への投資の償却のためさらに膨れあがった．こうしたプロパテント政策と特許紛争の動向は，米国企業の間に，特許を取得すれば多額の賠償金を獲得できる可能性が生まれるという認識を広めた．これらが最近になり企業経営に不安を与える事態を引き起こしていることについては後述する．

7.3.2 知的財産制度の国際的動向

知的財産権の保護拡大・強化をする政策的姿勢は，国際的なルールづくりにも向けられた．米国政府は，1986年のGATTウルグアイ・ラウンド以降，各国による知的財産権制度の整備と，違反国への制裁の強化を目的として，GATT主導の知的財産権保護の国際ルールづくりに取り組んだ．その結果1995年に，WTO設立協定に付属する貿易協定の1つとしてTRIPS協定 (agreement on trade-related aspects of intellectual property rights)が発効される[5]．

これは国際的な知的財産権保護のルールを管理する機関が，WIPO(World Intellectual Property Organization)[6]からWTOにシフトしたことを意味する．それまでの管理機関であったWIPOは，国際的な知的財産権保護の強化を目指す米国にとって，利用できないものであった．なぜならWIPOでは，1)違反国に制裁を行わず，是正を勧告するにとどまっており，2)ルールの決定が全会一致方式であり，発展途上国に不利なルールは採択できず，3)先願主義による法的統一を目指すものであったからである(高倉，2001)．

こうした管理体制の変化の背景には，米国の強行姿勢や日本政府の意図，欧州の交渉参加者の事情などがあったとされている(高倉，2001)．米国は，

---

[5] TRIPSは，知的財産権の貿易関連の側面に関する協定であるが，その成果として，違反に対する制裁を可能にしたことがあげられる．この協定は，WTO協定の一部であり，加盟国がこれに違反した場合，違反国をWTOの紛争解決機関に提訴して，違反行為の是正を求めることができる．是正勧告を受けた国が勧告に応じない場合，提訴国はその国に対して制裁措置を執ることができる．

[6] WIPOとは，1970年に設立された知的財産権の国際的管理機関であり，欧州が国際的な知的財産制度の構築を主導してきたことをある意味で象徴する存在である．前身であるBIRPI(Bureaux Internationaux Réunis pour la Protection de la Propriété Intellectuelle)は，19世紀後半に欧州でつくられた知的財産権に関する2つの国際条約，「工業所有権に関するパリ同盟条約(Convention de Paris pour la protection de la propriété industrielle)」と「ベルヌ条約(the Berne Convention for the Protection of Literary and Artistic Works)」の管理機関が統合されて1893年に設立された．

GATT 主導のルールづくりが無理ならば，二国間交渉で攻めるという強硬姿勢を見せていた．米国の貿易に不利益を与えている国家で，知的財産権制度が整備されない場合，通商法 301 条による報復関税や輸入規制などの対抗措置をとるという姿勢である．

　日本も，GATT 主導のルールづくりが始まった段階で，既に米国の強硬な二国間交渉の影響を受けており，こうした対抗措置の発動を封じたいという希望を持っていた．同時に，途上国における知的財産権制度の整備が日本の利益にも適うとの判断から，基本的に米国と同調姿勢をとった．その後 1990 年代に新興国企業の台頭で日本企業の国際競争力が低下し始めると，日本も 2003 年の知的財産基本法の制定，日本版バイドール法の導入，知的財産高等裁判所の設置など，米国同様のプロパテント政策を採用しつつある．

　一方，欧州は，これまで欧州を基盤に，国際的な知的財産権保護のルールを管理してきた WIPO の存在意義が失われるため，GATT 主導のルールづくりには反対の立場を取ると考えられていた．しかし，ルールづくりに参加した欧州委員会 (Commission of the European Communities) は，欧州共同体とは独立して欧州の特許保護ルールを管理していた欧州特許機構及び欧州特許庁に代わって，欧州の特許問題を管掌したいという思惑を持っていた (高倉, 2001)．このため欧州委員会は，GATT 主導のルールづくりに反対姿勢を示さなかった．こうして WTO が各国の知的財産権保護の管理機関となり，WIPO は特許制度に関しては，1978 年に発効した PCT を整備し，**図 7.4** のように企業の出願にかかるコストを小さくするためのしくみをつくる機関となったのである．

　また，著作権制度の国際的基準も米国のものに近づけられたといえる．TRIPS 協定では，ベルヌ条約による保護対象に加えて，新たにコンピュータプログラムやレコード制作者の著作権の保護を追加した．また同時に，プログラムやレコードの貸与に関する権利や放送事業者の権利の保護も義務づけている[7]．

　こうした近年の知的財産権制度の動向は，発展途上国にとって不利な流れと

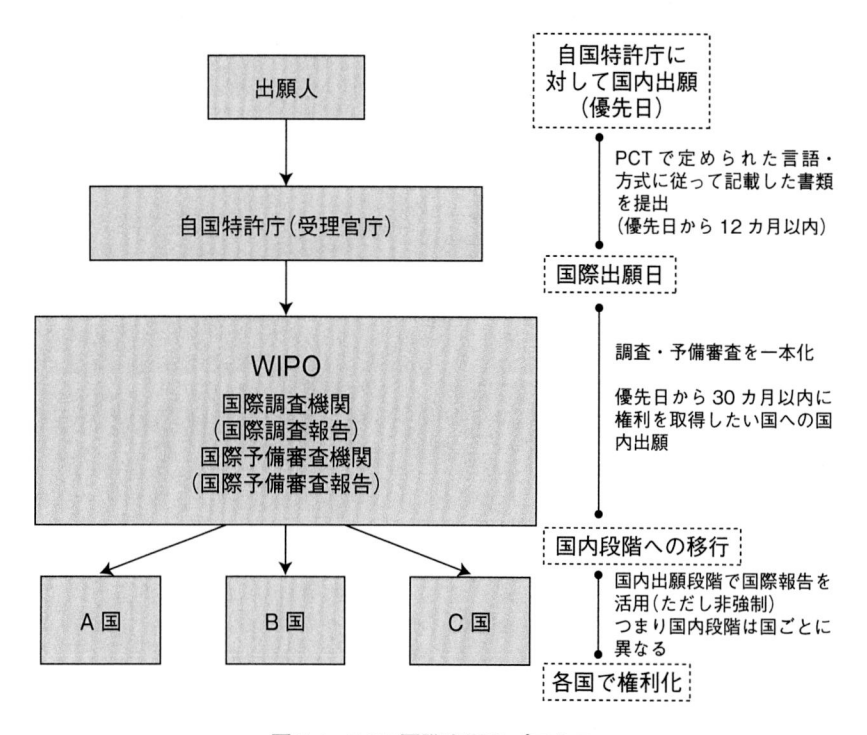

7.3 知的財産権の価値の増大と国際的保護の強化

図7.4 PCT国際出願のプロセス

(出典) 高倉(2001)『知的財産法制と国際政策』, 有斐閣, p.282を一部修正.

考えられている. なぜなら発展途上国にとって知的財産権保護の強化は, 外国企業・産業の保護を強化し, 自国企業・産業の成長を妨げる可能性も含むからである. 従来のWIPOでのルールづくりは全会一致方式のため, 発展途上国の意見が反映されやすかったといえる. そのため発展途上国は, WIPO

---

[7] また1996年には, インターネットやインタラクティブ送信などの情報通信技術の発展と関連して, デジタルコンテンツの保護に重点をおいたWIPO著作権条約(World intellectual property organization Copyright Treaty：WCT)が締結され, WIPOがその管理機関となっている.

で1992年から始まった「知的財産分野における国家間の紛争処理に関するWIPO条約案」の検討を継続することを求めた．しかし，日本や米国など先進国が消極的態度を取ったため，1997年，WIPO一般総会は，TRIPS協定とWTOによる処理手続きがどのように機能するかを見極めるまで，WIPO条約案の検討を中止することを決定した(高倉, 2001).

しかし先進国がTRIPS協定から得られるメリットも，限定的なものにとどまってきた．例えばTRIPS協定の成立後，多くの国で法整備が進められたにもかかわらず，模倣品の問題は改善されているとは言い難い．模倣品の問題は，従来のように，比較的模倣が容易であった高級ブランドのロゴやデザインだけではなく，途上国の技術力向上を背景に，自動車や電化製品などの分野でも現れている．これに対し，主要先進国は，TRIPS協定に代わる発展途上国との知的財産権問題の議論の場として，自由貿易協定(FTA：Free Trade Agreement)交渉を用いつつある(山口, 2010).

知的財産制度に関する国際情勢次第で，売上や利益が左右される企業にとって，政府の働きかけは重要な意味を持つといえる．過去にはこうした企業が自発的に連携し，政府に保護強化を要求してきたこともある．例えば米国では1986年に，デュポンやファイザーなどの製薬企業が，IBMやGE，GM，HPなどと共に，知的財産委員会(IPC：Intellectual Property Committee)を結成した．同委員会は，米国大統領や通商代表部に「医薬ノウハウ」や「プログラム」などの保護強化と，GATT主導のルールづくりを強く要求したとされる(高倉, 2001)．こうした状況を背景にした米国政府の働きがけがなければ，知的財産権としてのコンピュータプログラムやデジタルコンテンツの国際的保護は，進まなかった可能性もある．

国際競争が激化する中で，分野によっては，競争優位の獲得のため，政府との連携が必要となる企業や産業も存在するといえる．同時に，企業は次節以降で見るように，知的財産権を戦略的にマネジメントしなければならない．

7.4 経営戦略の中での知的財産権

7.4.1 競合他社の参入を防ぎ，利益の増大を追求する知財戦略

　法的手続きを経れば自社の知財が権利として保護されるしくみが存在する状況では，どのような戦略が考えられるだろうか．一般的な知財戦略として知られているのは，権利化によって他社がその知的財産を利用することを防ぐ方法である（Chesbrough, 2003；邦訳，2004）．知的財産権を侵害しようとするものには訴訟を起こし，知財の独占排他的な利用から経済的価値を追求する戦略はマーケットシェアポリシーと呼ばれる（鮫島，2005）．

　知的財産権が単独でも重要な防衛手段になる分野の1つに，医薬品産業があげられる．医薬品は開発された化学物質の権利を保護することが，製品そのものの権利を保護する状態に近い．現在の日本の法律では，新しく創出された化学物質を特許にすることができる．かつて化学物質は，その製法のみが特許にできた．これは製造方法が特許に抵触しなければ，同一の化学物質を別の企業が開発することも可能であったことを意味する．1976年の特許法改正において，化学物質そのものを特許化できる物質特許制度が導入された．これをきっかけに日本の製薬企業は，基礎段階からの研究開発を行い，独自の新薬を創出しなければならなくなったと同時に，成功すれば競合他社が参入できない独占的な立場を獲得できるようになった．

　また，医薬品産業では，製品となる新医薬品の研究開発に9〜17年を要するにもかかわらず，新薬として発売される確率は21,677分の1と非常に低い（日本製薬工業協会知財支援プロジェクト，2010）．そのため，必然的に医薬品産業の研究開発費は高額になっている．知的財産権によって競合他社の参入を防ぎ，市場から得られる利益を大きくするという戦略は，高額な研究開発投資の回収のためにも必要といえる．

7.4.2 多数の権利が必要となる分野の知財戦略

　では，1つの製品に多数の知的財産権が必要になる場合はどうなるだろう

か. 電気や機械，半導体などの産業では，1つの製品を完成させるために多くの特許が必要になる．ある製品に関する全ての特許を，1つの企業が保有することはほぼ不可能である．つまり，製品化に必要な特許を他社が保有している場合が出てくるのである．こうした状況では，使用する権利（ライセンス）の取得や他社から受ける特許侵害警告への対応が必要になる．

　対応にはさまざまなパターンが考えられる．最も単純なケースでは，他社から必要な特許などの実施許諾権を購入するというものがある．簡単にいうと特許権の売買交渉であり，ストレートライセンスと呼ばれる（高橋・中野編，2007）．また反対に，特許を保有する側のとる手段として特許を他社に対して開放し，その対価としてロイヤルティを取得することもできる．このような方法をオープンライセンスポリシーと呼ぶ（鮫島，2005）．

　オープンライセンスポリシーとして，こうした売買契約を結ぶものとは別に，クロスライセンスと呼ばれる方法がある（高橋・中野編，2007）．もし仮に1つの製品をつくるのに必要な特許権それぞれに対して実施料を支払い，その交渉にかかったコストも販売額に上乗せしていくと，市場で受け入れられない価格で販売することになりかねない．これに対しクロスライセンスでは，自分の持つ特許権を交渉材料として使用する．複数の企業が，各々が保有する知的財産権の相互利用契約を結ぶのである．つまり契約の成立は，お互いの特許権の使用許諾料が相殺されたことを意味する．これは，訴訟リスクを負わずに製品を開発するしくみでもある．

　クロスライセンスによって実施許諾料が相殺されるとはいっても，この契約では単純に価格を比較するわけではなく，個々の事業における有効性と将来の開発能力も評価の対象となる（高橋・中野編，2007）．対等な立場の相手に対するクロスライセンスの対価決定のプロセスとは，「①お互いの特許を評価し，②その対象製品がどういうものかを決め，③この製品に必要な特許を選択したのち，④特許のグレードを分け，⑤秘密保持契約を結んで，それぞれの研究所を訪問して，⑥今後どれくらい新しい特許が出てきそうかを考慮し，⑦その製品の事業計画を双方それぞれで予想し（拘束的なものではない），この製品の

(例えば5年間の)売上がいくらになるかを計画し，両立が確定すればこれを掛け合わせて相殺していくというものである」[2]

また，複数の企業が特許を保有しているために製品化を難しくしている状況を解決する別の方法として，特定の企業または第三者機関に各々の企業が持つ特許を集積し，その企業や機関が，各企業にライセンスを提供する，「パテントプール契約」方式がある(永田編，2004)．

ここでは高橋・中野編(2007)を参考に，パテントプールの事例として，動画圧縮技術に関する検討を行う合同ワーキンググループから発展したMPEG-2パテントプールについて見ていく．

MPEG-2とは，国際標準化機構(ISO)と国際電気標準会議(IEC)の合同技術委員会のワーキンググループの1つである，MPEG(Moving Picture Expert Group)が作成した映像データの圧縮方式である．MPEG-2は標準規格としては優れていたが，関連特許は複数の企業によって保有されていた．これに対しMPEGは，これら必須の特許を単一でライセンスできる方策の検討が望ましいとの結論に達し，MPEG-2規格にとって必須となる特許の調査が行われた．その結果，日米欧の9機関(ソニー，富士通，松下電器，三菱電機，AT&T，General Instrument, Scientific-Atlanta, Philips Electronics, コロンビア大学)が権利保有する必須特許20数件が抽出された．次に，これらを一括でライセンス供与するしくみとして，1996年にMPEG LA(MPEG Licensing Administrator)が設立された．これはMPEG-2の必須特許を各権利保有者からプールしてもらい，それらを一括してライセンス供与する企業である．その後2006年11月までに，この企業に対し25機関の790以上の特許がプールされ，1,000以上の企業に対して必須特許の一括ライセンス供与が行われている．

7.4.3 非協調的な知財戦略

知的財産権は，標準規格の形成において協調的に利用されるとは限らない．標準策定を利用した非協調的な戦略として，「事後ライセンス」と「積極的なホールドアップ」がある(Simcoe, 2006)．前者は標準に関係のある知的財産

権を探索し,実装者にライセンス提供を持ちかける戦略である.つまり標準策定組織に参加していない企業が,標準が策定されたことを期に,自分たちの保有する特許の収益をあげるために利用しようと目論むのである.こうした手法は,後述する知的財産権の存在が企業に突きつけている問題の1つである「パテントトロール」とも似ている.

後者は知的財産権を開示せずに標準策定組織に参加し,事後ライセンスの機会を追求する戦略である.ここではその事例としてSimcoe(2006)が扱ったラムバス事件について見ていく.同社は,コンピュータメモリの標準規格を開発していた標準策定組織に参加していた.しかし標準策定が進行する背後で,継続出願と呼ばれる特許制度の抜け穴を使い,審査中の特許に修正を加え,最終的な標準規格内に含まれる特許をつくり出した.このことは標準策定組織に開示されず,標準規格は策定されたが,同社が修正を加えて申請をしていた特許が認められると,その標準の実装企業に同社はライセンス購入を要求したのである.

7.4.4 知的財産部の役割

さまざまな知財戦略を効果的に実行するには,社内の研究から生み出された知財を権利化し,他社と交渉する,専門的なスキルが必要となる.そのため,専門的にこれらの業務に取り組む部門として,知的財産部や「知財屋」,「ライセンス屋」と呼ばれる組織をつくる企業もある(高橋・中野編,2007).

こうした組織が企業内で果たす役割は,企業によってさまざまである.知的財産部に対し,法的手続きの遂行や権利の交渉だけでなく,経営判断に対する情報提供を期待している企業もある.多くの企業においては,製品開発を行うにあたり,全てを自前で行うか,他社や研究機関からの技術導入を行うかの判断が必要である.また技術導入の方法としても,相手が権利を保有したままライセンス供与を受けるだけでなく,その権利自体を購入するという選択肢がある.後者の方が必要となるコストは大きくなるが,利用の自由度は高くなる.もちろん,より大きなレベルではM&Aも検討できる.仮に自社が事業を行

ううえで障害となる他社の特許が見つかったとする．その場合に知的財産部は，特許の無効理由の有無やライセンス交渉の可否などの情報提供を行い，経営方針を検討する場に参加するのである．

コラム 8　技術開発に重点をおく中国企業の特許戦略動向

　多数の特許を保有することは，防衛的・攻撃的にさまざまなメリットがあると考えられてきた．特許の出願数は産業によって多数行われるものと，そうでないものとが存在する．2009 年の PCT 出願の技術別データを見てみると，電気機械器具，デジタルコミュニケーション，コンピュータ技術，医療技術，医薬品が 1 万件を超えている．PCT の年次報告書は，2004 年から企業別の出願件数のランキングを公開している（表 1）．2009 年の PCT 出願のトップはパナソニック（かつての松下電器）である．2004 年以降の結果を見てもわかるように，同社は出願件数で絶えず上位を占めてきた．

　近年の PCT 出願では，アジアの企業が台頭してきていることもうかがえる．2009 年の上位 10 社のうち 6 社（パナソニック，華為技術，LG エレクトロニクス，トヨタ自動車，シャープ）がアジアの企業である．中でも注目すべきは，2008 年の出願件数で 1 位となった華為技術である．同社は 1988 年，通信ネットワーク設備メーカとして中国の深圳市に設立された．企業名だけではあまりイメージが浮かばないかもしれな

表 1　年間 PCT 出願件数ランキング

順位	2004	2007	2008	2009
1	フィリップス	パナソニック	華為技術	パナソニック
2	パナソニック	フィリップス	パナソニック	華為技術
3	シーメンス	シーメンス	フィリップス	BOSCH
4	ノキア	華為技術	トヨタ自動車	フィリップス
5	BOSCH	BOSCH	BOSCH	クアルコム
6	インテル	トヨタ自動車	シーメンス	エリクソン
7	BASF	クアルコム	ノキア	LG エレクトロニクス
8	3M	マイクロソフト	LG エレクトロニクス	NEC
9	モトローラ	モトローラ	エリクソン	トヨタ自動車
10	ソニー	ノキア	富士通	シャープ

（出典）　PCT Yearly Review より作成．

いが，近年の製品ではイーモバイルの小型無線インターネット接続機器「Pocket WiFi (D25HW)」やソフトバンクモバイルが携帯電話の通信機能を活用したデジタルフォトフレームとして市場投入している「Photo Vision HW001」などがある．現在同社は，新たな携帯電話の通信規格であるLTE(Long Term Evolution)に関わる技術の15～20%に達する特許を保有しているとされる．また，従業員の約半数を研究開発スタッフで構成し，売上の10%以上を研究開発費につぎ込むなど，同社は技術重視の姿勢を鮮明にしている．

2008年にPCT出願数で1位になった際，WIPOから「高い技術を持った洗練された企業」と高い評価を得た華為技術も，かつて模倣大国の企業の1つとして扱われていた時期がある．強い価格競争力も有する同社は，2003年頃には当時世界の通信機器最大手であった米国のシスコシステムズに対し，安い通信機器で攻勢をかけるまでに発展する．しかし華為技術は米国進出の発表直後の2003年1月，シスコによって知的財産権侵害として提訴される．当時の華為技術が販売していた製品は，同等の性能として比較するとシスコの半額以下という低価格であった．シスコ側は，華為技術がその製品において，シスコが開発したソフトウェアの一部を無断でコピーしていると指摘した．その他，製品マニュアルもシスコのコピーであった．華為技術は指摘を認め，問題となった製品の販売中止やマニュアル，基本ソフトの書き換えなどの改善策を実施し，2004年7月にシスコは訴えを取り下げた．

その後の華為技術の取組みは先に述べた通りである．中国の企業といえば，模倣問題として取り上げられるイメージが強いが，華為技術のように技術や特許を重視する姿勢の企業も現れている．もちろん数としてはまだ僅かである．こうした企業が今後，技術開発と特許数を増加させるだけではなく，これらを製造や流通，販売の部門と有機的に結合させて新たなビジネスをつくり出す能力を持つようになれば，競合企業としての脅威はさらに高まるだろう．

7.5　オープンイノベーションと知的財産権

自社での製品化や他社とのクロスライセンスのために積極的に権利化を行う大企業では，多くの特許が死蔵されている場合がある．その理由は，どの特許

が自社で価値を生み出すのか，交渉場面で価値を持つのかを，特許の出願段階で知ることが困難なためである．自社での製品化や他社とのクロスライセンスのために，知的財産権を一時的に保管する行動を繰り返していくと，権利の維持コストだけが増加する危険がある．

このような状況の中，近年企業の知財戦略を変えるものとして注目されているのが，オープンイノベーションである．オープンイノベーションとは，「企業内部と外部のアイデアを有機的に結合させ，価値を創造すること」と定義されている[3]．

これを理解するには，クローズドイノベーションとの対比が必要である．クローズドイノベーションとは，自前主義的に新たな価値創出を行う活動である．つまり垂直統合の形で，アイデアから試作品の製作，テスト，顧客の反応の調査などを全て自社で実施することを意味する．自社研究所などで先端技術を開発しようとすることもこれに含まれる．そこでは企業が創出・保有してきたあらゆる知財が，市場に提供されるまでに次第に選別されていく．

しかし，たとえ社内では必要と判断されなかった知財でも，他社が活用することによって価値が創出される可能性はある．その一方で，世界中の企業や大学の知財が，自社の発展と結びつく可能性もある．こうした認識の高まりと，研究開発コストの上昇，製品ライフサイクルの短命化が，オープンイノベーションを重要視する企業を増加させつつある(Chesbrough, 2006；邦訳, 2007)．

オープンイノベーションを推進する企業が増加する中では，これまで自前で研究開発から製品化までを実施してきた企業も，図7.5のような，収益を増加させるための新たなビジネスモデルを構築することができる(Chesbrough, 2006；邦訳, 2007)．このビジネスモデルが目的とするのは，1)社外のアイデアを活用する方針によってもたらされる自社負担の研究開発コストの削減と，2)未活用アイデアを他社が活用することでもたらされる収益の増加，である．

このビジネスモデルの例として，権利化したが未活用となっている知的財産権を，社外にライセンス提供していき，ライセンス料としての収益を増加させ

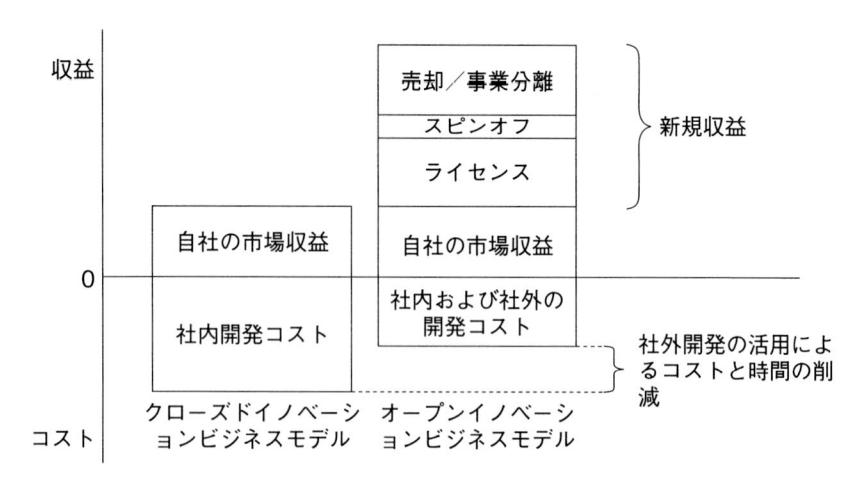

図7.5 オープンイノベーションの新しいビジネスモデル

（出典） Chesbrough(2006). *Open Business Models*：諏訪・栗原(訳)(2007)『オープンビジネスモデル』,翔泳社,p.21を一部修正.

ていく方法がある(Chesbrough, 2003；邦訳, 2004).実際 IBM は 1980 年代の終わり頃から始まる,米国での特許価値の高まりの中で,積極的に特許を取得し,ライセンス収入を増やしていった企業である.こうした活動で重要となるのは,知的財産権のニーズの創造といえる.以下の事例が示唆するように,他社に売却やライセンス提供する際の知的財産権の価値は,買い手が価値を認識できない場合,下落する.

ここでは Chesbrough(2003；邦訳, 2004)が用いた Xerox の事例を取り上げる.Xerox は,ある知的財産権について,将来的にも社内で使用することがないと判断し,スピンアウトした企業に売却しようとした.その際,この知的財産権は,ベンチャーキャピタルが査定した.Xerox はこの知的財産権の売却額を,開発のために投資してきた額と同じくらいの額と想定していた.しかしベンチャーキャピタルは,その半分にも満たない額と査定した.その理由は,Xerox が売却しようとした知的財産権が,どのような方法で利益を得

られるものなのかを，Xerox 側が明確にしなかったためである．このように，買い手にとってのニーズが明確化されない限り，知的財産権の売却やライセンス提供による収益の増加は難しいといえる．

　本節では，近年新たな知的財産権のマネジメントへの要請として注目されているオープンイノベーションについて見てきた．従来の知的財産権は，他社の実施を阻み，自社がイノベーションを起こす自由度を高めるために使用されてきた．これに対しオープンイノベーションでは，知的財産権の流通が活性化することで新たな価値が生み出される機会を増やすという考え方をする．標準規格策定などで特許を開示するという行動もこうした事例に含まれている．

　オープンイノベーション事例は米国を舞台にする話が多い．日本でも2009年に特許庁が『知的財産戦略から見たオープンイノベーション促進のための取組事例』を公表している．今後は日本の政策・産業・社会的背景を含めた戦略事例が，米国の場合とどう異なるのかを検証していく必要があるだろう．

7.6　イノベーションに立ちはだかる知的財産権の課題

　本章では，知的財産制度と企業のイノベーションには，相互に影響を与えながら発展してきた歴史があることを確認してきた．政府の側では，発明のインセンティブや他国企業の権利保護を意味する制度を，自国の産業振興上どのように構築するかが問われてきた．そのため，権利化の可否や権利の効果を定める知的財産制度は，各国によって異なる．経済がグローバル化する中で，知的財産権に関する国際的なルールを今後どうするのかは，現在も議論されているテーマである．

　企業が知的財産権をイノベーションと結びつけるためにとる手法も，産業構造や製品の特徴によって異なる．知的財産権の国際的な保護強化を望む企業は，自国政府を重要なステークホルダーとして考える．他方で政策に依存することなく，業界内の企業が保有する知的財産権を相互に使用許諾するしくみの構築が重要と考える企業もある．昨今では，自社利用以外の目的で知的財産権

のマネジメントを考える企業も登場している.

イノベーションのための知財戦略を考えていくには,国際的な情勢として各国の制度動向を過去も含めて把握することが必要である.また自社が参入する市場において,どのような知財戦略が有効なのかを判断することも必要になる.国際的な知的財産制度の整備が進み,権利としての保護が強化されつつある現在,企業は知的財産権を無視して経営を行う訳にはいかない.IBMのように,米国の知的財産政策の変化によって新たなビジネスチャンスが生まれることもあるが,逆に支障が生まれる可能性も否定できない.

例えば,特許権を保有しているにもかかわらず,その実用化を行わないアクター(企業・団体または集団)の出現である.Heller=Eisenberg(1998)は,米国でプロパテント政策の一環としてバイドール法が制定された結果,大学の生み出した基礎技術の特許による私有化が進展し,企業がそれらの研究成果を利用する取引コストが増大していることを指摘し,これを「アンチコモンズの悲劇(tragedy of the anti-commons)」と呼んでいる.大学は企業が求める基礎技術の特許を保有する一方で,実用化への関心が低いため,企業と大学との間のクロスライセンス契約成立は難しい[8].

その実用化を行わないアクターが特許権を獲得・保有することによる弊害は,近年では「パテントトロール」の問題として深刻化している.パテントトロールとは,投資家などから集めた資金を基に,将来の主力技術と見込まれる特許権や,個人発明家などが保有する未実施の特許権を買い集め,その権利を「侵害」した企業に多額の損害賠償やライセンス料,和解金を要求するアク

---

[8] こうした課題を解決するため,大学の研究成果を特許化し,それを企業へ技術移転する機関(TLO:Technology Licensing Organization)を設立するしくみが米国や日本でつくられている.特許庁HPによると,現在日本では50の機関が承認・認定TLOとなっている(http://www.jpo.go.jp/kanren/tlo.htm 最終確認日2011年1月31日).また大学によっては,知的財産に関するコンサルティングや啓発セミナーの実施,TLOとの連携を行う組織をつくっている場合がある(例えば,大阪市立大学新産業創生研究センターなど).

7.6 イノベーションに立ちはだかる知的財産権の課題

ターである．パテントトロールは，製品をつくるために特許権を必要とするのではなく，損害賠償やライセンス料，和解金から利益を獲得するために特許権を集めている．パテントトロールは，特許権購入前の作業として，将来普及しそうな製品に使用されている特許権を調べる．そして，その特許権に類似し，かつ先に成立した特許権を保有する個人発明家などを探し出す．それらの特許権を買収しておき，製品が市場に出回り始めた時期に，その製品をつくる企業に対し，訴訟をおこすのである．

加えて，裁判が行われる場所も，パテントトロールに訴えられた企業の懸念材料の一つである．米国のように，陪審員制度を採用している国において訴訟がおこされた場合，その地域の人々の気質に，判決が左右される可能性がある．実際，海外企業を訴える場合に，保守的な地域において訴訟をおこすことは，米国のパテントトロールの戦略の一つとなっている．

パテントトロールの出現は，多数の知的財産権が事業化に関係してくる企業にとって，イノベーションと同時に不安も生み出す現象を意味する．アイデアがある段階では遊ばせておき，成功すなわち利益が出るようになるとかぶりついて来るような存在である．また係争対策として弁護士や弁理士を事前に雇えば，それだけで製品開発とは無関係に膨大なコストが生じることになる．現代企業が直面しているこのような事態は，不安に怖じけずにイノベーションを起こしていくために，経営理念を強く持つことが企業に必要であると示しているのかもしれない．次章ではこうしたことについても考えていただきたい．

演習問題

1. 知財戦略において，競合他社や大学，研究機関など，自社以外の知的財産権保有者との協力が必要になる理由を考えよ．
2. PCT 出願件数が増加した背景には，どの地域の，どのような企業の台頭があるのかを考えよ．
3. 先進国と途上国それぞれの政府にとって，知的財産制度をつくる意義はどう違うのかを考えよ．
4. 従来の知財マネジメント(クローズドイノベーション)を実施している企業と，オープンイノベーション戦略を実践している企業とを比較して，それぞれの産業構造や製品技術の特性にどのような違いがあるのかについて考えよ．

引用文献

1) Besen, S. M., and L. J. Raskind(1991). "An Introduction to the Law and Economics of Intellectual Property," *Journal of Economic Perspective*, 5(1), p.5.
2) 高橋伸夫・中野剛治編(2007)『ライセンシング戦略 日本企業の知財ビジネス』有斐閣, p.59.
3) Chesbrough, H.(2003). *Open Innovation: The New Imperative for Creating and Profiting from Technology*, Harvard Business School Press(大前恵一朗訳(2004)『OPEN INNOVATION—ハーバード流イノベーション戦略のすべて』産能大出版部, p.8).

参考文献

邦文
石井正(2005)『知的財産の歴史と現代—経済・技術・特許の交差する領域へ歴史からのアプローチ』発明協会.
鮫島正洋(2005)「知的資産経営と特許戦略」永田晃也・隅藏康一編『知的財産と技術経営』, 丸善, pp.35-51.
高倉成男(2001)『知的財産法制と国際政策』有斐閣.

高橋伸夫・中野剛治編(2007)『ライセンシング戦略　日本企業の知財ビジネス』有斐閣.
永田晃也(2005)「技術経営における知的財産の意義」永田晃也・隅藏康一編『知的財産と技術経営』丸善，pp.1-17.
永田晃也編(2004)『知的財産マネジメント　戦略と組織構造』中央経済社.
日本製薬工業協会知財支援プロジェクト(2010)「製薬協『知財支援プロジェクト』が挑んだもの：大学などの研究機関のライフサイエンス分野における知財戦略の問題とそれへの提言」『社団法人日本国際知的財産保護協会月報』，Vol.55，No.1，pp.26-37.
山口直樹(2010)『知的財産権と国際貿易』成文堂.

英文

Besen, S. M., and L. J. Raskind(1991). "An Introduction to the Law and Economics of Intellectual Property," *Journal of Economic Perspective*, 5(1), pp3-27.

Chesbrough, H.(2003). *Open Innovation: The New Imperative for Creating and Profiting from Technology*, Harvard Business School Press(大前恵一朗訳(2004)『OPEN INNOVATION ―ハーバード流イノベーション戦略のすべて』産能大出版部).

Chesbrough, H.(2006). *Open Business Models: How To Thrive In The New Innovation Landscape*, Harvard Business School Press(諏訪暁彦，栗原潔訳(2007)『オープンビジネスモデル 知財競争時代のイノベーション』翔泳社).

Heller, M. A., and R. S. Eisenberg(1998). "Can Patents Deter Innovation? The Anticommons in Biomedical Research", *Science*, Vol. 280, No.5364, pp. 698 -701.

Scotchmer, S. (2004). *Innovation and Incentives*, The MIT Press(安藤至大訳(2008)『知財創出―イノベーションとインセンティブ』日本評論社).

Simcoe, T. S. (2006). "Open Standards and Intellectual Property Rights," in Chesbrough, H., Vanhaverbeke, W. and West, J. (ed.), *Open Innovation Researching a New Paradigm*, Oxford University Press(長尾高弘訳(2009)『オープン・イノベーション　組織を越えたネットワークが成長を加速する』英治出版).

Sullivan, P. H. (2000). *Value-Driven Intellectual Capital*, John Wiley & Sons(水谷孝三・一柳良雄・船橋仁・坂井賢二・田中正博訳(2002)『知的経営の真髄』東洋経済新報社).

Teece, D. J. (1986). "Profiting from technological innovation: Implications for integration, collaboration, licensing and public policy," *Research Policy*, Volume 15, Issue 6, December, pp.285-305.

Web

中華人民共和国国家知識産権局ホームページ
 http://www.sipo.gov.cn/sipo2008/tjxx/（最終確認日 2010 年 8 月 23 日）．
特許庁ホームページ「承認・認定 TLO（技術移転機関）一覧」
 http://www.jpo.go.jp/kanren/tlo.htm（最終確認日 2011 年 1 月 31 日）．
WIPO ホームページ
 http://www.wipo.int/portal/index.html.en（最終確認日 2011 年 1 月 31 日）

第8章

イノベーションと経営理念

学習目標

　新たな時代に貢献できるよう，企業においてはさまざまなイノベーションが図られる．各々の努力を着実に積み上げ有効なものとするためにも，組織の考え方や行動の軸となる経営理念が重要な役割を演ずる．本章では次の項目を学習する．

1. 企業運営の軸となる経営理念の役割と定義を把握する．
2. 経営理念の事例から，イノベーションとの関係を把握する．
3. 日本の製造業の事例から創業者がどのような思いを持ったか把握する．
4. 新たな時代の経営理念と，日本企業の歴史との類似点を把握する．
5. 経営理念を再定義することで，イノベーションに成功した事例について学ぶ．

8.1 イノベーションにおける経営理念の役割

8.1.1 現代における経営理念の意義

経営理念は，経営目標や経営組織，経営戦略を決めるための経営者の考え方であり，その経営理念の源泉は創業者の精神にある．創業者はある思いをいだいて起業し，組織を編成して社会に貢献を始める．後継の経営者は，新たな経営戦略を定め戦術を磨いて競争力を高めるため，イノベーションによって信頼性の高い製品やサービスを顧客に提供することで企業の存続を図る．

しかし，企業活動がグローバル化する中では，金融危機などの経済の大変動や，想定外の品質問題の発生など，経営の意図や熱意を挫くような多くの事件が発生している．このようなとき，自社は社会のどのような領域に貢献し，将来にわたって必要不可欠な組織として，どのように活動をしていくのかという確固たる経営者の思いがなければ，どの領域のイノベーションを強化すべきかがわからなくなってしまう．そして，将来を確かなものにするために取り組んだイノベーションのコントロールが不可能になり，最悪の場合はイノベーションそのものが企業の不安定要因となってしまう恐れもある(Collins, 2009；邦訳，2010)．

また，新しい時代に適応するための戦略やイノベーションも，単に競合他社との比較において分析的に構築するだけでは，どこの企業も同じような戦略となり，グローバルな活動に移る前に国内の過当競争で疲弊してしまう可能性も高い．世界に通じる新たなイノベーションを育て，事業として有効なものにするためには，経営陣が確固たる信念を持ち，必要な人材や資源をグローバルに集め，企業が目指す方向を構成員が共有し，しなやかに実行する組織的な活動が必要となる．この軸となるのが経営理念である．

本章では，不況の中で多くの企業が縮小せざるを得なかったこの10年ほどの間に急速に伸びたIT系企業や，日本の代表的な製造業の例からイノベーションと経営理念の関係を把握する．また，後半では，これからの企業が新たな顧客を創造していくために，新興国におけるビジネスプロセスのイノベーショ

ンのあり方を，事例を通し把握する．

8.1.2　構成員を支える経営理念

　日本の大企業の創業は，明治維新や戦後など，過去の経済体制が崩壊したあとの混乱の時代が多い．創業にあたっては，人材や資本など多くの不足する経営資源を広く社会から集める必要があった．多くの人々が日々の生活に困り，将来への不安感を持つ中で，創業者は，宗教心にも似た強い信念や事業に対する思いを，「経営理念」としてまとめた．そして，この理念を従業員に浸透させ，判断基準を共有することで，イノベーションを実現しようと努力してきた．

　もちろん強い思いを持った創業者が中心となっている時代には，経営の考え方が企業の最前線まで伝わりやすい．しかし，経営者の代が替わり安定成長の時代になると，組織を構成する各部門の技術や知識が，運営の中核として構成員に認識されるようになる．また，ある事業で成功したがゆえに，逆に新たなイノベーションに取り組みにくくなるというジレンマもでてくる．

　企業家精神についてドラッカーは「企業家は変化を当然かつ健全なものにする．（中略）変化を探し，変化に対応し，変化を機会として利用する．」[1]と指摘している．これは最適配分や均衡ではなく，企業家のイノベーションがもたらす動的な不均衡こそが正常な経済の姿と位置づけた，経済学者シュンペーターの考えを踏襲した定義である(Drucker, 1985)．

　これまで日本の経済は，多くの経済変動を乗り切りながら世界トップレベルへと成長してきた．そのため，企業の経営理念を形式的なものとしてしか受けとめてこなかった人も多いだろう．しかし，百年に一度といわれる経済の大変動を迎えた現在，再度，原点に立ち戻って経営理念について考えてみる必要がある．

8.2 近年の経営理念の例

　企業はアウトプットとして，顧客に利便性や安心や満足を提供し，購入してもらうことで継続的な活動ができる．しかし，顧客が要望する商品やサービスの背景は年々変化する．そのため，商品やサービス，そして顧客と企業を結ぶビジネスプロセスのイノベーションが，企業にとって不可欠となる．しかし，企業独自の考え方や，優先すべき価値観の順序をわかりやすく伝え，構成員が共有することができなければ，具体的な行動にはつながらない．ここでは，近年急成長してきた企業を事例として，経営理念のあり方を把握する．

8.2.1　急成長した新興企業の経営理念

　経営理念は決して古臭いものではない．最近創業され急成長している企業でも，経営理念が制定されている．それでは，ホームページで公開されている下記の経営理念は，どこの企業のものかわかるだろうか．
　① ユーザーに焦点を絞れば，他のものはみな後からついてくる．
　② 一つのことをとことん極めてうまくやるのが一番．
　③ 遅いより速い方がいい．
　④ ウェブでも民主主義は機能する．
　⑤ 情報を探したくなるのはパソコンの前にいるときだけではない．
　⑥ 悪事を働かなくてもお金は稼げる．
　⑦ 外にはいつも情報がもっとある．
　⑧ 情報のニーズはすべての国境を越える．
　⑨ スーツがなくても真剣に仕事はできる．
　⑩ すばらしい，では足りない．

　ウェブやパソコンという言葉が入っていることから見て，IT系の企業ということが推測できる．また，日本の企業ではあまり見られない「民主主義」という言葉が入っている．上記の各項目には，それぞれに詳細な解説がある．
　例えば，項目①の解説には，「顧客を最も重要視していると謳う企業はたく

さんありますが，株主にとっての企業価値を高める誘惑に負け，顧客へのサービスを二の次にしてしまう企業も少なくありません．○○○○は，ユーザーの利益にならない変更は一貫して拒否してきました．」とある．

また項目⑥には，「悪事を働かなくてもお金は稼げる」という直截的な表現が入っている．そして，個人的な自由を強調しているように見える項目⑨の説明では，「チームで目標を達成することや，個人の業績に対する誇りが会社全体の成功に貢献するということを強調しています．」とある．

これらから見れば，最近のグローバリゼーションの中で強調された「株主にとっての企業価値」を高めることとは一線を画し，個人の「成果主義」ではなく，「チームの成果」と「企業への貢献」を大切にしている企業と推測できるだろう．

8.2.2　優先順序を明示する経営理念

組織能力に影響を与える要素には，資源とプロセスと価値基準がある．組織の価値基準とは，従業員が仕事の優先順位を決定する際に用いる判断基準を指す(Christensen, 2003；邦訳，2003)．前項の例の場合，経営理念は優先順位がわかるように作成されているため，従業員は行動の基準とすることができる．

ところで，前項で示した経営理念は，「世界中の情報を整理し，世界中の人がアクセスできて使えるようにすること」をミッションとして1998年に米国で創業され，無料検索サイトを運営するグーグルのものである．グーグルは創業後10年の2008年初頭時点で，年100万人の応募者があり，毎週150人を新規採用し，世界中の従業員は，合計2万人に達していた(Auletta, 2009；邦訳，2010)．グーグルは，育った国や文化，言語が異なる人々を一つの企業の社員としてまとめ，経営している．このため，新規採用された人々が理解しやすく，毎日の業務遂行における優先順序を示す経営理念は必要不可欠なものといえる．

8.2.3　人材を集める経営理念

　グーグルのコンサルタント兼アドバイザーのアル・ゴア（元米国副大統領）は，項目⑨と⑩に関連して，「グーグルの成功は独自のアルゴリズムや"収益逓増の法則"によるものだと考える人は，グーグルが従業員の能力開発や職場としての魅力を高めることにいかに努力しているかを理解していない．だからこそグーグルには抜群に優秀な人材が集結してきている．」[2)]と指摘している．

　グーグルは，無料の検索サービスを継続するために，システムを低コストで運営するための技術と，運用ノウハウの粋を集めているといわれる．例えば，巨大なデータセンタを構成するハードは自社で製作し，安価な標準コンテナに収容している．自社製作のコンピュータは，時が経てば壊れることを前提に，定期的な交換メンテナンスを実施するなど，ハードを壊れないはずのものとして立派な建物の中に設置してきた日本の考え方とは全く異なる運用をしている．

　また，データセンタに必要な電力については，徹底したコストと二酸化炭素の削減とを目指し，オバマ政権のスマートグリッド（次世代送電網）に代表されるグリーンニューディール構想に賛同し，技術開発を行っている．この構想によれば家庭の太陽光発電や，電気自動車の給電システムなどにスマートグリッドの技術が必要となってくるため，多くの産業に関係する．

　このように，グーグルは経営理念の項目②の「一つのことをとことん極めてうまくやるのが一番」という考えに基づき，検索を継続的に支えるためにエネルギー問題にまで踏み込んだイノベーションを目指している．したがって，これらに必要なキーテクノロジーや人材の獲得は，他産業との競争になってくる．

　歴史ある日本企業の経営理念は，グーグルと比較して，理解しやすさの点で相当な差がある．これは歴史ある日本の企業が創業した時代には，現在のような情報機器もなく，また，当時の優秀な人材を集めるため，高い志を漢文調の格調の高い文章にまとめていることが多いという理由もあるだろう．

　しかし，グーグルのように，理解しやすい表現で経営理念を掲げ，世界中の

優れた人材を確保しようとする企業が現れ始めていることは，人材獲得競争の激化を意味する．今後，多くの国々の人たちとともに活動して競争力を獲得するためには，視点を変えて，自社の経営理念が世界にどう理解され位置づけされるかを考えてみることも必要であろう．

8.2.4 判断のスピードに影響する経営理念

高い理念を持つ創業者に率いられた企業は，経営判断のスピードや具体的な展開力の点で，他企業との間に違いが生まれる．この点についてプレハラードらは世界へと躍進した当時の日本企業[1]を取り上げ，「この20年間にグローバルリーダーの地位に上り詰めた企業は，例外なく，当初の経営資源や能力をはるかに超えた野心を抱いていた」[3]と指摘している．そして，このような壮大な目標を掲げる気骨のある相手に対し，手持ちの資源と相談しながら持続性の高いと思われる領域を探すレベルでは，いくら精緻な競争優位戦略を立案しても勝ち目はなく，組織の志こそ競争力の源であることを強調している．

グローバル競争を制するには，長期的に物事を見たり考えたりする習慣を組織に根づかせることがきわめて重要である．組織の志が明確なら，現場にいる責任者にも，さまざまな手段を臨機応変に選択できる余地がでてくる．その結果，創造性が解放され，かなり背伸びをした挑戦を行うことができる．そして，実現のためには限られた資源を最大限に生かす必要性に迫られ，現場の社員にまでやる気が生まれ，スピードと展開力に勝る組織ができることになる (Prahalad=Hammel, 1989；邦訳，2009)．

8.2.5 経営戦略と経営理念

経営理念は，経営の思考と行動の軸として機能し，戦略と戦術の混乱を防ぐ．しかし「戦略」と「戦術」は混同されやすく，経営学者から以下のよう

---

[1] 例えば，キヤノン，コマツ，ホンダ，NEC，ヤマハをはじめソニー，パナソニック，富士通，東芝，トヨタ，マツダなど．

な注意喚起が行われてきた．例えば「企業の将来についての自己規定（企業のあるべき姿）である戦略と，計画作成ないし業務的意思決定（そこに到達する手段）である戦術は，相互に連関はしているが次元は異なる．実際のところ，戦略という用語はいろいろな意味を持っており，『何を』(What)と『いかに』(How)を混同しているケースが多い」[4]という指摘がある．また，「間に合わせの戦術的な計画が戦略と呼ばれることが多く，英雄的な戦略的投資であると誤って力説されることもある」[5]という指摘もある．

　企業の将来像や業務領域に対し，思いを強く持った創業者自身が経営に当たっている間は，「何を」と「いかに」を瞬時に区分し，決断できる．しかし，経営者の世代が替わり，経営補佐機能が充実し，精緻かつ詳細な分析に注力していく傾向が強まると，戦略と戦術の混同が起こりやすくなる．例えば，各部門によって，「人事戦略」，「生産戦略」，「技術戦略」など（実は，戦略ではなくHowの戦術）を検討したが，一番大切な企業全体の戦略が欠落していたということも起こりうる．このような混乱を防ぐためにも，戦略の軸として経営理念を確立することが重要である．

コラム9　経営理念の定義と役割

『経営学大辞典』（占部・海道，1988）では，経営理念(management creed)は次のように説明されている．

「経営理念とは経営者が経営活動において抱く信念であり，経営目標観・経営組織観・社会観を含む．すなわち，経営理念は経営目標・経営組織・経営経済の望ましい在り方，企業と社会との望ましい関係についての経営者の考え方であり，経営活動の原点，原動力，最高基準となる．経営理念の源泉は基本的には創業者の精神にある．これに後継経営者の精神が加わったり，環境変化や，事業内容変化により改定がなされたり，新時代に応じた解釈が加えられたりする場合がある．もともと経営理念は経営者の個人的信条・個人精神であるから，それを，まず従業員に浸透させ集団精神に転化させる必要がある．

そして，この独自の『社風』・『企業文化』による企業行動とそれが提供する財貨・

用役が適切であれば，従業員以外の利害関係者の好意を受けることができ，企業の存続と成長の基盤が強化されることになる．経営理念は経営者と従業員の意思決定と行動と成果を決定し，企業の存続と成長を左右する経営原点となる．したがって，企業の存続と成長を達成するためには，経営者は適切な経営理念の確立と伝達と実行に努力せねばならない．

なお，企業の社会的責任が問題とされ，社会的責任理念（企業の社会的責任）の重要性が増加していることに注目すべきである．」(同書 p.233)

また，グローバル化・高度情報化が進む現在，経営理念はどのような役割を担うのであろうか．『21世紀の扉を開くわが社の経営理念と行動指針』の中で米倉誠一郎は次のように指摘している．

「経営理念は当該企業が将来的に目指すべき姿，およびそのために進む方向を指し示す．重要なことは，具体的な細目を規定することではなく，あくまで従業員が，自らとるべき最善方策を自らの創造性を発揮する形で創出していくための指針としての役割である．高い経営理念は時代を超えて経営者に影響を及ぼし，未来を策定する指針となる．

経営理念は第一に，企業のドメインに対して，単純に製品ベースを超えた新しい解釈と展開をする際の基準となり，

第二にグローバル化，ハイ・スピード化の時代において，経営者が直面する数々のトレード・オフに対して，一貫した基本的な指針を示し，

第三にそれが指標となって，現在の経営者がすでに存在しない過去の経営者と対話をしつつ，未来を策定することを可能にする役割を持つ．」(米倉，1999，p.16)．

8.3　日本の製造業の創業者と経営理念

近年，グローバルにブランドを確立したいくつかの日本企業が，行き詰りを見せている．59年ぶりに赤字に陥ったトヨタでは，新社長が創業時の経営理念に戻ることを明言している．そこで本節では，トヨタなどを事例として取り上げ，創業者がどのような社会的な背景の中で，自分の考えを経営理念として伝えようとしたのかを振り返る．

8.3.1 海外から見た日本の製造業のイノベーション

　日本が米国企業を追い上げた時代，米国の経営学者は日本についてさまざまな分析をした．ドラッカーは，「イノベーションは技術に限らない．モノである必要さえない」[6]と指摘した．そして，割賦販売が経済そのものを供給主導型から需要変動型へと変質させたように，購買力を視点においた社会的イノベーションの重要性を強調している．さらにドラッカーは，社会的イノベーションとその重要性について最も興味のある例として日本を挙げ，その理由を次のように説明している．

　明治維新において日本は，第一に植民地化されることを避けるため，柔道の精神により，欧米の道具を使って欧米の侵略を食い止め，日本であり続けることを目指したこと．第二に社会的イノベーションに集中することとし，技術的なイノベーションは模倣し輸入して応用する決断をしたこと．

　こうした中で，世界的な企業が生まれてきた事実を受けて，日本は企業家戦略にも優れているため過小評価してはならないと指摘している．

　しかし，1990年代後半になると，「優良経営のパラダイムの多くが，実は優良企業を失敗に追い込みかねない．(中略)日本の自動車メーカは，欧米の自動車市場の最下層にある低品質，低価格の分野に，破壊的技術をもって攻め込み欧米市場を下部から破壊した．(中略)(しかし，ここ数年の：筆者補足)日本の大企業は，世界中の大企業と同様，市場の最上層まで上り詰めて行き場をなくしている．」[7]とクリステンセンは指摘している．

　競争優位はうつろいやすいものではあるが，日本の企業の創業者たちの生い立ちを振り返ってみる．

8.3.2 庶民階層から生まれた日本の製造業の事例

　日本の産業の近代化は明治時代から始まる．近代化の過程は，庶民にとっても個人の生活の混乱を伴う大変革期であった．明治4年(1904年)の日本の人口は約3,480万人であり，明治45年(1912年)には5,000万人を超え，2009年5月には約1億2,700万人となっている．この人口拡大は，農業生産力の増大

や，工業化による経済発展による国民所得の向上，公衆衛生水準の向上などさまざまな要因に支えられた．

明治期の創業者の考え方や心情は，江戸時代の鎖国の中で育まれた労働と思想と，文明開化により西欧から伝わった考え方を受けて育まれた．また，江戸時代から継続されていた地場産業や，国家の投資による先行産業，地域教育のしくみ，産業に対する法律（特許制度など）や金融のしくみなどが，創業者を取り巻いていた環境としてあげられる．

創業者の個人的動機や信念・倫理観などの形成過程を見ようとするとき，多くの考え方や教育施設が早くから整備された都市に誕生した企業や，政府系のビジネスを行ってきた企業より，地方でかつ民間から生まれた企業の方が要因が少なく，わかりやすい．このため，以降では，事例として静岡県西部（遠州地方）で誕生した企業の創業者の理念形成の背景や特徴を見る．

8.3.3 遠州における産業の歴史

静岡県浜松市を中心とする遠州地方には，トヨタ，ホンダ，スズキ，ヤマハ，カワイなどの多くのものづくり企業が誕生している．

遠州地方は，江戸時代，徳川譜代の小藩に支配され，藩主は頻繁に国替えされた．その結果，藩主と領民の地縁的かつ心情的なつながりは醸成されず，藩主は農民に対して厳しい年貢の取り立てを行った．このため，農民には自衛観念が根強く植えつけられた（長谷川，2003）．

また，頻発する洪水被害のため，稲作には不適で木綿の栽培が行われ，江戸時代末期には，農閑期を利用した綿織物の生産が盛んになった．そして，手織り織機や自動織機が製作されるようになり，これが遠州の機械工業発展の基盤となった．このような歴史を踏まえて，織物，楽器，輸送用機器（オートバイ，自動車）が，遠州の産業の三本柱として発展した．

8.3.4 創業者たちが育った環境

遠州の創業者の多くは，高等教育を受けていない．トヨタグループの創業

者，豊田佐吉(1867～1930)は，13歳から父の大工の手伝いを始め，スズキの創業者である鈴木道雄(1887～1982)は，小学校卒業後の14歳で大工に弟子入りした．日本楽器製造(現ヤマハ)は，紀州藩の武家の生まれである山葉寅楠(1851～1916)が創業し，カワイの創業者，河合小市(1886～1955)が11歳で入社している．また本田宗一郎(1906～1991)は，尋常高等小学校を卒業後，16歳で東京の自動車修理工場に入社し，浜松に自動車修理工場の支店を開設した．その後自動車の部品製造会社を設立し，戦後の混乱期の1948年に，本田技研工業を創立している．

彼らは高等教育を受けていないものの，職業についてから自らの信念に基づいて発明を志し，失敗の中から学習して創業し，活躍の場を世界に向けていった．また，これら遠州の企業家に共通するのは，当初から社会的な使命感を持って職務を遂行していったことである．

そして，遠州の企業家の精神風土を語る際には，「やらまいか精神」[2]が引き合いに出される．この精神の背景には，江戸時代末期から遠州に普及した「報徳思想」が大きく影響しているといわれる(長谷川，2003)．

8.3.5 豊田佐吉の発明への挑戦と自動車事業の誕生

報徳思想は，江戸時代末期に二宮尊徳(1887～1856)が，疲弊した農村を再興した活動から生まれた考え方である．その活動は，日本全国で600余の農村の再興に役立ったといわれている．遠州地方に尊徳自身は来ていないが，尊徳の高弟の岡田良一郎(1839～1915)が中心となり，農民の自主的な活動として取り組んだ．

遠州の報徳の活動は，尊徳の教えだけでなく，江戸幕府から留学生監督として渡英した儒者中村正直(1832～1891)が帰国後，サミュエル・スマイルズ

---

[2] とにもかくにも「やってしまう」，もしくは「やってしまった」との中間ぐらいに位置する言葉と解釈でき，ぐずぐず議論しているよりもまず実行に移してしまおう，という意味(梶原，1980)．つまりは，「経済合理性の追求と独立自尊・自力更生の思想」である．

(1812〜1904)の『Self Help』を『西国立志編(自助論)』と題して翻訳した書籍にも影響を受けた．同書は多くの民間の学校で使用され，100万部を売るベストセラーであった(平川，2006)．明治の若者は，この本に登場する少年たちの姿に自らの姿を重ね，将来に向けて努力したものと思われる．

　例えば，小学校を卒業して大工となった後，織機の製造で成功した豊田佐吉には，「一身のほかに味方なし」や「完全なる営業的試験を行うにあらざれば，真価を世に問うべからず」という発明に関する言葉がある．

　佐吉の努力は，1890年の木製人力織機の発明と，その翌年の特許取得として実を結ぶ．その後，自動織機を完成させ海外輸出も増加，1929年に織機の母国であるイギリスの会社から特許権譲渡の交渉を申し込まれ，10万ポンド(100万円)で欧州・カナダ・インドで取得した特許を譲渡した．

　特許の売却によって得られた資金は，後に長男の豊田喜一郎(1894〜1952)が自動車工業に進出するための資金となった．病床にあった佐吉は，「わしは織機で国のために尽くした．喜一郎は自動車をつくって国のために尽くせ」[8)]と励ましたとされる．こうして豊田喜一郎は，国民のための大衆乗用車をつくるという思いを抱き，今日のトヨタ自動車が誕生することになる(和田・由井，2002)．

8.3.6　トヨタの経営理念

　佐吉の逝去後の1935年，周囲の子孫や関係者が集まり策定した豊田綱領は，
「豊田佐吉翁の遺志を体し
一　上下一致，至誠業務に服し産業報國の實を擧ぐべし
一　研究と創造に心を致し常に時流に先んずべし
一　華美を戒め質實剛健たるべし
一　温情友愛の精神を發揮し家庭的美風を作興すべし
一　神佛を尊崇し報恩感謝の生活を爲すべし」
と社会的使命感や宗教心に近い信念まで含んだ表現となっている．はじめの文にある「至誠」という言葉は，「至誠・勤労・分度・推譲」[[3]]という，報徳の

教えの四つの柱の一つである．また，ヤマハの社訓には，「至誠」と，尊徳が強調した「実行」が入っている[4]．スズキの創業者も報徳の考え方の影響を大きく受けており，トヨタと同じような社会的使命感を当初から理念として持ちつつ，発明と実用化に励んでいた．

8.3.7 経営理念の後継者への影響

戦後，日本は労働集約型工業を中心に，技術革新に努めて産業を興し，輸出立国を目指してきた．このため，製造業では技術者が経営トップに就くことも多かった．この点について，自動車業界に携わった経験から，日野三十四は，「自動車会社に入社するものは，その大半が"自動車が好きだから"という理由で自動車会社を選択する．そしてその後経営者になっても，"自動車が好き"という自動車野郎の範囲から脱しないことがある．トヨタの場合は，豊田綱領にあるように，『ものづくりを通して国家社会に貢献する』とすることが創業の趣旨であり，その最も適切な手段として自動車が選択された歴史を持つ．したがって，新入社員が，"自動車が好きだから"という理由で入社したとしても，やがてトヨタの経営理念に触発されて，自動車は手段，『目的は国家社会に貢献することだ』ということに気づかされる．単純に自動車が好きだからというだけで集まった集団と，国家社会に貢献するという理念を持った集団との間には，経営成果として大きな違いが現れてくる」9)と経営理念の重要性を指摘している．

創業者の考え方は，後継の社長の方針にも影響する．トヨタの場合では，「1955年に通産省が，1,000ドル（36万円）で売れる車を作れ，という国民車構想を打ち上げた．しかし，当時はクラウンを120万円から130万円で売ってい

---

[3] 至誠はまごころをもってことにあたること．勤労は，大きな目標に向かって行動を起こすにしても，小さなことから怠らずつつましく勤めること．分度は，適量・適度のこと．推譲は，分度をわきまえ他者に譲れば，周囲も自分も豊かになること．詳しくは，「大日本報徳社案内」（参考文献に示す）にある．
[4] 尊徳には「わが道は至誠と実行のみだ」（福住，2001，p145）などの言葉がある．

コラム10　戦略転換…どの領域でイノベーションを実現するか

　現在，日本の半導体業界は，韓国や台湾メーカに追い上げられ，業績が悪化して合弁や合併などのニュースが聞かれる状態にある．しかし，1980年代には半導体は自動車と並ぶ輸出産業であり，米国の半導体業界は日本のメモリによって窮地に立たされていた．この時期の経験を基に書かれたのが，インテルの経営者でありながらスタンフォード大学で教鞭をとっていたアンドリュー・S・グローブの『インテル戦略転換』(原著名 Only the Paranoid Survive) (Grove, 1996；邦訳1997) である．

　この本の巻頭には，J.A・シュンペーターの「しかし，資本主義の現実は，教科書に書かれた図式通りにはいかない．重要なのは，価格競争ではなく，新しい商品，新しいテクノロジー，供給源，新しいタイプの組織をめぐる競争である…，現実の競争とは…，既存企業の周辺をかすめるものでなく，その企業の根底を，さらには存在自体をゆるがすものなのだ．」との言葉が掲載されており，著者がイノベーションを意識していたことがわかる．

　1980年代前半，窮地に陥ったインテルはメモリから撤退し，古い生産工場の片隅で研究されたマイクロプロセッサに注力することを決断し，古くからの工場の閉鎖や人員削減の苦難を経て，現在の成功に至っている．この経験を通してグローブは，このような変化は半導体産業だけではなく「遅かれ早かれ，あなたの業界の基礎的要因に変化が起こる」(同書，p.12)，「戦略転換点とは，企業の生涯において基礎的要因が変化しつつあるタイミングである．その変化は，企業が新たなレベルへとステップアップするチャンスであるかもしれないし，終焉に向けての第一歩ということも多分にありうる」(同書，p.13) と述べている．

　現在の業務に，集中・努力していても，戦略転換点に気づくわけではない．また，現実には，経営陣は要塞の奥の方に座っていて「あの人が気づくのはいつも最後」(同書，p.33) と社員からいわれる企業も多い．企業が永続するためには，常に経営幹部が，「いつか経営環境の何かが変わり，競争のルールが変わってしまうかもしれない」という恐れをもって，「社員が夢中になって市場で勝利するために貢献できるような環境をつくること」(同書，p.138) が必要である．

　われわれ読者も，この本の邦訳の『インテル戦略転換』という題名だけに共感するのではなく，原著の，『Only the Paranoid Survive』(病的な心配性だけが生き残る) という題名に表現されている緊迫感を持ち続けることが重要である．ちなみに中国語訳では『只有偏執狂才能生存』となっている．

> **コラム 11** 企業存続のために経営トップの入れ替えを
> 指南している石田梅岩
>
> 　高い理念や志を掲げてきた創業者や創業家に縁のあるトップには，自由にモノがいいにくいという企業人も多いだろう．しかし，封建的な上下関係で固まっていたと推定しがちな江戸時代でも，実はもっと民主的で実務的な考えで実業界は動いていたようだ．江戸時代「商人道」を説いた石田梅岩(1685〜1744)は『都鄙問答』で，主人と奉公人の持つべき心得を次のように指摘している．
>
> 　「一，経営上のいろいろな問題の意思決定については，主人が勝手に決めてはならない．主だった従業員の数人とまず相談し，それでも意見がまとまらないときは，古参で上級の従業員全員と他の支配人全員を集めて意見を討議し，そのさい口に出していいにくいことがあれば無記名で投票(入れ札)して，全員が納得のうえで決定すべきである．従業員でも，主人でも，誤りを認めないで，正しいことのように自説に理屈をつけることがあれば，決して見過ごさずに，必ず正しいことは正しく，誤りは誤りと明確にすること．（中略）
>
> 　一，主人たる者もわがまま勝手の行動があるとか，または生活が乱れるようなことがあれば従業員全員が協議してどのようにでも意見を述べて，そうした主人の態度，行動を改めさせるべきである．万が一改めないでいて家業の維持が困難となるようなことがあれば，それこそ家業を創業してきた先祖に対して甚だしい不幸者となるのであるから，従業員全員が相談して，主人の地位を引退させて，その後は一定の生活費を支給し，経営に関与させてはならない．」(由井，2007，p.87).
>
> 　江戸時代においては，上位の者のいうことに逆らうなど想像もできないと思ってしまいがちだが，日本の企業経営の原点である商家には，上記のように上司と部下がよく話し合う組織風土を尊重する考え方があったようだ．閉塞状況を感じておられる企業では，再度この観点で自社を見直してみる価値があるだろう．

た時代であり，36万円ではとてもムリというのが全体の認識であった．しかし，豊田英二は，『創業者の喜一郎は，大衆に使ってもらう乗用車をつくるのが目標であるということでこの会社をつくったわけなので，創業以来の考え方として無視することはできない』と語り，直ちに開発を開始し，1967年には1,000ドルカーの目標を達成した」[10]のである[5]．

8.4 これからの経営の方向性と理念

　21世紀に入る直前頃から，日本の自動車メーカは，富裕層向けの最上級モデルの開発や，現地生産への投資の集中の結果，世界一の座を奪った．しかしその直後，富裕層の基盤であった金融バブルが崩壊し，現在の苦境に陥っている．現在，日本企業は成熟し，商品は高付加価値領域に行き着いている．かたや新興国では，戦後の日本企業のように，多くの企業が高い志や野心を持った創業者に率いられて急速に成長している．また，先進国でもグーグルのように，世界の未来を担うほどの理想主義的な経営理念を掲げる創業者が出て急成長している．

　発展途上段階で創業したものの，先進国の顧客開拓を中心に成功した企業においては，各部門の専門性が高まっている分だけ間接部門費用が大きくなっている場合が多い．一般に，高級品をつくる機能を持ったコスト構造のままで，創業当時のような低価格帯の商品をお客様に提供することは容易ではない．しかし，まだ十分な購買力を持っていない発展途上国の顧客に，アプローチ可能なイノベーションを実現することができた企業は，将来の成長に向けて確かなブランドを築くことができる．

8.4.1　新たな顧客の創造

　日本の企業は，今までのように米国を中心とする先進国の高額品や大量消費の伸びには頼れなくなっている．また，国内の人口は減少することが確実で，新たな顧客を見つけるのが難しく，企業経営には閉塞感が大きくなっている．しかし，世界全体の人口は増えている．現在の世界の人口約60億人のうち，

---

[5]　こうしたエピソードは，近年インドや中国で販売されている2,000ドル程度の車の開発の背景と似ている．例えば，インドのナノという低価格車は，タタの会長が雨の日にオートバイに家族が何人も乗って移動している光景を見て，インドの国民が手に入る車を提供することがインドに生まれた企業の責務だと強く思ったことから開発が始まったといわれる．

40億人は一日2ドル未満で生活しており，まだ自由な経済活動には参加できていない．インド出身の経営学者プレハラードは，この経済ピラミッドの底辺で生活している層を，BOP(Bottom Of the Pyramid)と位置づけている．このBOP層を新たな消費者とすることができれば，大規模なボリュームゾーンの顧客層，つまりネクストマーケットが登場する(Prahalad, 2005)．

　ネクストマーケットを現実のものとするためには，まず，経済ピラミッドの底辺にいる消費者を，慈善事業の対象者としてではなく「個人として尊重する」ことから出発する必要がある．そして，「彼らは内に力を秘めた創造的な活動家であり，価値を重視する消費者である」[11]と認識を改めなければならない．

　彼らが購入できる価格で提供可能とするためには，ビジネスモデルそのもののイノベーションが不可欠となる．例えばシャンプーにしても，消費者はボトル一本を購入するだけの現金を持たないため，その日に消費するだけの小袋に分けて販売するというような工夫が必要となる(Prahalad, 2005；邦訳，2005)．

8.4.2　個人の尊重とグローバル資源の活用

　先進国の顧客は，法的にも社会的にも，アイデンティティが確立されているが，BOPに属する人々は，法的にアイデンティティが認められていない場合が多い．しかし，プレハラードが提唱する新たなビジネスモデルでは，民間企業がこの貧困層の一人ひとりを「個客」として大切にする．そして「個客」は，融資には労働で得た賃金や商売で得た収益の中から，必ず返済を行う習慣をつけて信頼にこたえ，自らのアイデンティティを確立するよう努力することになる(Prahalad, 2005；邦訳，2005)．

　BOP層への新たな事業を実現するためには，多くのイノベーションが必要となる．プレハラードらは第一に，「個客経験の共創」という観点が重要と指摘する．つまり個々の顧客(個客)が置かれている実情を把握し，本当にBOP市場が求めている製品やサービスの要求機能を深く考察することから始めることが重要となる．そして，企業は個客から学び，新たに必要となるプロセスや

ものを創造していかなければならない．

第二に，先進国市場と異なる新たな事業を実現するためには多くの資源が必要となるが，そのためには「グローバル資源の利用」を目指す．ここでいうグローバル資源の利用とは，例えば，現地の住民を労働者として雇い，新たな配送システムを構築することや，ITシステムなどの開発を新興国のIT技術者に担当させ，安価に実現するという考え方である(Prahalad=Krishnan, 2008；邦訳，2009)．

8.4.3 発展途上段階の日本との類似性

さらにプレハラードらは，従来，貧しい人たちを一律に扱う慈善事業としての貧困対策は失敗を重ねてきたが，地域性や各人の境遇やニーズを踏まえた解決策は成果をあげていると指摘している．例えば，インドの村々では，10人から20人の女性が，自助グループ(Self Help Group)と呼ばれるボランティアの自助グループをつくって活動し，小口ファイナンスを手がける大手銀行から融資を得ている．ここでは，グループとしての融資に対し，メンバー同士の話し合いで優先順位を決め，融資の使い方についても，お互いが目を光らせるという考え方で運営しており，融資の返済率は99.5％と高い水準にあるとのことである(Prahalad & Krishnan, 2008)．

この自助グループの融資の考え方は，江戸時代末期に二宮尊徳が取り組んだ報徳金や，その考え方を引き継いだ全国各地の報徳社の活動に似ている．

また，「個客」重視でボリュームゾーンの顧客創造を行うという考え方は，二宮尊徳の，「一万石の米といっても，米粒が大きいのではない．」という「積小為大」[12]の考え方と通じるものがある．そして，個客を大切にするという考え方は本田宗一郎が昭和28年の社報で語った「お客様こそわれわれのご主人であり，わが社にとって何物よりも貴い宝である」，「99％の合格といえば優秀な合格率と思われるであろうが，その1％の不合格品が製品となってお客様の手に渡った場合には，お客様に100％の不合格品をお渡ししたことになる」[13]という思いとも似ている．

以上を見ると，次世代のボリュームゾーン開拓のためのアプローチは，日本企業が創業時に経験した活動から遠いものではないことがわかる．

8.5 製造業における新たなイノベーション

強い思いで経営理念を生み出した創業者がいなくなり，後継の経営者による新体制が始まると，本格的なイノベーションの達成にも不安が生まれる．しかし，創業者と直接関係のない経営者であっても，全社の業務プロセスを統合的に見ることで，経営理念を再確立すれば，次世代につなげるイノベーションを起こすことは可能である．本節では，「ものづくりプロセス」を再定義することにより，新たなイノベーションに取り組んできた世界的な建設機械のメーカであるコマツの例から学ぶ．

8.5.1 コマツの創業と経営理念

コマツは，1921年，石川県小松市で銅鉱業に使われるヨーロッパ製の機械の修理部門として誕生した[6]．創業者の竹内明太郎(1860〜1928)は，高知県宿毛市に生まれ，佐賀県の唐津鉱山の経営で成功を収めたのち，石川県の遊泉寺鉱山の経営に乗り出す．そして，パリ万国博で目の当たりにした最新技術の鮮烈な印象が忘れがたく，銅山の経営にも欧米の最新技術を積極的に導入した．明太郎は「炭坑や銅山はいずれ掘り尽くせば鉱脈がなくなる．しかし，工業技術は，訓練すれば訓練するほど新たな産業を生み出す力がある．本格的な機械工業を日本に興すべし」と，明治42年に唐津製作所を創立した．その後，コマツ製作所の創立となるわけだが，機械や冶金の優秀な技術者を次々と欧米に派遣して，最新技術の調査や吸収にあたらせた．

---

[6] 創業者の竹内明太郎については，コマツ社内でも詳しいことがわかっておらず，小松商工会議所が地域発展のルーツとして調査しまとめた『沈黙の巨星・コマツ創業の人・竹内明太郎伝』(小松商工会議所機械金属業部会編，1996)に詳しいため，ここではそれを参考としている．

明太郎は，コマツの事業を進めるにあたり，
一、 事業の施設はすべからく無駄なきものに
一、 製品は欠点なき完全なものに
一、 研究は一時も怠ってはならぬ
一、 人の養成は将来を考えて努めて多く
一、 なるべく人の手の下さぬものを
一、 将来国産化の見込みをつけて輸出の方途を見極めよ
一、 儲けはその次でよい
と心得[14)]を述べている．

　竹内明太郎は，14歳のとき父の転勤に伴い上京し，中村正直の主催する東京同文社に入塾し，直接自助の精神を学んでいる．先述のように，中村正直が翻訳した『西国立志編』は，遠州の報徳活動にも影響した．竹内明太郎と豊田佐吉の思いに似た部分があることは，こうした所が関係していると考えられる．

　また，竹内明太郎は，工業技術者育成のために，唐津に工科大学を設立しようとしていた資金を，早稲田大学創立25周年記念事業の理工学部設立にあてた．そして，理工学部創立後の設備や，企業から派遣した教授の報酬を負担するなど，社会的な貢献も大きかった[7]．

8.5.2　コマツの後継者の取り組み

　戦後復興過程でコマツは，貿易の自由化により，業界最大手のキャタピラ

---

[7] 1991年にコマツ創業70周年記念式典を行ったとき，創業者のことを知った安崎専務（当時，その後1995年社長，2001年会長）は，明太郎の創業の精神に触れたときに感動したと述べ，「創業の時から，(中略)このような経営理念を掲げた明太郎の執念と見識に脱帽する．こうして創業者のDNAが現在のコマツの技術革新，人材育成重視，グローバル経営への挑戦，創造性の発揮といった経営方針につながっていくのである」(安崎他，2010，p.81)と指摘している．創業者の思いが70年経過してからDNAとしてよみがえり，後継の経営者に引き継がれていったシーンを記録している貴重な証言である．

社との競争に対抗するため，1960年代から全社をあげて総合的品質管理運動（TQC）に取り組み，高品質な製品により，輸出競争力をつけてきた．しかし，90年代には，公共工事削減とデフレーションにより，どの建設機械メーカも厳しい減収減益に見舞われ，厳しい構造改革に取り組まざるをえなくなった．コマツも例外ではなく，2002年には800億円を超す赤字決算となり，人員削減に手をつけなければならなかった．

一般に製造コストが高いという場合，その原因は直接的な製造現場にあるとして，費用や人員の削減を行う場合が多い．しかしコマツでは，詳細なデータ分析を行った結果，管理部門や子会社などの後方機能の固定費が競合他社と比べて差がありすぎることがわかり，全社の構造改革とともに希望退職などを実施した．

構造改革は，「強みを磨き，弱みを改革」という考えに基づき，「ダントツ商品の開発」を目指して回復を図った．ここでいう「ダントツ商品」とは，環境，安全，IT，経済性のキーワードに，①思い切って犠牲にするところを決めて，②競合他社が数年かけても追随できないように大きく差別化できる二，三の特徴を持ち，③製造原価は従来機と比べて10％以上削減する，というものである(坂根，2009)．

8.5.3 「個客」に貢献するマネジメントシステム誕生

この活動の中から，商品一台一台にGPS(全地球測位システム)通信機能を搭載した装置を標準装備するという機械稼働管理システム(KOMTRAX：コマツ・マシン・トラッキング・システム)が誕生した．このシステムは，先進国だけでなく，新興国や開発途上国の過酷な環境にある個々の建設機械の稼働管理を行うために開発された．都市から離れた現場でも，建設機械が故障すれば，どの部分がどのような履歴で故障したかをデータから迅速に判断し，必要な修理部品を持って現場に急行することが可能で，非稼働時間を短縮できる．

また，建設機械は高価なものであるが，工事現場に放置せざるをえないため，盗難にあうリスクも高い．しかし，このシステムがあれば，盗難にあっ

てもGPSで追跡し，稼働停止の信号を出しエンジンを停止させることができる．レンタル代が払われない場合も，同様にエンジンがかからないようにも操作できる．さらに，コマツ本体としては，世界中の自社ブランドの建設機械の稼働状況から，建設工事の受注状況をつかむことができる．また，需要予測や生産計画への反映ができ，過剰な在庫を持つ危険を防げるしくみである（坂根，2009）．

このような総合的なイノベーションへの取り組みの成果を評価され，コマツの坂根正弘会長は2008年，TQMの普及に関し顕著な業績をあげた個人に贈られるデミング賞本賞を受賞した．

しかし，コマツのTQC活動の歴史を見ると，この活動も順風満帆だったわけではない．コマツは全社的な品質管理の展開により1964年にデミング賞実施賞，1981年に日本品質管理賞を受賞したが，その後，急速な海外生産の拡大への対応のために，「TQCは生産部門だけに限る」という方針転換が行われている．これに対し坂根氏は，社長就任後「QC的な考え方や問題解決の手法はどんな仕事にも一定の効果があると考えていたので，よりグローバルにTQM[8]を推進するため，新たな全社活動に取り組んだ」15)とのことである．

8.5.4 経営理念に基づき，バリュー・ネットワークを再定義

さらに，この活動をより確かなものとすべく，創業者の精神をベースに，先人たちが築き上げてきたコマツの強さ，強さを支える信念，基本的な心構え，それを実行に移す行動様式（スタイル）を2006年に「コマツウェイ」として明文化し，グループ全体で共有を図った．

コマツウェイの冒頭にある社長メッセージでは，「モノづくり競争力の強化」と題し，「コマツで『モノ作り』という場合には狭い意味での製造現場での活

---

[8] TQC（Total Quality Control）は，製品やサービスの品質を維持し不良品をなくすための活動として1960年頃から日本に導入された．TQM（Total Quality Management）活動は，TQCを発展させた業務・経営全体の質向上の活動であり，1990年代から日本で開始されている．

動だけをさしているのではありません．開発，生産，販売，サービスなどに加えて管理部門などの社内部門はもちろん，協力企業や代理店などバリューチェーンを構成する全ての部門・パートナーが一体となって行う活動のことを『モノ作り』と呼んでいます．」と明確に定義している．

　このようなトップの価値観がなければ，自社の営業だけでなく，代理店まで巻き込んで，一台一台の稼働状況を把握し，安定稼働に向けてサービスを行うしくみなど，他社に先駆けて考えて実用化できるはずがない．

　一般的には業界の慣習の制約もあり，卸への出荷をつかんでいるだけで，最終顧客への売上の実態をつかめない企業も多い．このような企業では，最新の情報技術を使ったERP(Enterprise Resource Planning)システム[9]を導入しても，マスとしての顧客の数や，過去データの把握にとどまらざるをえない．結果的に，ERPシステムといっても部門内の細かい改善にとどまる可能性が大きい．そして，このような企業では，今回のように経済環境が激変した場合，大量の在庫を抱えざるをえなかったはずである．経営トップが普段から企業運営の骨格に関与していたか否かの差が大きく出たということだろう．

　コマツの事例を見れば，創業家と関係のない社長であっても，激動する世界経済の中，創業の精神に立ち戻り経営理念を軸に大きく発展させることが可能であることがわかる．また，プレハラードらが指摘するように，急速に進歩するIT技術をグローバルに使いこなし，「個客」の問題解決とサービスから学び続け，イノベーションを起こすこと(個客との共創)は可能である．また，新興国を中心としたネクストマーケットを開拓し，グローバル社会の発展に貢献しつつ成長できる可能性は大きい．

---

[9]　財務・会計はもとより人事管理を含め，調達から物流・販売までのサプライチェーン全般にわたる日々の業務管理をリアルタイムで統合して，高度な意思決定支援を可能にする経営情報システム(太田，2009，p.188)．

8.6 まとめ

　本章では，経営理念とイノベーションの関係について，実例を踏まえて学んだ．企業は，一人ではできない大きな仕事をするために，人々が集まった組織である．そして，社会に何らかの貢献をしてこそ，顧客は対価を支払ってくれる．企業が目指す方向性を明確にするため，優先すべき価値観を示す経営理念の担う役割は大きい．

　この10年間で，「企業は誰のものか」という議論が起こり，「株主のもの」と主張する見解が，日本企業の中でも盛んとなった．しかし，米国で誕生し，今や世界でもトップレベルの企業価値を持つに至ったとされているグーグルの経営理念には，最初の項目で，その反対のことが述べられている．

　日本に生まれたグローバル企業の経営理念と歴史を見れば，グーグルと同様，社会貢献を優先し，利益は最後についてくると強調していることも多い．企業におけるイノベーションにも，社会的意義を念頭において優先順位を示す経営理念が重要であることがわかる．

　最近のグローバル化の中で，長い歴史を持つ日本企業が経営理念をわかりやすく解説するために「○○ウェイ」などとして，グループ向けの解説書をつくることが増えている．しかし，創業時の理念の中に含まれた強い信念や宗教心にも似た社会的貢献への表現は，角がとれて丸くなり，どこの企業にも適用できるような一般的な表現になってしまう恐れもある．例えば，「当社の第一の目標は，自社の利潤とより広い社会のニーズの両方を念頭におき，お客様に高品質の製品を提供し，それによってさらに高い収益をあげること」[16]というように，誰もが否定できない言葉の並列にとどまっていては，実際には行動できない．

　確かに，経営として取り組んだ方がよいレベルの課題は多数存在する．しかし，優先事項を明確にし，それを組織に徹底させることが，不足しがちな小さな資源でもイノベーションを起こして実現する原動力となる．どの企業も創業時には，このような集中力が欠かせなかったはずである．

百年に一度という経済変動の中，日本の困難な時代と同じような状況にある国々でも，高邁な経営理念を掲げ賛同者を惹きつけながら新たな企業活動が行われようとしている．読者のみなさんには，企業理念を実務やイノベーションに役立つ企業運営の軸として再確立していく役割を，ぜひ担っていただきたい．

演習問題

1. 例として引用したグーグルの経営理念をホームページで調べてみよ．
2. 読者の関心のある企業の経営理念を調べてみよ．
3. 関心のある企業の創業者の生い立ちと，経営理念の生まれた背景を調べてみよ．
4. 3.の企業の経営理念を見て，グローバル企業として優秀な人材を集めることができるよう意思を明確に表しているか，ホームページを見て考えよ．
5. 3.の企業の経営理念が，取り組んだ方がよいことを並列的に並べたものか，もしくは企業として優先すべき順序がわかる表現になっているか調べてみよ．

引用文献

1) Drucker, P. F.(1985). *Innovation and Entrepreneurship*, Harper Collins Publishers(上田惇夫訳(2007)『イノベーションと企業家精神』ダイヤモンド社，pp.4-5).
2) Auletta, K.(2009). *Googled The end of the world we know it*, International creative management, Inc(土方奈美訳(2010)『グーグル秘録』文藝春秋，p.43).
3) Prahalad, C.K., and G. Hamel(1989). *"Strategic Intent,"* Harvard Business Review, Vol.67, No.3, pp.63-76(有賀裕子訳(2009)『ダイヤモンド・ハーバード・ビジネス・レビュー』2009年4月号，第33巻第4号通巻(235号)，ダイヤモンド社，p.100).
4) Tregoe, B. B., and J. W. Zimmerman(1980). *Top Management Strategy*, Simon & Schuster(大谷毅訳(1982)『戦略経営への挑戦』日本経済新聞社，p.11).
5) Hamel, G., and C. K. Prahalad(1994). *Competing for the future*, Harvard Business School Press(一條和生訳(1995)『コアコンピタンス経営』日本経済新聞社，p.354).
6) Drucker, P. F.(1985). *Innovation and Entrepreneurship*, HarperCollins Publishers(上田惇夫訳(2007)『イノベーションと企業家精神』ダイヤモンド社，p.10).
7) Christensen, C. M.(1997). *The Innovator's Dilemma*, Harvard Business School Press(玉田俊平太監修，伊豆原弓訳(2001)『イノベーションのジレンマ』増補改訂版，翔泳社，pp.ix-x).
8) 楫西光速(1962)『人物叢書，豊田佐吉』新装版(1987)，吉川弘文館，p.188.

9)　日野三十四(2002)『トヨタ経営システムの研究』ダイヤモンド社, p.71.
10)　前掲書 p.71-72.
11)　Prahalad, C. K. (2005). *The Fortune at the Bottom Of the Pyramid*, Wharton School Pub (羽物俊樹, 藤竹賢一郎訳(2005)『ネクスト・マーケット』英治出版, p.22).
12)　福住正兄(2001)『二宮尊徳翁の訓え』(野沢希史現代語訳)小学館, p.23.
13)　本田宗一郎(1961)『スピードに生きる』復刻版(2006)実業之日本社, p.103-104.
14)　小松商工会議所機械金属業部会(1996)『沈黙の巨星 コマツ創業の人・竹内明太郎伝』北国新聞社出版局, p.136.
15)　坂根正弘(2009)『限りないダントツ経営への挑戦』(増補版)日科技連出版社, p.100.
16)　Tregoe, B. B., and J. W. Zimmerman (1980). *Top Management Strategy*, Simon & Schuster (大谷毅訳(1982)『戦略経営への挑戦』日本経済新聞社, p.76).

参考文献

邦文

安崎暁・西藤輝・渡辺智子(2010)『日本型ハイブリッド経営』中央経済社.
占部都美・海道進編著(1988)『経営学大辞典』神戸大学経営学研究室編.
楫西光速(1962)『人物叢書, 豊田佐吉』新装版(1987)吉川弘文館.
梶原一明(1980)『浜松商法の発想』講談社.
太田雅晴(2009)『生産情報システム(第2版)』日科技連出版社.
小松商工会議所機械金属業部会(1996)『沈黙の巨星 コマツ創業の人・竹内明太郎伝』北国新聞社出版局.
坂根正弘(2009)『限りないダントツ経営への挑戦』(増補版)日科技連出版社.
長谷川直哉(2003)『スズキを創った男, 鈴木道雄』三重大学出版会.
日野三十四(2002)『トヨタ経営システムの研究』ダイヤモンド社.
平川祐弘(2006)『天ハ自ラ助クル者ヲ助ク・中村正直と「西国立志編」』名古屋大学出版会.
福住正兄(2001)『二宮尊徳翁の訓え』(野沢希史現代語訳)小学館.
本田宗一郎(1961)『スピードに生きる』復刻版(2006)実業之日本社.
由井常彦(2007)『都鄙問答』日経ビジネス人文庫.
米倉誠一郎(1999)『21世紀の扉を開くわが社の経営理念と行動指針』日本経営協会総合研究所.
和田一夫・由井常彦(2002)『豊田喜一郎伝』名古屋大学出版会.

英文

Auletta, K.(2009). *Googled The end of the world we know it,* International creative management, Inc(土方奈美訳, (2010)『グーグル秘録』文藝春秋).

Christensen, C. M.(1997). *The Innovator's Dilemma,* Harvard Business School Press(玉田俊平太監修, 伊豆原弓訳(2001)『イノベーションのジレンマ』増補改訂版, 翔泳社).

Christensen, C. M.(2003). *The Innovator's Solution,* Harvard Business School Press(玉田俊平太監修, 櫻井祐子訳(2003)『イノベーションへの解』翔泳社).

Collins, J. (2009). *How the Mighty Fall,* Curtis Brown Ltd.(山岡洋一訳(2010)『ビジョナリーカンパニー③』日経BP社).

Drucker, P. F. (1954). *The Practice of Management,* Harper Collins Pub.(上田惇生訳(2006)『現代の経営』ダイヤモンド社).

Drucker, P. F. (1964). *Managing For Results,* William Heinemann Ltd.(上田惇夫訳(1995)『創造する経営者』ダイヤモンド社).

Drucker, P. F. (1985). *Innovation and Entrepreneurship,* HarperCollins Publishers(上田惇夫訳(2007)『イノベーションと企業家精神』ダイヤモンド社).

Grove, A. S. (1996). *Only the paranoid survive,* Currency a division of Bantam Doubleday Dell Publishing Group(佐々木かをり訳(1997)『インテル戦略転換』七賢出版).

Grove, A. S. (1996). *Only the paranoid survive,* Currency a division of Bantam Doubleday Dell Publishing Group(安然訳(2002)『只有偏執狂才能生存』中信出版社・北京).

Hamel, G., and C. K. Prahalad(1994). *Competing for the future,* Harvard Business School Press(一條和生訳(1995)『コアコンピタンス経営』日本経済新聞社).

Prahalad, C. K., and G. Hamel(1989). "*Strategic Intent,*" Harvard Business Review, Vol.67, No.3, pp.63-76(有賀裕子訳, ダイヤモンド・ハーバード・ビジネス・レビュー2009年4月号, 第33巻第4号通巻(235号), pp.96-116, ダイヤモンド社).

Prahalad, C. K. (2005). *The Fortune at the Bottom Of the Pyramid,* Wharton School Pub.(羽物俊樹, 藤竹賢一郎訳(2005)『ネクスト・マーケット』英治出版).

Prahalad, C. K., and M. S. Krishnan(2008). T*he New Age of Innovation,* The McGraw-Hill Companies, Inc.(有賀裕子訳(2009)『イノベーションの新時代』日本経済出版社).

Smiles, S. (1867). *Self Help* 増訂版, Jhon Murray Pub.(中村正直訳(1991)『西国立志編　自助論』講談社学術文庫).

Tregoe, B. B., and J. W. Zimmerman(1980). *Top Management Strategy,* Simon & Schuster(大谷毅訳(1982)『戦略経営への挑戦』日本経済新聞社).

220　第 8 章　イノベーションと経営理念

各社の経営理念など
Google 邦文　http://www.google.com/intl/ja/corporate/tenthings.html
Google 英文　http://www.google.com/corporate/tenthings.html(2010 年 8 月 7 日)
豊田綱領　http://www2.toyota.co.jp/jp/vision/philosophy/index.html
ヤマハ社訓　http://www.yamaha-motor.co.jp/profile/philosophy/
スズキ社是　http://www.suzuki.co.jp/about/csr/report/2009/pdf/2009_envj_02_.pdf
ホンダ基本理念　http://www.honda.co.jp/csr/philosophy/philosophy1/index.html
　(2010 年 1 月 10 日)
大日本報徳社案内(パンフレット)
　http://lgportal.city.kakegawa.shizuoka.jp/kanko/bunkazai/houtoku/hotokuannai.html
　(2010 年 11 月 22 日)

索　引

〈事項索引〉

[英数字]

Abernathy=Utterback モデル	11
BOP	208
DCM	17
DC マトリックス	17
ERP	214
GATT 主導のルールづくり	174
IP	43
KOMTRAX	212
Oslo Manual	13
PCT	166, 174
PM マトリックス	24
PP マトリックス	21
S字カーブ	11
TQC	212
TQM	26, 213
TRIPS 協定	173, 174
WIPO	173, 174

[ア]

アイデア創出技法	16
アクター・ネットワーク	57
アクター・ネットワーク理論	50
アンチコモンズの悲劇	186
異種混交の集合体	72
意匠設計	15
イノベーションの捉え方	6
イノベーションの評価尺度	13
イノベーションケイパビリティ	34
イノベーションネットワーク	116
──の4タイプ	124
イノベーションプロセス	43
イノベータのジレンマ	10, 90
エージェンシー	61
遠州地方	201
オープンイノベーション	183
オープンソースイノベーション	126
オープンライセンスポリシー	178

[カ]

海外子会社中心戦略	145, 146
海外のパートナー	153
革新的イノベーション	8
間接的なネットワーク効果	58
企画・設計プロセス	14
企業家精神	193
企業価値	195
企業の社会的責任	199
企業文化	198

技術経営　　　　　　　　　　　36
キーストーン戦略　　　　　　　59
機能設計　　　　　　　　　　　15
共進化ロックイン　　　　　91, 92
強制実施権　　　　　　　　　170
共創　　　　　　　　　　　　142
クアドルプルプレイ　　　　　122
グリーンニューディール構想　196
グローズドイノベーション　　183
クロスライセンス　　　　　　178
グローバルイノベーション　136, 143
グローバルイノベーション戦略　143
グローバルイノベーション体制　157
グローバル資源の利用　　　　209
グローバルパートナーシップ　156
経営資源活用　　　　　　　　　36
経営戦略　　　　　　　　36, 192
経営理念　　　　　　　　36, 192
現地化・分散化戦略　　　　　146
現地中心イノベーション　　　141
現地適応イノベーション　　　140
工程設計　　　　　　　　　　　14
個客　　　　　　　　　　　　208
個客経験の共創　　　　　　　208
国際M&A　　　　　　　　　154
国際PLCモデル　　　　　　137
国際共創　　　　　　　　　　142
国際共創戦略　　　145, 147, 151, 154
国際共創ネットワーク　　　　154
国際競争のパートナー　　　　153

国際共同事業　　　　　　　　154
国際戦略的提携　　　　　　　154
国際ネットワークイノベーション　141
国民車構想　　　　　　　　　204
コミュニティ横断的イノベーション　127
コミュニティの境界　　　　　118

[サ]

作業設計　　　　　　　　　　　14
資源依存理論　　　　　　　　102
事後ライセンス　　　　　　　179
自助グループ　　　　　　　　209
システマティックイノベーション　2
至誠・勤労・分度・推譲　　　203
持続的イノベーション　　　　　9
実用的正統性　　　　　　　　　96
支配的戦略　　　　　　　　　　59
社会—技術的ネットワーク　　116
社会的イノベーション　　　　200
社会的翻訳　　　　　　　117, 119
社風　　　　　　　　　　　　198
集団精神　　　　　　　　　　198
集中的イノベーション　　　　124
シュンペータ　　　　6, 139, 193, 205
商人道　　　　　　　　　　　206
情報インフラ　　　　　　　　116
人工物　　　　　　　　　　　117
人的資本　　　　　　　　　　165
信頼の源泉　　　　　　　　　153
スイッチングコスト　　　　　　58

ストレートライセンス	178	――部	180
スマートグリッド	196	知的資産	165
成果主義	195	知的資本	165
生産設計	15	デジタルコンバージェンス	122
製造プロセス	21	デジタル情報技術	116
正統性	96	デマンドチェーンマトリックス	16
製品企画	14	デミング賞	213
製品設計	14	道徳的正統性	97
積極的なホールドアップ	179	特許協力条約	166
漸進的イノベーション	8	特許状	169
専売条例	169	ドラッカー	193, 200
先発明主義	171	トリプルプレイ	122
戦略の硬直化Ⅰ	92	トレーディングゾーン	119
戦略の硬直化Ⅱ	94		
創業者の精神	198	[ナ]	
相互利益	155	日台企業間の共同事業	152
創造性マネジメント	36	ニッチ戦略	59, 60
創造のイノベーションプロセス	44	二宮尊徳	202
組織慣性	88	認知的スキーマ	119
組織構造・人事システム	36	認知的正統性	98
組織知能	36	認知的翻訳	117, 118
		ネクストマーケット	208
[タ]		ネットワーク	56
ダイナミックケイパビリティ	34	ネットワーク外部性	57, 58
対話的な連結	119	ネットワーク効果	58
ダントツ商品	212	ネットワーク戦略	145, 146
地域専門家制度	148	ノード	56
知識活用型企業	165		
知的財産	164	[ハ]	
――権	164	バイドール法	172

破壊的イノベーション	9		報徳金	209
パテントプール契約	179		報徳思想	202
パテントロール	180, 186		補完資産	165
バリュー・ネットワーク	213		補完的な翻訳	119
ビジネスネットワーク	57, 59		ボリュームゾーン	208, 210
必須の通過点	61, 63		本社中心イノベーション	140
フィット戦略	50		本社中心の統合化戦略	145
普及のイノベーションプロセス	44		翻訳	61, 117
ブラックボックス化	61, 73			
プラットフォーム	150		[マ]	
プレハラード	197, 208		マーケットシェアポリシー	177
プロシェア	93		マルコムボルドリッジ国家品質賞	26
プロセスイノベーション	10, 19, 137		マルチプロジェクト戦略	15
プロダクションマーケティングマトリックス	24		メンタルモデル	119
			モノ	56
プロダクトイノベーション	10, 14, 137, 164		模倣被害対策	168
プロダクトプロセスマトリックス	21		[ヤ]	
プロパテント政策	172		やらまいか精神	202
文化・風土	36		ユーザイノベーション	121
分散的かつ異質なイノベーションネットワーク	129		ヨーロッパ品質賞	26
分散認知	118		[ラ]	
弁証法的な連結	119		両刀使いのできる組織	9
包括的イノベーションプロセス	48, 56, 144			

■執筆者紹介

[編著者]
太田雅晴(まえがき，第1章，第2章)
1954年生まれ，大阪大学大学院工学研究科修士課程修了，京都大学大学院工学研究科博士後期課程研究指導認定退学，博士(工学)，京都大学工学部助手，富山大学経済学部経営学科助教授，大阪市立大学商学部助教授，同教授を経て，現在，大阪市立大学大学院経営学研究科教授，その間に，米国ケースウエスタンリザーブ大学及び豪州メルボルン大学客員研究員
専門領域は，オペレーションズマネジメント，経営情報
〈著書〉
『CIM総論』(1993)共立出版(共著)，『製販統合型情報システム』(1997)日科技連出版社(編著)，『情報資源戦略』(2000)日科技連出版社(共著)，『ビジネスエッセンシャルズ・経営情報』(2003)有斐閣(編著)，『生産情報システム(第2版)』(2009，初版1994)日科技連出版社など

[執筆者]
竹岡志朗(第3章，第5章翻訳)
1977年生まれ，神戸大学大学院総合人間科学研究科修士課程修了(修士(学術))，大阪市立大学大学院経営学研究科後期博士課程修了(博士(経営学))
現在，桃山学院大学非常勤講師，甲南大学非常勤講師
専門領域はイノベーション論，経営情報論
〈著書〉
『イノベーションの普及過程の可視化―テキストマイニングを用いたクチコミ分析』(2016)日科技連出版社(井上祐輔，髙木修一，髙柳直弥との共著)

井上祐輔(第4章)
1979年生まれ，大阪市立大学大学院経営学研究科後期博士課程単位取得満期退学(修士(経営学))
現在，函館大学商学部准教授
専門領域は，経営組織論，組織間関係論

Youngjin Yoo(第5章)
1966年韓国生まれ,ソウル大学経営大学院修士課程修了,米国メリーランド大学スミス経営大学院PhD取得,メリーランド大学スミス経営大学院常勤講師,ケースウエスタンリザーブ大学ウエザーヘッド経営大学院助教授,米国テンプル大学フォックス経営大学院准教授を経て,現在,ケースウエスタンリザーブ大学ウエザーヘッド経営大学院デザイン&イノベーション分野教授.米国の代表的学会誌MIS Quarterly, Organization Science, Information and Organization, the Journal of AISなどの編集委員なども務める
専門領域は,情報管理,情報システム戦略,デジタルイノベーション

呉　銀澤(第6章)
1966年韓国生まれ,神戸大学大学院経営学研究科博士後期課程修了(博士(経営学))
現在,台湾育達商業科技大学准教授
専門領域は,生産システム論,生産・技術戦略論

高柳直弥(第7章)
1984年生まれ,大阪市立大学大学院経営学研究科前期博士課程修了(修士(経営学))
現在,大阪市立大学大学院経営学研究科後期博士課程
専門領域は,知財マネジメント,デザインマネジメント

寺井康晴(第8章)
1947年生まれ,京都大学大学院工学研究科修士課程修了(工学修士),元ヤマハ発動機株式会社取締役,元ヤマハモーターソリューション株式会社社長,元雅馬哈発動機(厦門)信息系統有限公司董事長,元ヤマハ株式会社監査役
現在,大阪市立大学商学部非常勤講師,静岡産業大学非常勤講師
専門領域は,生産管理,経営理念

イノベーション マネジメント
―システマティックな価値創造プロセスの構築に向けて―

2011 年 6 月 30 日　第 1 刷発行
2018 年 8 月 3 日　第 2 刷発行

編著者　太　田　雅　晴
著　者　竹岡志朗　　井上祐輔
　　　　Youngjin Yoo　呉　　銀澤
　　　　高柳直弥　　寺井康晴
発行人　戸　羽　節　文

検印省略

発行所　株式会社　日科技連出版社
〒151-0051　東京都渋谷区千駄ケ谷 5-15-5
DS ビル
電話　出版　03-5379-1244
　　　営業　03-5379-1238

Printed in Japan

印刷・製本　㈱中央美術研究所

© Masaharu Ota, et al. 2011
ISBN 978-4-8171-9387-2

URL http://www.juse-p.co.jp/

本書の全部または一部を無断で複写複製(コピー)することは，著作権法上での例外を除き，禁じられています．